公路交通安全设计理论与方法

陆 键 张国强 马永峰 袁 黎 著

科学出版社

北 京

内 容 简 介

　　本书对国内外有关公路交通安全设计的研究成果和工程实践进行了系统的梳理与分析,以国内外比较成功的实践经验为依托对公路交通安全设计的理论与方法进行了全面系统的阐述,形成了一个系统完整的理论与方法体系。主要内容包括如下几个方面:绪论、公路交通安全设计的背景和基本理念、公路网交通安全设计、路段交通安全设计、路侧交通安全设计、中央分隔带交通安全设计、平面交叉口交通安全设计、交通安全评价。本书全面地总结了公路交通安全设计的各种理论和技术,吸收了最新的研究成果、设计理念及思想与方法,具有系统性强、内容丰富细腻、图文并茂和可读性好的特点。

　　本书可作为交通运输领域特别是交通安全领域广大科研工作者、管理人员和工程应用人员的重要参考资料,亦可作为高等院校交通工程、道路工程和交通运输专业本科高年级学生和研究生的教材或参考书。

图书在版编目(CIP)数据

公路交通安全设计理论与方法/陆键等著. —北京:科学出版社,2011
ISBN 978-7-03-031917-3

Ⅰ.①公… Ⅱ.①陆… Ⅲ.①公路运输-交通运输安全-安全设计
Ⅳ.①U491.4

中国版本图书馆 CIP 数据核字(2011)第 148537 号

责任编辑:周　炜 / 责任校对:林青梅
责任印制:赵　博 / 封面设计:耕者设计工作室

科 学 出 版 社 出版
北京东黄城根北街 16 号
邮政编码: 100717
http://www.sciencep.com

源海印刷有限责任公司 印刷

科学出版社发行　各地新华书店经销

*

2011 年 8 月第 一 版　　开本:B5(720×1000)
2011 年 8 月第一次印刷　印张:16 1/2
印数:1—2 000　　　　字数:319 000

定价:**68.00 元**
(如有印装质量问题,我社负责调换)

前　言

随着我国社会经济的迅速发展,公路交通基础设施也得到了快速的跳跃式的发展。截至 2008 年年底,我国公路通车总里程达到 373.02 万 km,比新中国成立初期的 8 万 km 增长了 46.6 倍。目前,我国已经形成了一个四通八达的公路网络系统,强有力地支持了我国社会经济的快速发展。

然而,随着公路基础设施的完善和经济的发展,公路交通量迅猛增长,交通事故的数量和死亡人数快速上升,交通安全形势日益严峻。当前,道路交通安全特别是公路交通安全,已经和交通拥挤一起成为制约我国经济可持续发展和社会和谐与进步的主要社会问题。以美国为代表的发达国家非常重视公路的交通安全,开展了大量的研究,积累了十分丰富的经验,取得了良好的经济效益和社会效益。目前,这些发达国家的交通事故率和死亡率远远低于我国。本书充分吸收和借鉴了这些发达国家的理论研究和技术成果,并结合我国的国情进行适当的选择和改造,以适应我国公路基础设施的特点。

在整个公路系统中,普通干线公路(具有干线功能的普通高等级公路)是最容易发生交通事故的道路系统。与普通干线公路相比,高速公路是双向分离的全封闭道路系统,交通流的基本特征是非间断交通流,不存在严重程度最高的交叉冲突,更不存在行人和非机动车的干扰,交通流的组织非常有序,交通安全程度很高。普通干线公路的技术等级通常是一级或者二级,具有相当高的设计速度,而运行其间的车辆类型非常复杂,既有高速度的小汽车,又有大量加速性能差、制动系统弱的大型货车和超载车辆,还有一定的农用车辆、非机动车辆和行人,并且经常缺乏必要的交通隔离设施,如中央隔离带和机非分隔设施,导致这些公路的交通运行混乱,非常容易诱发各种交通事故。此外,在我国许多具有干线功能的公路都要经过人口稠密的村镇,在人群活动频繁的地带有大量的行人和非机动车随意穿越公路,或者在公路边摆摊设点及举行各种活动,形成具有中国特色的公路街道化;公路两侧也经常有支路、地方道路、乡间小道乃至机关大门直接接入到公路上,给公路交通形成了很大的干扰。这些问题都进一步恶化了普通干线公路的交通安全性能。为了更好地解决我国公路的交通安全问题,本书的主要内容针对的是这类对我国道路交通安全影响非常巨大的普通干线公路,其核心思想和方法也可应用于其他类型的道路。

传统的公路设计包括的内容非常广泛,它不仅考虑公路的平、纵、横线形设计,还包括了路面、路基、排水设施、挡土墙、桥梁、涵洞、隧道和交通工程设施等各组成部分的设计。传统的公路设计主要考虑的是公路基础设施在物理结构上的安全和可靠,很少从公路使用者的角度考虑交通安全问题。本书主要涉及的是公路交通安全设计,从公路使用者的交通安全出发,重点在于分析公路使用者的交通安全需求,以及为满足交通安全所必需的基础设施的结构特征和物理特征。

　　本书由陆键教授组织撰写并统稿,具体分工如下:第1章由陆键和张国强撰写,第2章由陆键和马永锋撰写,第3章由马永锋撰写,第4章由陆键和袁黎撰写,第5章由袁黎撰写,第6章由马永锋撰写,第7章由张国强撰写,第8章由张国强和葛兴撰写。

　　公路交通安全设计是解决公路交通安全问题的重要方面,具有非常重要的社会意义。本书在借鉴国内外研究成果的基础上,对公路交通安全设计的理论与方法进行了系统的分析,形成了一套完整的理论和方法。交通安全技术具有很强的实践性,本书所介绍的技术和方法也需要在工程实践中不断地完善和发展。

　　由于作者水平有限,本书难免存在疏漏和不妥之处,敬请读者批评指正。

作　者

2011 年 1 月

目　　录

前言

第1章　绪论 ……………………………………………………………… 1

  1.1　公路交通发展的趋势 ……………………………………………… 1

    1.1.1　国内外公路交通发展过程 …………………………………… 1

    1.1.2　公路交通可持续发展 ………………………………………… 5

    1.1.3　公路交通安全可持续发展 …………………………………… 6

  1.2　公路交通安全的状况分析 ………………………………………… 7

    1.2.1　世界公路交通安全发展状况及趋势 ………………………… 7

    1.2.2　我国公路交通安全形势及任务 ……………………………… 8

    1.2.3　我国公路交通安全的主要问题 ……………………………… 9

  1.3　公路交通安全改善的战略和战术 ……………………………… 10

    1.3.1　公路交通安全改善的战略思考 …………………………… 10

    1.3.2　公路交通安全改善的战术需求 …………………………… 12

    1.3.3　公路交通安全设计的重要性 ……………………………… 13

    1.3.4　公路交通安全改善的新理念和新方法 …………………… 14

    1.3.5　公路交通安全改善的技术环节 …………………………… 16

  1.4　公路交通安全的机理分析 ……………………………………… 17

    1.4.1　公路交通事故成因分析 …………………………………… 17

    1.4.2　交通安全设计的作用 ……………………………………… 17

  1.5　公路交通安全设计的基本问题 ………………………………… 18

    1.5.1　公路网的合理级配与交通安全 …………………………… 18

    1.5.2　公路交通环境与交通安全 ………………………………… 19

    1.5.3　交通安全评价技术 ………………………………………… 20

  参考文献 ……………………………………………………………… 21

第2章　公路交通安全设计的背景和基本理念 ……………………… 22

  2.1　公路交通安全设计的背景 ……………………………………… 22

  2.2　公路交通安全设计的基本理念 ………………………………… 23

    2.2.1　宽容性设计理念 …………………………………………… 23

    2.2.2　灵活性设计理念 …………………………………………… 27

    2.2.3　以人为本的设计理念 ……………………………………… 28

　　　2.2.4　其他 ……………………………………………………… 30
　参考文献 ………………………………………………………………… 30
第3章　公路网交通安全设计 ………………………………………… 32
　3.1　接入管理概述 ……………………………………………………… 32
　3.2　公路功能分类 ……………………………………………………… 33
　　　3.2.1　公路功能分析 ………………………………………………… 33
　　　3.2.2　公路功能分类的概念及定义 ………………………………… 34
　　　3.2.3　公路功能分类的制定原则及依据 …………………………… 34
　　　3.2.4　公路功能分类 ………………………………………………… 35
　　　3.2.5　功能分类存在的问题分析 …………………………………… 36
　3.3　公路接入分类 ……………………………………………………… 37
　　　3.3.1　公路功能分类与公路接入分类的关系 ……………………… 37
　　　3.3.2　公路接入分类的制定原则 …………………………………… 38
　　　3.3.3　公路接入分类的影响因素 …………………………………… 39
　　　3.3.4　公路接入分类标准 …………………………………………… 41
　3.4　公路平面交叉口间距 ……………………………………………… 42
　　　3.4.1　平面交叉口密度与交通安全的关系 ………………………… 42
　　　3.4.2　公路平面交叉口间距 ………………………………………… 43
　3.5　公路沿线区域接入组织 …………………………………………… 46
　　　3.5.1　区域交通流 …………………………………………………… 46
　　　3.5.2　交通流冲突控制 ……………………………………………… 46
　　　3.5.3　交通流接入控制方法 ………………………………………… 47
　　　3.5.4　交通流导入原则 ……………………………………………… 53
　3.6　实例分析——街道化严重路段交通安全改善 …………………… 56
　　　3.6.1　现状分析 ……………………………………………………… 56
　　　3.6.2　交通安全改善方法 …………………………………………… 58
　　　3.6.3　方案设计 ……………………………………………………… 61
　　　3.6.4　方案评价 ……………………………………………………… 63
　参考文献 ………………………………………………………………… 63
第4章　路段交通安全设计 …………………………………………… 64
　4.1　路段交通安全设计的理念和方法 ………………………………… 64
　4.2　线形安全设计 ……………………………………………………… 66
　　　4.2.1　线形设计对交通安全的影响 ………………………………… 67
　　　4.2.2　设计一致性控制理论 ………………………………………… 68
　　　4.2.3　公路功能分类与设计参数 …………………………………… 70

　　　4.2.4　平面线形安全设计 ………………………………………………… 71

　　　4.2.5　纵断面线形安全设计 ……………………………………………… 72

　　　4.2.6　平纵线形组合的安全设计 ………………………………………… 74

　　　4.2.7　视距 …………………………………………………………………… 75

　4.3　横断面安全设计 ………………………………………………………… 75

　　　4.3.1　车道设计 ……………………………………………………………… 75

　　　4.3.2　路缘石 ………………………………………………………………… 77

　　　4.3.3　行人设施 ……………………………………………………………… 78

　4.4　路段交通安全运营速度、路段限速设计 …………………………… 79

　　　4.4.1　速度控制设计理念 …………………………………………………… 79

　　　4.4.2　限速依据 ……………………………………………………………… 79

　4.5　交通静化技术在路段中的应用 ……………………………………… 80

　　　4.5.1　交通静化的定义 ……………………………………………………… 80

　　　4.5.2　交通静化措施与技术 ……………………………………………… 80

　4.6　路段主动防护设施安全设计 ………………………………………… 85

　　　4.6.1　交通标志 ……………………………………………………………… 85

　　　4.6.2　越线提醒 ……………………………………………………………… 85

　　　4.6.3　路面抗滑 ……………………………………………………………… 88

　参考文献 …………………………………………………………………… 88

第5章　路侧交通安全设计 …………………………………………………… 90

　5.1　路侧安全设计的概念及设计方法 …………………………………… 90

　　　5.1.1　路侧安全设计的概念 ……………………………………………… 90

　　　5.1.2　路侧安全设计的理念和方法 ……………………………………… 90

　　　5.1.3　路侧安全设计的步骤 ……………………………………………… 91

　5.2　路侧安全危险程度判别 ……………………………………………… 91

　5.3　路侧安全净区的概念及设置 ………………………………………… 93

　　　5.3.1　概念 …………………………………………………………………… 93

　　　5.3.2　设置 …………………………………………………………………… 93

　5.4　路肩 ……………………………………………………………………… 95

　　　5.4.1　硬路肩 ………………………………………………………………… 96

　　　5.4.2　土路肩 ………………………………………………………………… 96

　5.5　路侧边坡和排水安全设计 …………………………………………… 97

　　　5.5.1　路堤边坡 ……………………………………………………………… 97

　　　5.5.2　路堑边坡 ……………………………………………………………… 98

　　　5.5.3　排水特性及安全设计 ……………………………………………… 99

5.6 路侧宽容性边沟形式选择与设计 ································· 100
  5.6.1 边沟设计的基本原则 ································· 100
  5.6.2 宽容性边沟形式 ································· 100
  5.6.3 宽容性边沟设置 ································· 103
5.7 路侧危险物 ································· 104
  5.7.1 去除或移位路侧危险物 ································· 104
  5.7.2 路侧危险物轮廓标示 ································· 106
5.8 路侧护栏 ································· 106
  5.8.1 路侧护栏存在问题 ································· 106
  5.8.2 路侧护栏设置条件 ································· 107
  5.8.3 路侧护栏的特性 ································· 108
  5.8.4 路侧护栏的选择 ································· 109
  5.8.5 路侧护栏的安置 ································· 109
  5.8.6 护栏端部处理和碰撞垫 ································· 112
5.9 碰撞缓冲设施 ································· 113
  5.9.1 碰撞缓冲设施的功能 ································· 113
  5.9.2 碰撞缓冲设施形式的选择 ································· 113
  5.9.3 常见的碰撞缓冲设施 ································· 113
5.10 可解体消能杆柱设施 ································· 116
5.11 路侧主动防护设施安全设计 ································· 119
  5.11.1 视线诱导 ································· 119
  5.11.2 危险提示 ································· 122
  5.11.3 越线提醒 ································· 123
  5.11.4 照明 ································· 124
5.12 路侧绿化交通安全设计 ································· 124
  5.12.1 绿化设计对交通安全的作用 ································· 124
  5.12.2 绿化交通安全设计遵循的基本原则 ································· 125
  5.12.3 绿化优化改善对策 ································· 126
参考文献 ································· 126
第6章 中央分隔带交通安全设计 ································· 127
6.1 中央分隔带类型 ································· 127
  6.1.1 可穿越的中央分隔带 ································· 127
  6.1.2 不可穿越的中央分隔带 ································· 129
6.2 中央分隔带宽度 ································· 130
6.3 中央分隔带开口 ································· 131

6.4　U形回转 ·· 134

　　6.4.1　U形回转设计形式 ·································· 135

　　6.4.2　U形回转适用条件 ·································· 136

　　6.4.3　中央分隔带开口相关设计 ······················· 137

6.5　中央分隔带安全防护 ····································· 138

　　6.5.1　安全防护设施 ····································· 138

　　6.5.2　弱势群体保护 ····································· 139

参考文献 ·· 140

第7章　平面交叉口交通安全设计 ····························· 142

7.1　平面交叉口功能区 ·· 142

　　7.1.1　平面交叉口功能区的定义 ······················· 142

　　7.1.2　平面交叉口功能区的范围 ······················· 143

7.2　平面交叉口视距 ·· 144

　　7.2.1　无控制交叉口 ····································· 144

　　7.2.2　次路停让控制交叉口 ······························ 145

　　7.2.3　信号控制交叉口和全停控制交叉口 ··············· 147

　　7.2.4　主路左转视距 ····································· 148

　　7.2.5　交叉口识别距离 ··································· 149

7.3　平面交叉口几何设计 ····································· 150

　　7.3.1　控制因素和标准 ··································· 150

　　7.3.2　平纵横线形设计 ··································· 157

　　7.3.3　转弯车道的设计 ··································· 164

　　7.3.4　渠化设计 ··· 170

7.4　弱势群体安全保护设施设计 ······························ 180

　　7.4.1　人行道 ··· 180

　　7.4.2　人行横道 ··· 184

　　7.4.3　非机动车道 ······································· 188

　　7.4.4　中央分隔带 ······································· 190

　　7.4.5　侧分带 ··· 190

　　7.4.6　人行庇护岛 ······································· 194

　　7.4.7　平面交叉口弱势群体保护设计建议 ··············· 195

7.5　实例分析 ··· 196

　　7.5.1　K0+000交叉口 ···································· 196

　　7.5.2　K10+000交叉口 ··································· 200

　　7.5.3　K65+320交叉口 ··································· 204

7.5.4　K67+700 交叉口 ··· 206

7.5.5　K86+260 交叉口 ··· 210

参考文献 ··· 211

第 8 章　交通安全评价 ··· 213

8.1　概述 ··· 213

8.2　交通事故评价方法 ··· 214

8.2.1　交通事故的定义 ··· 215

8.2.2　交通事故的分类 ··· 216

8.2.3　路段交通事故评价 ·· 218

8.2.4　平面交叉口交通事故评价 ·· 219

8.3　交通冲突评价方法 ··· 221

8.3.1　交通冲突的概念 ··· 221

8.3.2　交通冲突分类 ·· 222

8.3.3　交通冲突判别标准 ·· 224

8.3.4　交通冲突调查 ·· 230

8.3.5　平面交叉口交通冲突评价 ·· 234

8.4　交通安全诊断及改善方法 ··· 237

8.4.1　公路平面交叉口交通安全诊断技术 ·································· 237

8.4.2　公路平面交叉口交通安全改善技术 ·································· 239

8.5　交通安全服务水平评价方法 ··· 241

8.5.1　无信号控制平面交叉口安全服务水平分析技术 ·················· 242

8.5.2　信号控制平面交叉口安全服务水平分析技术 ·················· 245

8.5.3　公路平面交叉口安全服务水平等级划分 ························· 248

参考文献 ··· 253

第1章 绪 论

1.1 公路交通发展的趋势

1.1.1 国内外公路交通发展过程

1. 世界公路的发展历程

目前世界各国的公路总长度约 2000 万 km，约 80 个国家和地区修建了高速公路，建成通车的高速公路已达 20 万 km，其中美国、英国、德国、法国、意大利、日本、加拿大和澳大利亚这些主要经济发达国家公路里程约占世界公路总里程的 55%，高速公路里程约占世界高速公路里程的 80% 以上。

回顾历史，国外发达国家公路的发展大致都经历了三个发展阶段，现正处于第四个发展阶段。

第一阶段从 19 世纪末到 20 世纪 30 年代，是各国公路的普及阶段。这期间随着汽车的大量使用，大多是在原有乡村大道的基础上，按照汽车行驶的要求进行改建与加铺路面，构成基本的道路网，达到大部分城市都能通行汽车的要求。

第二阶段从 20 世纪 30～50 年代，是各国公路的改善阶段。这期间由于汽车保有量的迅速增加，公路交通改善需求增长很快，各国除进一步改善公路条件外，开始考虑城市间、地区间公路有效连接，着手高速公路和干线公路的规划，英国、美国、德国、法国等都相继提出了以高速公路为主的干线公路发展规划，并通过立法，从法律和资金来源方面给予保障。

第三阶段从 20 世纪 50～80 年代，是各国高速公路和干线公路高速发展阶段。这期间各国大力推进高速公路和干线公路规划的实施与建设，并基本形成以道路使用者税费体系作为公路建设资金来源的筹资模式，日本等为解决建设资金不足等问题，还通过组建"建设公团"修建收费道路来促进高等级公路发展。各国经过几十年的发展，已基本形成了以高速公路为骨架的干线公路网，为公路运输的发展奠定了基础。

第四阶段为从 20 世纪 80 年代末以来，是各国公路提高通行能力、服务水平和交通安全的综合发展阶段，公路交通的可持续发展成为公路交通发展的主要内容。这期间各国在已经建成的发达的公路网络的基础上，维护改造已有的路、桥设施和进一步完善公路网络系统，重点解决车流合理导向、车辆运行安全及环境保护等问题,以提高公路网综合通行能力和服务水平。此外各国还特别重视公路环境设施的建设,在公路建设和运营过程中对环境和生态进行保护,如通过居民区的路段建设防噪墙等以减小汽车行驶噪声影响,又如设置鱼类和其他动物等专用通道,保证公路沿线动物的生活不受大的影响。

2. 我国公路的发展历程

1) 改革开放前公路基础设施的建设

新中国成立前的公路交通极为落后,1949 年全国公路通车里程仅 8.07 万 km,公路密度仅 0.8km/100km²。新中国成立初期,公路交通经历一段时期的恢复后开始获得长足发展,1952 年公路里程达到 12.67 万 km。20 世纪 50 年代中后期,为适应经济发展和开发边疆的需要,我国开始大规模建设通往边疆和山区的公路,相继修建了川藏公路、青藏公路,并在东南沿海、东北和西南地区修建国防公路,公路里程迅速增长,1959 年达到 50 多万 km。

20 世纪 60 年代,我国在继续大力兴建公路的同时,加强了公路技术改造,有路面道路里程及高级、次高级路面比重显著提高。70 年代中期我国开始对青藏公路进行技术改造,80 年代全面完成,建成了世界上海拔最高的沥青路面公路。随着公路事业的发展,公路桥梁建设也得到发展,建成了一批具有中国特色的石拱桥、双曲拱桥、钢筋混凝土拱桥及各式混凝土和预应力梁式桥。在 1949～1978 年的 30 年间,尽管国民经济发展道路曲折,但全国公路里程仍基本保持持续增长,到 1978 年底达到 89 万 km,平均每年增加约 3 万 km,公路密度达到9.3km/100km²。

2) 改革开放后公路基础设施的建设

改革开放后,国民经济持续高速发展,公路运输需求强劲增长,公路基础设施建设开始发生了历史性转变,其主要表现在以下几个方面:公路建设得到中央和地方各级政府的重视,"要想富、先修路",公路建设的重要性逐步为全社会所认识;在统一规划的基础上开始了有计划的全国公路基础设施建设,20 世纪 80年代初和 80 年代末国家干线公路网和国道主干线系统规划先后制定并实施,使公路建设有了明确的总体目标和阶段目标;公路建设在继续扩大总体规模的同时,重点加强了质量水平的提高,高速公路及其他高等级公路的迅速发展改变了我国公路事业的落后面貌;公路建设筹资渠道走向多元化,逐步扭转了公路建设资金短缺的状况,尤其 1984 年底国务院决定提高养路费征收标准、开征车辆购置附加费、允许高等级公路收费还贷,1985 年起国家陆续颁布有关法规,使公路建设有了稳定的资金来源。从统计数字看,到 1999 年,全国公路里程达到135 万 km,公路密度达到 14.1km/百平方公里,为 1978 年的 1.5 倍。二级以上公路占全国公路总里程的比重由 1979 年的 1.3%提高到 1999 年的 12.5%,主要城市之间的公路交通条件显著改善，公路交通紧张状况初步缓解。同时，县、乡公路里程快速增长，质量也有很大提高，有的省份已实现全部县道铺筑沥青路面乃至达到二级技术标准，全国实现了100%的县、98%的乡和89%的行政村通公路。总体而言，一个干支衔接、布局合理、四通八达的全国公路网已初步形成。截至2008年年底，我国公路通车总里程达到373.02万km，是新中国成立初期的8万km的46.6倍。

特别值得一提的是我国高速公路的建设。高速公路作为现代交通的骄子，是速度和效率的代表，也成为衡量国民经济现代化的重要标志之一。高速公路建设是改革开放后我国公路事业取得的突出成就。1988年，我国第一条高速公路——沪嘉高速公路（18.5km）建成通车。此后，又相继建成全长375km的沈大高速公路和143km的京津塘高速公路。进入20世纪90年代，在国道主干线总体规划的指导下，我国高速公路建设步伐加快，每年建成的高速公路由几十公里上升到一千公里以上。到1999年底，全国高速公路通车里程已达11605km。短短10年间，我国高速公路就走过了发达国家高速公路一般需要40年完成的发展历程。2001年底我国高速公路通车总里程达到1.9万km，居世界第二。到目前，我国高速公路突破6万km。高速公路及其他高等级公路的建设，改善了我国公路的技术等级结构，改变了我国公路事业的落后面貌，同时也大大缩短了我国同发达国家之间的差距。

改革开放后，我国公路基础设施的迅猛发展对国民经济起了巨大的支撑和拉动作用，为国民经济的高速发展提供保障，促进社会的开放和文明程度的提升。修一条公路可带动一方经济，铺就一张公路网络可以拉动整个区域经济。我国公路交通发展的速度，从一个侧面也印证着我国经济快速增长的速度。我国这些年陆续建成的四通八达、快速流动的公路运输网络已发挥出巨大效益。它促进了国民经济运转需要的人、财、物资源的合理配置，有力地推动着经济和社会前进的步伐。沈大高速公路自1988年通车以来，沿线崛起20个大型集贸市场，建立各类开发区85个，引来201家三资企业落户，沿线五市利用外资10年平均年增长率高达48.5%。

与我国公路交通事业的快速发展相对应，我国经济的列车也以同样惊人的速度奔向世界；在经济低谷时，我国大规模的公路基础设施的建设同样给经济增长带来了信心和希望。亚洲金融危机之后，以年均10%左右速度增长的中国经济，被誉为世界经济增长主要的"发动机"。而公路基础建设功不可没：为克服亚洲金融危机带来的不利影响，大规模的公路建设投资有力地拉动了内需。修建成的高速公路网提供的迅捷交通，据测算每年可节约燃油10%，创造的直接经济效益每年为400亿～500亿元，间接经济效益达2000亿元以上；到2003年，公路建设投资总额达16254.3亿元，对国民经济的贡献占到了国内生产总值的

4%～5%。2008 年，为应对全球金融危机，我国启动新一轮有"铁、公、机"之称的铁路、公路、机场大规模基础设施投资，为有效应对危机、刺激经济增长起到了巨大作用。

当前，我国以高速公路为核心的四通八达的公路网络已经基本形成，公路交通的强大优势有力地推动了社会、经济的发展。然而，与此同时，公路交通的安全问题、拥堵问题和环境污染问题逐步显露出来，公路交通的可持续发展已经成为目前我国公路交通必须面对的重要议题。

3. 公路建设与交通增长和土地利用

以欧美为代表的世界发达国家在公路交通的发展过程中发现了一个十分重要的现象：公路基础设施的扩建可以在短期内改善公路的拥挤状况，提高公路运输的服务水平；然而，不久之后，公路交通需求会迅速增长，导致交通拥挤重新出现，并最终使得公路的服务水平退回到以前的水平。这个现象反映了公路建设与交通增长和土地利用之间相互作用的复杂关系，揭示其中的内在规律对于公路基础设施的设计具有重要的指导作用。

在缺乏接入管理的情况之下，公路建设、交通增长和土地利用之间存在着一个恶性循环。起初，政府部门规划和修建新的公路或者对现有的公路进行拓宽，改善了公路网络的服务水平，提高了公路周边地区土地的可达性，土地可达性的提高又进一步推升了土地的价值，并刺激着房地产业的发展。在缺乏有效的规划和接入管理的情形之下，交通增长、土地利用的增强和社会经济的发展与公路交通系统之间就出现了尖锐的冲突。这些冲突可以表现为如下几个方面。

公路两边的土地开发导致修建了大量的路边建筑物。从经营者的角度而言，这些紧靠公路的建筑物对于商业活动和工业生产是非常有利的；由这些建筑物所产生的交通需求可以非常方便地驶入或者驶出周边的公路系统，给商业和生产活动带来了巨大的交通便利。然而，就公路交通系统而言，这些紧邻公路的建筑物会妨碍未来修建新的道路或者原有道路的拓宽，影响未来公路系统的建设和发展。房地产开发商为了获取最大的利润会把靠近公路的土地划分为狭小的地块，从而极大地增加了和干线公路直接相连的接入道路。地方政府可能会拆解紧邻公路的地块用于商业活动或者提供设施鼓励沿公路两侧的商业开发。随着时间的推移，密集分布的接入道路导致更多的小区内出行转移到主要干线公路上，交通冲突加剧，交通拥挤增加。很快地，为了修复公路的安全性能和通行能力，整个公路系统又需要重新改善，于是新一轮循环接着重新开始。

然而，现有干线公路的重建往往代价高昂而且容易引起公众及毗邻公路的居民和企业的强烈反对。即使公路重建花费了大量的资金，由于临近公路的不动产所有权的复杂和公用事业用地的局限，很难对接入道路和循环道路进行有效的设计。在很多情形下，必须修建新的主干公路或者旁路以替代功能荒废的公路；此后，如果不进行接入控制，上述循环过程还会在新的地方重现。

接入管理可以有效地阻止干线公路这种功能荒废的恶性循环，从而保护了在主要交通走廊的公共投资和私人投资。接入管理通过限制干线公路两侧的支路接入来减少公路周边的交通出行对主线交通的干扰和影响，但同时也给周边的交通出行带来了一些不利影响。不过，从整体和长远的眼光来看，接入管理保障了整个系统的安全性和通达性，对于维护干线公路的交通功能具有重要的作用。因此，必须同时关注公路交通系统和公路周边的土地开发才能处理好公路建设与交通增长和土地利用之间的关系，这需要中央和地方各级政府的积极参与。

接入管理体现了公路交通可持续发展的精神，即干线公路两边的居民和经营者在享受交通便利性的同时必须尽量降低对干线公路运行的主线交通流的影响，这对于改善交通安全、提高运行车速、降低能源消耗和土地资源的占用、减少环境影响都是非常重要的。实际上，公路两边的居民和经营者在方便别人的同时也方便了自己，他们的行为是保障公路交通持久畅通的必要前提。

1.1.2 公路交通可持续发展

新中国成立以来，我国交通运输的发展经历了"长期滞后"、"全面紧张"、"得到缓解"三个阶段。经过几个五年计划的发展，公路交通建设上了一个大台阶，对国民经济发展的"瓶颈"制约初步缓解。基础设施规模扩大，整体技术水平提高，运输能力增长迅速，各种运输方式之间及各种运输方式内部开始出现竞争。但是，公路交通整体依然薄弱，距国民经济发展的动态需求及"适当超前"仍存在不小差距，储备能力和应变能力仍然脆弱。与国外发达国家相比，我国公路系统的发展仍然十分落后，面临着交通安全、能源、环境等问题，不能适应社会经济的可持续发展。

我国公路交通体系的安全性较差。汽车拥有量不足美国的十分之一，但道路运输每年死亡率是美国的 1.5 倍以上。公路交通软件建设尚处于较低水平，还不能为客货运输提供更加安全、快捷、方便、舒适的服务，缺乏应用先进的信息技术改造传统管理和生产经营的能力。

自然资源的数量、质量、结构、时空分布与开发利用对社会和经济的发展起着重大作用。我国是一个资源大国，但更是一个人均资源占有量较少的国家，许多重要的资源（如淡水、耕地、森林、矿产等）的人均占有量不到世界平均的1/3，人均林地 1.8 亩，只有世界水平的 15%，人均木材蓄积量只有世界水平的11%，人均耕地只有 1.26 亩，不足世界人均水平的一半，且在不断减少，能源资源的人均占有量也不到世界平均水平的一半。资源的不足，加之我国经济技术水平低，经济增长方式粗放，资源利用率低，破坏和浪费严重，从而加剧了资源短缺与经济发展的矛盾。公路交通的发展,对资源的需求量不断增加;另外,资源分布不平衡,也部分造成了运输能力紧张。

公路交通发展过程中对环境保护的重视不够。公路交通建设与运营给环境带来的负面影响主要表现为机动车尾气的大量排放造成大气污染日趋严重、交通噪声污染问题亟待解决、生态环境受到一定影响、公路交通环保事业发展与需要不相适应、履约能力差等方面。

当前,我国政府正在大力推动以节约能源和环境保护为目的的低碳经济,以促进社会经济的可持续发展。公路交通运输是国民经济的重要组成部分,也理当发展以可持续发展为导向的运输体系。公路交通运输的发展对经济和社会的可持续发展发挥着积极的作用,也是可持续发展能力建设的重要方面。这就要求必须建立发达的交通运输体系,通过便捷的交通干线和地方交通网,使人口和资源均匀、合理地分布。公路交通作为社会经济的重要组成部分和重要支撑条件,其自身发展也必须遵循可持续原则,因此,公路交通的可持续发展是可持续发展的重要领域。

根据可持续发展的基本理念和我国对可持续发展的声明,结合公路交通的基本特征及其与国民经济的适应性研究,公路交通的可持续发展是指公路交通在满足社会发展对其需求的同时,保证自身发展和整个社会发展可持续要求的实现,也就是说,既满足公路交通自身及其和综合运输体系的协调发展,又能与经济、社会和环境长期协调发展。

公路交通可持续发展的内涵应包括以下几个方面:公路交通的供给能力与经济发展对公路交通的运输需求应相平衡,即可持续能力与可持续发展相一致。公路交通的经济与财务可持续性,即可持续运输条件下的公路交通运输系统其运行能保持良好的财务状况,公路交通资产能够完好地运行、能够实现保值增值并实现有效和公平的代际转移。公路交通的环境与生态可持续性,即公路交通活动对环境和生态造成的损害能够完全纳入公共或者私人的运输决策框架中,以使公路交通受益者承担公路交通所产生的全部费用。公路交通的社会可持续性,即运输改善和运输发展的利益应在全社会成员间公平分配。

由此可见,交通可持续发展是一种动态的发展过程,它体现在交通系统在保持系统本身的稳定、健康发展的同时,需适应经济、社会发展的需要,而这种自身的发展及与经济、社会发展的相互适应不应以牺牲生态环境、土地资源及各种资源为代价,以保证其发展的环境是健康的、友好的,从而使其自身能够长期合理地发展。

1.1.3　公路交通安全可持续发展

公路交通安全可持续发展的核心在于应用可持续发展的理论、方法、原则来分析公路交通安全,保证公路交通事故发生次数持续下降,事故的严重程度稳步降低，保证自身发展和社会大系统发展可持续要求的实现，即促进公路交通运输系统的安全子系统能与经济、社会和环境大系统长期动态协调发展[1]。

公路交通安全可持续发展的目标就是在现有的经济科学技术条件下，应用各种技术手段尽量减少公路交通事故发生的概率，同时将事故的严重程度降到最低，确保交通参与者的通行安全与货物的运输安全，以满足和促进国民经济发展的需要和社会的全面进步。公路交通安全可持续发展的指导思想就是以人为本，强调对人的生理和心理方面的研究。例如，驾驶员在驾驶过程中的心理和生理反应，行人和自行车在与机动车相遇时的弱势地位等。

公路交通安全可持续发展的基本内容是广泛的，凡是影响交通安全的因素就是影响可持续发展的因素。具体可从人、车、公路、管理、环境等方面来考虑，对于人来讲基本内容包括交通参与者的交通安全教育、驾驶员的培训及事故紧急救援等；对于车来讲基本内容包括考虑各型车辆的安全性能、安全技术标准及车辆的管理等；对于公路技术来讲基本内容包括安全的理念与设计思想、交通工程设施、道路安全审计、消除事故多发点及 TIS 技术保障等；对于管理来讲基本内容包括交通安全法律法规的制定、交通安全规划的制定并实施、道路交通安全管理、交通安全科学研究等；对于环境来讲基本内容包括消除区域对交通事故的影响、减少恶性天气的危害、加强预警研究等。

1.2　公路交通安全的状况分析

1.2.1　世界公路交通安全发展状况及趋势

全球每年死于道路交通事故的人数平均达 120 多万，受到交通事故伤害的人数高达 5000 万，每年因交通事故造成的平均经济损失高达 5000 亿美元。交通事故人员伤亡和财产损失严重影响了各国的经济和社会发展。例如，联合国第五十八届会议（2003 年 10 月）的估计数据表明，2000 年有将近 126 万人死于交通事故，道路交通事故在全世界造成的经济损失为每年 5180 亿美元，其中发展中国家承担 1000 亿美元。2000 年，交通伤害在人类死亡和发病的原因中排名第九，预计到 2020 年，这一排名将上升到第三位。2005 年 10 月，联合国大会通过了第 60/5 号决议，进一步呼吁会员国加大对预防公路交通伤害的关注力度。

美国公路交通安全管理局（The National Highway Traffic Safety Administration，NHTSA）2002 年的公路交通事故报告表明，美国近几年来的公路交通事故对社会造成的经济损失每年估计达 2300 亿美元，2002 年，美国约有 42850人丧生于公路交通事故；俄罗斯联邦内务部国家道路交通安全监理总局的资料显示，2002 年，俄罗斯由于汽车事故损失达 1820 亿卢布，2001 年登记备案的交通事故达 184000 起，有 32200 人死亡，215000 人受伤。在俄罗斯，每 100 起交通事故中就会有 14 人死亡，这个比例比欧洲高出 2～3 倍[2]。

国际道路联合会总干事韦斯特惠斯在 2004 年 3 月 16 日举办的国际公路展上指出，全球每年因公路交通事故造成的经济损失高达 5000 亿美元。在发展中国家、次发达国家和发达国家，公路交通事故经济损失分别占国内生产总值的 1%、1.2% 和 2%，他预测，今后 20 年内，全球道路交通事故每年将导致 130 万人死亡，到 2020 年，道路交通事故将成为全球范围内导致直接死亡的第六大"杀手"。2007 年 4 月 23～29 日联合国与世界卫生组织等机构联合举办了第一届全球道路安全周，强调儿童和青年面临的风险，并促使针对头盔、安全带、酒后驾车、超速行驶和能见度等主要因素采取行动，旨在提高对道路交通伤害的社会影响的认识。

亚太地区的公路死伤人数每年约为 1000 万，这使其成为该地区主要的健康问题。亚太地区只有全球 16% 的汽车，但在全球公路死亡人数中却占 60%。世界卫生组织说，亚洲的公路死亡人数在 1987～1995 年激增了近 40%。发达国家由于加强了安全措施，公路死亡人数下降了约 10%。世界卫生组织估计，如果目前这一趋势持续下去，到了 2020 年，交通意外致死和致残的人数将上升60%。

1.2.2　我国公路交通安全形势及任务

日益发达的公路交通在促进我国经济发展和带给人们方便快捷的同时，也带来了交通流量的高速增长，交通压力与日俱增，使得公路交通安全形势更趋严峻。

2001 年，全国共发生公路交通事故 760327 起，死亡 106367 人，伤 54.9 万人，直接经济损失 30.9 亿元。其中，一次死亡 10 人以上特大事故 39 起，死亡639 人；一次死亡 30 人以上特大事故 4 起，死亡 137 人。2002 年，全国共发生道路交通事故 773137 起，死亡 109381 人，伤 56.2 万余人。2003 年，全国发生道路交通事故 667507 起，死亡 104372 人，伤 49.4 万余人，情况有所好转。2004 年，全国发生道路交通事故 517889 起，死亡 107077 人，伤 48 万余人。2005 年，全国发生道路交通事故 450254 起，死亡 98738 人，伤 46.9 万余人。死亡人数首次降低到 10 万人以内。2006 年，全国发生道路交通事故 378781 起，死亡 89455 人，伤 43.1 万余人。2007 年，全国发生道路交通事故共 327209 起，造成 81649 人死亡，38 万人受伤，直接经济损失达 12 亿元。

在党中央、国务院的领导下，经过交通部门、公安部门及各地的共同努力，我国公路交通事故起数、死亡人数、万车死亡率连续四年实现"三下降"，特大道路交通事故明显减少。但随着经济社会发展和城镇化、机动化进程的不断加

快，影响道路交通安全的因素仍然很多，有的未得到有效解决。可以说，我国仍
处于公路交通事故的高发期，事故死亡人数总量仍然很大，万车死亡率处于较高
水平，群死群伤特大恶性事故时有发生。就绝对数而言，我国公路交通事故致死
率比欧洲发达国家要高出 10 倍以上，经济损失惊人，事故预防、预警预报和应
急救援手段相对滞后于工作的需要，公路交通安全形势依然严峻。

　　与世界上其他国家相比，我国公路交通安全形势仍然十分严峻。从图 1.1 可以
看出，2005 年，我国的万车死亡率（表示在一定空间和时间范围内，按机动车拥
有量所平均的交通事故死亡人数的一种相对指标）远远高于其他 17 个国家，是瑞
士的 9.5 倍，是瑞典和荷兰的 8.5 倍，也远远高于同为亚洲国家的日本和韩国[2]。

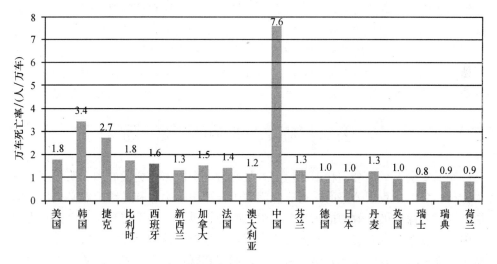

图 1.1　我国和其他国家的万车死亡率（2005 年）[2]

1.2.3　我国公路交通安全的主要问题

　　我国的公路交通安全问题主要体现在道路基础设施、交通执法和车辆性能等
方面。我国许多地方的道路基础设施的规划、设计与养护管理很少考虑如何保障
道路的交通安全。例如，地势险峻的路段没有提供牢固的防护设施；在行人和非
机动车交通量大的路段没有给行人和骑车人提供安全的通行空间；高路基的使用
过于泛滥，没有考虑其对交通安全所构成的潜在隐患；道路斜交，形成畸形交叉
口；没有设计路肩或者路肩宽度过窄；公路两侧的道路接入数量太多；公路缺乏
养护，路面的平整度和抗滑性能太差等。在交通执法方面主要表现为缺乏交通执
法或者执法的力度不够。例如，我国交通执法主要处罚的对象是机动车驾驶员，
而行人、自行车及摩托车驾驶员的非法行为却很少受到处罚；对造成人员伤亡的
恶性交通事故的责任人惩处太轻，无法对恶劣的交通违法犯罪行为构成威慑；路

边随意停车现象严重，违法停车得不到有效的处罚等。车辆的性能无法保证安全行车也是导致交通事故的主要因素。在我国，随着机动车的普及，这一问题表现得更加严峻。例如，有许多车辆超期服役，车辆的制动性能无法满足安全行车的基本要求；车辆的超载现象非常严重，直接和间接地导致了大量恶性交通事故的发生。

交通事故的成因是非常复杂的。在导致各类交通事故的原因分析中发现，绝大部分的交通事故都是两个或两个以上的交通安全问题综合作用的结果。而我国在对待公路交通安全问题时往往缺乏系统、全面的思考和规划，往往是头痛医头，脚痛医脚，无法从根本上彻底扫除交通安全隐患。例如，在出现酒后驾车所导致的恶性交通事故之后，国家有关部门加大了对酒后驾车的打击力度，但是其他诸如车辆的乱停乱放、机动车闯红灯、公路安全设施的设计问题、公路的街道化问题、公路基础设施的养护问题等并没有得到相应的关注。这种亡羊补牢的改善措施固然能在某个方面取得有限的交通安全改善效果，但是无法发挥全面的改善作用，并且可能导致其他没有得到关注的交通安全问题在日后进一步恶化。

1.3　公路交通安全改善的战略和战术

交通安全关系社会的和谐和稳定，是衡量一个国家社会发展和文明程度的重要标尺。目前，我国公路的交通安全问题十分严峻，中央和各级政府必须从不同层面同时采取积极有效的措施才能取得良好的效果。公路系统是一个由无数人参与的极其复杂的巨系统，只有同时从宏观方面采取有效的交通安全改善战略和从微观方面采取有效的交通安全改善战术才能实现既定的交通安全改善总体目标。

1.3.1　公路交通安全改善的战略思考

公路交通安全改善是一个极其复杂的系统工程，需要从长远和全局的角度综合考虑社会资源的分配、政策的导向及社会各部门、各组织的协调与配合。

1. 重视对公路的管理和养护

我国的公路交通长期以来存在着重建设、轻管理和养护的弊端，导致众多事故多发路段的出现。很多公路在建成之后没有得到有效的管理，导致交通秩序混乱，交通事故频发。由于缺乏有效的养护，导致路面平整度下降、抗滑能力变差、车辙严重、护栏和隔离设施缺失、交通标志和标线缺失或破损等问题，为各种潜在交通事故的发生创造了条件。为了有效地提高公路的交通安全水平，应该扭转这一倾向，把各种社会资源更多地分配到公路的管理和养护之中，创建更多的"平安大道"。

2. 加强针对公路交通的科学研究

公路交通安全的改善需要新的思想、理论、方法和技术，这就需要开展面向交通安全的科研，革新传统的思想、理念和制度，构建新的理论、技术与方法。公路交通是一个由人、车和路所共同构成的系统，公路交通安全研究也要针对这三者开展；如对人的生理和心理的研究，对公路交通安全设计的研究及对车辆安全性能的研究。在具体的科研活动中，应注重研究人、车、路之间的相互影响。例如，在研究公路交通安全设计时，应充分考虑驾驶员的心理和生理条件及目前我国公路上所运行的各类车辆的安全性能；在特殊情况下（如长大下坡路段、急转弯路段、隧道、桥梁和高速公路的出口匝道等），应分析车辆的超载和驾驶员的疲劳驾驶所可能产生的不良后果及其对公路基础设施的特殊需求，以便在公路交通安全设计时更加人性化地考虑这些情况，为减少交通事故发生的可能性和严重程度提供技术支撑。

3. 加强各部门之间的合作与协调

公路交通安全的改善既是一个工程技术方面的技术问题，也是一个政策和管理方面的社会问题，需要工程技术部门、政府部门和交通管理部门的联合行动才能取得满意的效果。例如，工程人员根据道路的功能等级设计了某个主要干线公路两侧的支路接入数量、支路接入位置和支路接入形式；之后，有关的政府部门就要根据公路的功能等级严格管理该干线公路两侧的支路接入，尽量减少支路的交通出行对干线公路的影响，以维护干线公路的通达功能。例如，工程部门的技术人员根据具体的道路交通情况完成一个公路平面交叉口的几何设计、交通组织设计和交通控制设计，规定了不同方向的机动车、非机动车和行人的通行路线和通行规则；此后，交通管理部门应该采取有效的措施确保出行者严格遵守这些路线和规则，保障交通流的有序和畅通，以维护和提高交叉口的交通安全水平。建议成立一个协调部门，以便协调工程技术部门、政府部门和交通管理部门之间的行动，为交通安全的改善提供组织保障。

4. 重视对弱势群体的安全保护

公路交通安全的改善应该注重对弱势群体（易受伤害的道路使用者，vulnerable road user，VRU）的保护。弱势群体主要是指在交通活动中处于弱势地位、承受最大风险的人群，即那些没有外部防护物保护的人群。行人、自行车使用者和摩托车使用者都属于这类易受伤害的人群，在交通事故发生时他们无法获得可以吸收碰撞能量的外部保护，几乎无一例外地成为道路交通碰撞事故中的弱势方。在发展中国家，弱势群体在交通出行者中的比例很高，而且还在增加，导致这些国家在弱势群体的交通安全方面面临巨大的挑战。根据国际最新的调查资料，机动化的两轮车使用者道路交通事故死亡人数占泰国总的道路交通事故死亡人数的 70%；在斯里兰卡首都科伦坡，这一数字是 44%[3]。在印度德里市，行人死亡人数占所有道路交通死亡人数的 42%，在斯里兰卡首都科伦坡，这一数字是 38%[3]。由于环境、经济和交通拥挤的问题，发达国家的道路交通弱势群体也在增加，弱势群体遭受交通事故伤害的趋势正在加强。

在我国，自行车和摩托车使用者的人群一直以来都非常庞大，而公路机动车交通量的迅猛增长使得我国公路交通的弱势群体承担着更多的风险；我国在公路的规划和设计中，都有穿越集镇和乡村的习惯做法，这导致横穿公路的行人非常多，而且穿越地点也往往不固定，给行人的交通安全带来了很大的问题。针对弱势群体的安全问题，需要在交通安全的教育、公路交通基础设施的设计、车辆和驾驶员的管理等方面重视对行人、自行车和摩托车使用者的保护，提高弱势群体对交通规则的遵守程度、提倡面向弱势群体的公路交通安全设计技术、降低弱势群体与其他车辆混行路段的车辆行驶速度、提高机动车驾驶员对弱势群体的保护意识等措施全面系统地改善弱势群体的交通安全，张扬道路交通的公平和正义，促进社会和谐发展。

1.3.2 公路交通安全改善的战术需求

公路交通是指人、车在公路上的移动，它是由人、车、路、环境等因素构成的复杂的动态系统。公路交通事故的主要诱因是机动车交通。公路交通安全问题主要是由机动车与周围的公路交通环境（包括公路交通的各类基础设施，如路面、路基构造物、交通安全设施和交通管理与控制设施等，以及分布在机动车周围的非机动车和行人）发生冲突所引起的各类交通事故，因此，机动车、驾驶员和公路交通环境是影响公路交通安全的要素，这些要素之间的关系如图 1.2 所示。

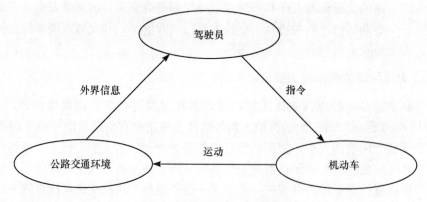

图 1.2 公路交通系统组成

系统中驾驶员获取有关公路环境的外界信息，这种信息综合到驾驶员的大脑中，经判断形成动作指令，指令通过驾驶员的操作行为，使机动车辆在公路上产生相应的运动，运动后机动车辆的运行状态和公路环境的变化又作为新的信息反馈给驾驶员，如此循环往复，完成整个行驶过程。

根据公路交通系统的组成，可以通过驾驶员、机动车和公路交通环境三个方面采取具体有效的措施，实现公路交通安全的改善和提高。从驾驶员方面来看，通过提高驾驶员的驾驶技术，加强对驾驶员的安全教育，加强对驾驶员酒后驾车、闯红灯、超速行驶和疲劳驾驶等违法行为的监管和处罚力度等措施，规范驾驶员的驾驶行为，避免和减少由驾驶员的操作失误所引起的交通事故，从而提高公路系统的交通安全性能。从机动车来看，通过采用新技术和新材料提高机动车的可控性和安全性，通过严格的车辆检验保障机动车具有良好的性能，避免和减少由机动车的故障和失灵所带来的各种交通事故。

公路交通环境主要包括公路交通的各类基础设施（如路面、路基构造物、交通安全设施和交通管理与控制设施等）及分布在机动车周围的非机动车和行人。通过改善公路交通环境中的要素质量，为机动车的运行提供更加和谐和安全的交通环境。这方面可以采取多种技术措施。例如，提高路面和路肩的抗滑性能和平整度，减少或减轻路面的车辙、波浪、壅包和沉陷等病害，减少主要干线公路两侧支路接入的数量和接入间距，设计有方向性的中央分隔带开口，设计交叉口的U形转弯，在急转弯路段前方设置警告标志，在毗邻深渊的路段安装牢固的防护栏，在长大下坡路段设置避险车道，在非机动车交通流量比较大的公路路段设置机非分割设施，在行人需要横穿公路的地点设置行人天桥、地道、斑马线和行人信号灯，在交叉路口设置停车让行或减速让行交通标志与标线或者安装交通信号灯。这些措施可以单独使用，也可以组合起来同时使用，在应用这些措施时，应注意它们的适用条件和设置与安装方法；否则，将不会获得预期的改善效果。

1.3.3 公路交通安全设计的重要性

虽然公路交通事故是由驾驶员、机动车和公路交通环境共同作用的结果，但是公路基础设施所创造的行车环境对交通事故发生的频率和严重程度有着极其重要的影响。高质量的公路交通安全设计为安全行车营造了良好的外部行车环境，对公路系统安全性能的提高有着极其重要的作用。人性化和宽容性的公路交通安全设计可以有效地降低各种交通冲突发生的可能性，减轻驾驶员在驾驶过程中的疲劳程度，提高驾驶员对突发的各种潜在危险的反应能力，对驾驶员的操作失误具有一定程度的"宽容性"，减轻交通事故的恶性程度等。此外，良好的公路交通安全设计对行人、非机动车驾驶员和摩托车使用者等弱势群体采取了有效的保护措施，可以极大地降低弱势人群遭受交通事故伤害的可能性和严重程度。公路交通安全设计提高了公路的设计质量，减少由不合理的公路设计所造成的建设资金和人员的浪费。

1.3.4 公路交通安全改善的新理念和新方法

公路交通安全的改善是文明社会追求社会和谐和进步的首要目标之一，也是人类改造自我和征服自然的一个极其复杂的社会、经济和技术问题。随着社会的发展、经济的繁荣和技术的进步，人们对待交通安全的态度、理念、思想和方法也在不断地变化之中。当前，有关公路交通安全改善的新理念和新方法可以概括为如下几个方面。

1. 系统性的理念和方法

系统科学和系统工程技术的发展推动人们运用系统性的理念和方法分析、研究和解决公路交通安全问题。公路系统是一个由许多要素所构成的复杂、动态的巨系统，根据这类系统的一般规律，系统性的公路交通安全改善应包括如下两个方面：①影响公路交通安全的要素往往有多个，必须同时对这些要素采取改善措施才能收到理想的效果。例如，公路平面交叉口的交通安全经常和交叉口的几何设计、交叉口的交通组织、交叉口标志与标线的设计和安装、交叉口进口道机动车的行驶速度、交叉口的交通量和交通秩序等因素有关，应该同时从这几个方面分析交通事故发生的原因并制定相应的解决对策。②公路交通安全的改善是一个动态的过程，必须对公路系统的交通安全状况进行经常性和长期性的监测，通过养护、维修、改造和重建等措施不断地维护和提高公路系统的交通安全水平。例如，在公路的使用过程中，各种交通管理设施和安全防护设施会发生不同程度的破损和缺失，应该对这些设施进行及时的养护以确保其功能的正常发挥。公路两侧的植物要经常予以修剪；否则，繁茂的枝叶会逐渐地遮蔽附近的交通标志或交通信号灯，给公路的交通安全带来隐患。

2. 以人为本的理念和方法

公路系统服务的主体是人，公路交通安全改善也应贯彻以人为本的理念和方法。这要求研究人员在进行公路的设计和管理中，应充分考虑各类公路使用者在各种情形下的交通需求和安全需求，平衡和化解各类公路使用者相互之间的矛盾和冲突。当公路通过地势复杂的山岭地区时，应当采取更为宽容的公路设计技术，为驾驶员的操作失误提供纠错和改正的机会。当公路通过行人稀疏的农村地区时，应主要考虑机动车的交通需求，但也必须适当考虑少量行人和非机动车横穿公路的交通需求，可以考虑在适当地点修建供行人和非机动车横穿公路所使用的地道、天桥或斑马线。当公路通过人口密切的集镇时，应同时考虑通过公路的过境交通和集镇及其周边地区所产生的局域性交通，平衡和化解二者之间的矛盾和冲突；发生在集镇的局域性交通包含了大量的行人、非机动车、摩托车、三轮车和农用车辆，在进行交通安全改善时应充分考虑这些人群的交通需求，为他们的交通出行提供安全的通行空间，同时限制公路主线车辆的行驶速度。

3. 公路交通安全设计的理念和方法

传统的公路设计主要是面向机动车通行能力和服务水平的设计方法，设计的首要目标是要满足设计小时交通量对公路基础设施的要求，以及满足机动车辆快速行驶的要求；其次才会考虑公路的交通安全，而且主要考虑的是机动车的交通安全。而公路交通安全设计的理念是以保障和提高公路的交通安全水平为首要目标，以全面、系统地改善和提高机动车、摩托车、非机动车和行人的交通安全为核心内容的设计理念和设计方法。

4. 保护弱势群体的理念和方法

弱势群体是公路交通事故中最容易受到伤害的出行者。大量的研究发现，加强对弱势群体的保护可以有效地降低交通事故发生的数量和严重程度，减少由交通事故所带来的人员伤亡，大幅度地提升公路交通系统的安全性能。因此，公路交通安全改善的对策和措施将更多地向弱势群体倾斜，倡导旨在改善行人、非机动车和摩托车交通安全的政策和技术。例如，在进行交通规划时，应尽可能使学校、医院和商店远离公路；在行人和非机动车交通量比较大的公路路段，要设计非机动车道和人行道，在必要时设计机非分隔带，以保护非机动车和行人的交通安全。

5. 接入管理的理念和方法

接入管理是对公路两侧的支路接入进行管理和控制的理念和方法，目前已经在美国、加拿大等发达国家得到了广泛的应用，取得了良好的效果。通过限制或者禁止主要干线公路两侧的支路接入，可以有效地减少和控制公路两侧的交通出行对公路主线交通的干扰和影响，不仅可以提高公路的交通安全水平，还可以提高主线车辆的运行速度、减少延误、节约燃油、减轻交通噪声、消减汽车尾气的排放，具有很好的综合效益。

6. 公路安全养护与管理的理念和方法

我国素来有重建设轻养护和管理的传统，这也是导致交通事故的一个重要原因。我国的许多公路尤其是干线国、省道高等级公路承载了大量的交通，路面、路基和沿线设施等公路基础设施的性能迅速衰退，而公路安全养护工作和管理工作往往不到位，导致了各类公路安全隐患的形成：路面的平整度和抗滑性能差，无法满足安全行车的要求；公路排水设施不畅通；标志、标线和防护设施的破损得不到及时的维修；路侧违章建筑得不到处理；路侧的绿化得不到及时的修剪，浓密的树叶遮蔽了标志和交通信号灯；路侧的广告牌影响安全行车等。我国应大力加强对现有公路的安全养护与管理，维护公路的安全性能，预防各种安全隐患的产生。这对于改善和巩固我国公路的交通安全性能具有非常重要的意义。

1.3.5   公路交通安全改善的技术环节

公路交通安全改善是一个复杂的技术体系，涉及的主要技术环节包括：公路交通安全评价、公路交通安全诊断、公路交通安全改善对策的提出和分析及公路交通安全改善对策的确定。公路交通安全改善的技术流程如图 1.3 所示。

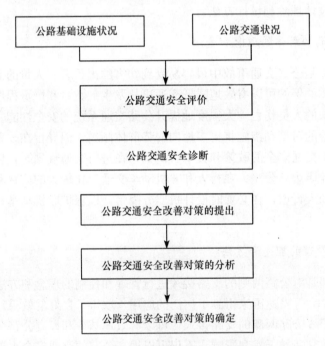

图 1.3   公路交通安全改善的技术流程

公路交通安全改善是从发现问题到提出对策的一个逐步开展的技术流程。首先，根据公路基础设施的状况和公路交通状况对公路的交通安全做出客观的评价；这里，公路基础设施主要包括路面、路基构造物、交通管理与控制设施和安全防护设施，公路交通状况包括交通量、交通冲突及发生的各类交通事故。根据评价的结果确定需要开展交通改善的具体地点。然后，对这些特定的地点开展交通安全诊断，进一步明确所存在的各类交通安全问题。针对所存在的问题，结合工程经验提出切实可行的改善对策。之后，分析每个改善对策的成本和效益（主要是社会效益，如减少由交通事故所带来的生命和财产损失），并据此对改善对策进行排序。最后，根据排序的结果和财政预算，确定改善对策，制定最终的改善方案。

1.4　公路交通安全的机理分析

1.4.1　公路交通事故成因分析

在道路安全系统分析中，美国的哈顿（Hdadon）将人、车、路在交通事故中的相关关系用矩阵形式表示，成为著名的哈顿矩阵，见表1.1。

表 1.1　哈顿矩阵[4]

因　素	事故前	事故中	事故后
人	培训、安全教育、行车态度、行人和骑车人的着装	车内位置和坐姿	紧急救援
车	主动安全（制动、车辆性能、车速、视野），相关因素（交通量、行人等）	被动安全（车辆防撞结构、安全带等）	抢救
路	道路标志标线、几何线形、路表性能、视距、安全评价	路侧安全（易折性）、安全护栏	道路交通设施的修复

哈顿矩阵9个单元中的每一个都会对事故或伤亡有直接或间接的影响，甚至成为主要或次要原因，反之，其中任何一个或几个环节的改善也会减少事故或降低事故伤害。美国的 Treat 和英国的 Sabey 经过对大量事故的深入研究所得结论见表1.2，从表中可以看出与道路有关的原因占28%～34%，与人有关的占93%～94%，与车有关的占8%～12%，表明人是事故的关键因素，道路也是影响交通安全的一个重要因素。

表 1.2　人、车、路在事故中的比例[3]

原　因	单纯路	单纯人	单纯车	路和人	人和车	路和车	人、车、路共同
Sabey 的结论/%	2	65	2	24	4	1	1
Treat 的结论/%	3	57	2	37	6	1	3

1.4.2　交通安全设计的作用

交通事故的发生不仅仅是交通系统中某一个环节的失调所致，而通常是两个或多个因素失调的综合体现，仅仅将事故的原因归结为人的因素是不客观的，公路设计因素在交通事故中也有非常重要的作用。在我国 50%以上的交通事故发生在市郊的事故多发点，其次是交叉口。其本质原因与道路的设计因素有关。而以人为本的设计理念要求公路设计应该预先考虑某些可能的主观失误，尽量减少由主观因素所诱发的交通事故或者减轻事故的严重程度。

良好的道路线形、平整坚固的路基路面、视线清晰的渠化交叉口及结构坚固、净空合理的桥隧建筑物，能为驾驶员提供安全行车的可靠条件。而有缺陷的线形、抗滑性差的路面、缺乏渠化和控制不完善的交叉口及净空和构造不规范的桥隧建筑物，常常是导致事故多发的潜在隐患[6]。由于公路设计中没有充分考虑驾驶习惯，提供给驾驶员的信息量不足，不符合驾驶员的视觉心理反应，违反驾驶员的期望，从而导致驾驶员反应时间增长，来不及处理突发信息或判断失误，最终操作失误而发生事故，而在具体统计中往往又把责任完全归结于驾驶员违章行驶。大量的交通事故资料表明，交通系统中的道路子系统作为基础设施，是影响交通安全的一项重要因素。

从以人为本的角度去思考交通安全问题，应该充分考虑到驾驶员、非机动车使用者和行人在生理、心理和能力方面的个体差异，充分认识交通出行者在外界信息的接受、生理和心理的反应、驱车驾驶和步行运动等方面可能发生偏差和失误。因此，工程人员在公路的规划和设计中应该采取更加宽容的设计理念，为各种可能的出行者设计安全、便利和高效率的通行空间，降低由人为因素所造成的各种交通事故发生的可能性和严重程度，从根本上提高整个公路系统的交通安全水平。

1.5　公路交通安全设计的基本问题

公路交通安全设计不同于传统的公路设计。公路设计包括的内容非常广泛，它不仅考虑公路的平、纵、横线形设计，还包括了路面、路基、排水设施、挡土墙、桥梁、涵洞、隧道和交通工程设施等各组成部分的设计。公路交通安全设计主要从交通安全的方面分析如何对公路进行设计，它主要从车辆和行人的交通安全出发去分析公路设计，不涉及公路的结构性问题。公路交通安全设计是以保障和提高公路的交通安全性能为首要目标，对公路系统进行的全面系统的设计，以便为公路的使用者创造安全舒适的交通环境。公路交通安全设计的主要内容包括：公路网络的空间布局设计、路段交通安全设计、路侧交通安全设计、中央隔离带交通安全设计、平面交叉口交通安全设计和交通安全评价等。

1.5.1　公路网的合理级配与交通安全

从路网的角度来讲，公路一般具有两种功能：交通功能和接入功能。高速公路和干线公路主要承担了交通功能，而集散公路和地方道路主要承担了接入功能。从功能上来看，高等级的高速公路和干线公路类似于人体的大血管，而低等级的集散公路和地方道路类似于人体的小血管和毛细血管。因此，从整个公路网络来看，公路网的等级结构应该是一个金字塔的形状，即功能越高其数量越少，如图 1.4 所示。公路网络的级配（等级结构）是否合理，直接影响路网功能的发挥，进而影响着公路系统的交通安全状况。公路网所具备的合理级配，应该能够保证交通流由低一级向高一级的有序汇集和由高一级道路向低一级道路的有序疏散。

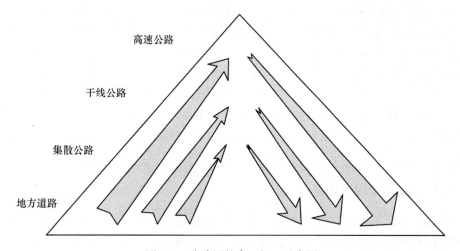

图 1.4　公路网的合理级配示意图

　　长期以来，在我国公路网规划建设中，许多地方只注重高速公路和干线公路的规划建设，忽视集散公路和地方道路的规划建设，导致公路网级配不尽合理。若缺乏集散公路和地方道路，则应该使用地方道路或集散公路的局域内交通出行将被迫转移到干线公路上，导致干线公路两侧的道路接入数量多、密度大，给干线公路的交通安全带来了很大的隐患，并且大大增加了干线公路的交通负荷，降低了干线公路车辆的行驶速度和服务水平。在缺乏集散公路和地方道路的情形下，干线公路不可避免地部分充当集散公路和地方道路的功能，造成干线公路本身功能难以发挥，公路系统的功能紊乱，交通事故频繁发生。

1.5.2　公路交通环境与交通安全

　　公路交通环境与交通安全有着十分密切的关系，良好的公路交通环境有利于减少驾驶员的操作任务、缓解驾驶员的疲劳程度、提高驾驶员的反应能力，从根本上提高和改善公路系统的交通安全水平。良好的公路交通环境可以及时地给公路使用者提供有关道路交通的有用信息，警告前方可能发生的危险，在交通事故发生时提供保护和避险。此外，良好的公路交通环境还有利于减少机动车与机动车之间、机动车和非机动车之间及机动车与行人之间的交通冲突，明确行驶路线，减少冲突区域，保护弱势群体的交通安全，从而大幅度地提升公路系统的交通安全。

公路交通安全设计的主要目的在于为公路使用者营造良好的公路交通环境，以改善和提高公路系统的交通安全水平。例如，通过接入管理技术的应用，通过减少公路两侧接入道路的数量、采用有方向限制的中央分隔带开口和 U 形转弯设计，尽量减少公路两侧车辆的进出对主线车辆的不良影响，为干线公路的车辆运行创造安全的行车环境。对于具有干线功能的一级公路，设计横穿公路的天桥或地道，以便为公路两侧的行人、非机动车和摩托车等横穿公路的交通出行提供安全的通行空间。在地势险峻的路段设计牢固的防护栏，以防止车辆冲出路侧，同时给驾驶员和乘客以安全感。在视距不良的公路平面交叉口的进口道设计减速装置，以减少平面交叉口交叉行驶的车辆发生碰撞的可能性，为公路平面交叉口的机动车交通创造安全的交通环境。在行人和非机动车较多的公路平面交叉口，设计保护行人和非机动车安全的交通岛，为行人和非机动车穿越交叉口创造安全的交通环境。

1.5.3　交通安全评价技术

交通安全评价是公路交通安全设计的关键组成部分，对于公路交通安全设计有重要的支撑作用，通过交通安全评价，以便发现公路设计中的安全隐患，为设计更加安全的公路基础设施提供指南和依据。公路交通安全评价是对影响公路交通安全的各种道路、交通要素作系统全面的评价，是对公路交通事故或交通冲突数据开展的全面系统的分析，是对公路的各种交通管理控制设施、安全保障设施、照明设施及路面和路肩等与交通安全有重要联系的关键设施的全面评估。

目前，存在各种各样的评价公路交通安全的方法和理论，其中具有代表性的有交通事故评价方法和交通冲突评价方法。这两类评价方法都需要记录和采集大量的数据，评价的客观性和可靠性依赖于所采集数据的质量，其工程应用的可行性受到了较大的约束。针对传统评价方法的局限性，笔者提出了针对公路平面交叉口的安全服务水平评价方法和安全诊断与改善方法，进一步丰富和发展了公路交通安全评价技术。这些新型的评价方法可以对规划、在建、新建和具有各种路龄的公路设施快速准确地开展交通安全评价，不依赖于大量或长期的数据的采集与积累，人力和物力的耗费少，具有很好的工程应用前景。虽然这些方法是面向公路平面交叉口的安全评价技术，其理论和模型也可用于公路系统的其他部分，如路段、路侧和中央隔离带的交通安全评价。

参 考 文 献

［1］毕明涛. 公路交通安全可持续发展研究. 西安：长安大学，2005.

［2］交通部公路科学研究院. 公路交通安全应用技术研究总报告. 2008.

［3］Aymery C，Emmanuel L. Protecting vulnerable road users from injury. Plos Medicine，2010，7（3）：e100028.

［4］史小丽. 基于交通安全的西部公路线形设计标准研究. 西安：长安大学，2005.

［5］邵祖峰. 道路交通管理安全防范技术. 北京：中国人民公安大学出版社，2006.

［6］冯贵炎. 公路设计交通安全审查手册. 北京：人民交通出版社，2000.

第 2 章　公路交通安全设计的背景和基本理念

2.1　公路交通安全设计的背景

交通"安全"是一个相对性的概念,只有更安全而不可能实现绝对的安全。从工程角度出发,维护公路的交通安全性是一项系统工程,需要涉及规划、设计、建设、运营管理、养护等不同阶段。在公路设计阶段,以往对交通安全的理解存在一定的误区或不足,体现在以下几点。

(1) 结构安全不等同于交通安全。公路构造物(如桥梁、隧道、边坡防护、路基等)的结构安全是保障交通安全的前提条件,但两者含义不完全等同。考虑公路交通安全,在保证公路构造物结构安全的基础上,更需要考虑公路构造物的整体协调性,如路桥匹配性(避免桥头跳车、宽路窄桥,确保桥头防护措施得当)、保证隧道进出口照明渐变的连续性等;此外,需尽量避免过长的纵坡、连续急弯、突然的急弯、视距不良等。从行车安全角度考虑,这也是运行车速一致性检验的主要目的之一。

(2) 符合设计规范或设计标准的不一定安全。这个观点并没有否定既有标准合理性的含义,本意是即使公路设计指标在满足既有标准的前提下,由于选用不当,也有可能形成安全隐患。我们不赞成对既有规范或标准的生搬硬套,而强调"灵活性设计"。此外,我国幅员辽阔,各地地形、地貌、驾驶员行驶特性等差异较大,而统一在相同标准下进行公路设计,很难体现这种地方差异性。近年来,部分省市尝试推出了具有地方特色的设计指南,对于弥补既有规范、标准的不足进行了有益的探索。

(3) 对细节重视程度不足。交通工程设施是公路系统中的重要组成部分,它们作为交通管理与控制的重要手段,对于维护公路交通安全至关重要。但在公路设计时,往往侧重主线设计,轻视交通设施设计。此外,下述现象也屡见不鲜:重视桥梁的结构设计,轻视路桥连接处的安全防护;重视主线几何、结构设计,对于平面交叉口的渠化、几何重视不足。对于公路设施细节的重视,是"宽容性"公路设计理念的重要特点之一。

(4) 片面地追求运营效率或交通安全。为了运营效率,总是希望车速越快越好,提供的线形指标尽可能优、车速控制措施尽量少;另一方面,由于车速过快是导致事故高发的重要因素之一,为保证安全,又人为设置诸如静化交通之类的限速措施。在设计阶段，应对这两个因素协同考虑，不鼓励片面极端化的追求单目标最优。

（5）外界因素干扰。公路设计的安全与否受多种因素影响或制约，除项目本身不可避免的技术性因素外，亦有外界因素的作用，如设计团队的技术水平及设计偏好、项目投资费用是否受约束、项目管理方的倾向性意愿等。公路设计时常遇到的困惑是，在外界因素的作用下，被迫放弃最优的设计方案。

多年来形成的认识习惯近年来得到逐步转变，"安全第一"的设计理念逐步得到广泛认可。国内既有公路设计标准、指南等文献也突出了交通安全的重要性。

2004 年，全国公路勘察设计工作会议提出了"六个坚持，六个树立"的公路勘察设计新理念：①坚持以人为本，树立安全至上的理念；②坚持人与自然相和谐，树立尊重自然、保护环境的理念；③坚持可持续发展，树立节约资源的理念；④坚持质量第一，树立让公众满意的理念；⑤坚持合理选用标准，树立设计创作的理念；⑥坚持系统论的思想，树立全寿命周期成本的理念。《新理念公路设计指南》对上述六条原则进行了详细解读[1]。

《公路工程技术标准》（JTG B01—2003）中"明确了各级公路的功能和相应的技术指标，突出体现了公路工程建设中安全环保以及以人为本的指导思想和建设理念"，其中，"平面交叉的选址和选形必须综合考虑各种相关因素同时应体现安全第一的原则"、"交通工程及沿线设施应按照保障安全、提供服务、利于管理的原则进行设计"等[2]。

《公路安全保障工程实施技术指南》指出公路安全保障工程的实施应按照"安全、经济、环保、有效"的原则，并遵循"不破坏就是最大限度的保护"的指导思想予以开展[3,4]。

2.2　公路交通安全设计的基本理念

有关交通安全设计的一些基本理念，在既有标准、规范及相关文献中均有不同程度的表述。一般而言，下述基本设计理念应贯穿于交通设施设计的各个方面。

2.2.1　宽容性设计理念

"宽容性设计理念"可概括如下：道路设计要以人为本，容许驾驶员由于疲劳、恶劣天气、汽车故障等原因造成一些失误，避免驾驶员和乘客由于这些非主观因素的行为失误而遭受重大的交通事故，对危险起到消除或缓减的作用，司机的过错不应以残疾甚至生命作为代价，所设计的道路应具有较强的"容错、纠错"功能。主要包含两方面的内容。

1. 基于车辆性能和驾驶员生理特点的公路平、纵、横线形设计

传统的路线设计方法基于设计车速理论,它是"以力学要求为本"的,并不考虑人的心理、生理负荷和承受度[5]。从道路使用者的安全角度出发,在进行公路路线设计时,不能简单地以设计速度来控制道路线形指标。运行车速在当前规范上主要是用于检验道路设计的线形质量,运行车速理论考虑了车辆性能、驾驶人行为及道路的路况,其实质是通过降低路段单元的运行车速差来实现线形的协调与一致。

车辆和驾驶员是道路使用者的主体,宽容的设计理念要求在道路的平、纵、横线形设计中充分考虑车辆性能和驾驶员生理特点的局限性,道路线形与车辆和人的特点相适应。此外,应尽量采用良好的线形参数,充分注意道路设计要素的一致性、协调性和诱导性。例如,平曲线加宽设计;对于连续长大纵坡路段设置避险车道等一系列措施;避免小半径平曲线的突然出现,保持运行车速的一致性等。

近年来,有学者提出了交通工效学的概念,并以此为基础探讨道路路线的设计方法。从交通工效学角度来看,司机在驾车行驶时所需要的远不止"容许犯错"问题,还有医学、人体测量学和美学等许多方面的问题,真正的以人为本应当考虑司机的这些合理需要[6]。此外,有研究者综合设计车速理论、"宽容性设计理念"和交通工效学的基本思想,提出修正后的"宽容性设计理念"的基本思想,即以满足车辆动力学需求为设计底线,以交通参与者在交通环境中的心理、生理等方面的"合理需要"为中心和校核指标,综合考虑交通参与者、交通工具、道路设施与交通环境之间的相互协调、耦合,以安全、舒适作为交通系统设计的基本目标[7]。

2. 宽容路侧设计

美国宽容路侧设计理念提出了"路侧净区（clear recovery zone）"的概念,并将路侧净区设计作为完整设计中的一个重要组成部分[8]。路侧净区是指位于行车道外侧边缘与路权界限范围内的区域。路侧净区设计容许过错车辆一定程度驶离路面,并为驶离路面的车辆提供一个安全返回的空间。该区域不应存在能导致碰撞伤害的坚硬危险物,驶出路外的车辆在该区域不会发生倾覆,行驶在净区内的车辆能够得到有效控制,并且通常能够再次安全地返回行车道。

宽容路侧设计的理念是:以人为本、预防、容错、纠错。即允许驾驶员由于疲劳、天气、汽车机械故障等原因造成一些失误,以减少这种非主观因素带来的损失的更加"宽容"的设计。宽容设计分为主动引导、尽可能降低事故伤害程

度、适度防护共三个层次。基于西部交通科技项目成果，《路侧安全设计指南》在路侧安全的系统优化对策方面做出了集成创新工作，其中路侧宽容理念在项目里得到了集中体现[9]。

广义的宽容性路侧设计的对象或要素主要包括：路肩（路肩震动带）、排水设施（边沟、涵洞等）、边坡、护栏（路侧护栏、中央分割带护栏、桥梁护栏等）、行道树、各种杆柱（标志杆、电线杆、通信设施杆等）及解体消能设施等。

1）宽容排水设施

对于排水设施，按照优先次序可以采取以下措施：①撤掉不必要的排水构造物；②不设突出的拦水路缘石，采用宽、浅的排水沟或在排水沟上增加盖板，使其变为可穿越的或使其对因犯错而冲出路外的车辆的障碍面积最小；③若不能满足上述原则，则适当设置护栏，如图 2.1 所示。

(a) 浅碟式边沟

(b) 盖板式边沟

(c) 设置钢条的涵洞口

(d) "可穿越式"涵洞设计

图 2.1 宽容排水设施

2）宽容边坡

路堤安全设计应保证公路的稳定性，并为失控车辆安全返回提供适合的机会，在进行边坡设计时，要尽量地有利于车辆安全行驶，当路侧有一定宽度、填土高度较低时，可适当放缓边坡，这样车辆驶出路外顺着坡面下滑，翻车的可能性很小，同时为驾驶员提供了重返车道的机会。

对于路基防护设施，主要是使其坡度与路侧净空区坡度相匹配，使驶出路外的车辆可以安全的穿越。例如，当边坡较缓时（不小于 1∶4），同时坡底地势平坦或存在宽浅边沟（如蝶形），可不必设置护栏，如图 2.2 所示。

图 2.2　宽容边坡

3）宽容性交通设施设计

交通设施是宽容性设计理念非常重要的体现，它要求重视路侧墩、杆、护栏等障碍物的设计，主要包括可解体消能的标志杆柱、可解体消能的护栏端头及防撞墩等安全设施，具有水平滑动底座或与地面脆弱链接的杆柱等[1,10]。设计不合理的安全设施是把双刃剑，某些情况下可能成为安全隐患。当路侧净区内存在固定交通设施且驶出路外的车辆与之碰撞的可能性较大并能够导致伤害事故的发生时，可按以下的优先顺序采取对策。①移除：将危险物移除；②再设计：通过新的设计方案消除危险物的安全隐患；③移位：将危险物移至距离行车道更远的地方，减小驶出路外车辆与其碰撞的可能性；④解体消能设施/装置：采用解体消能设施或装置来降低车辆与其碰撞的严重性；⑤防护：对危险物进行防护；⑥标识危险：受资金或条件限制时，采取标识危险物的简单对策[1,3]。

典型的宽容性交通设施设计方法如图 2.3～图 2.6 所示。

(a) 端部隐入　　　　　　　　　　(b) 桥梁护栏与路侧护栏锚接

图 2.3　护栏端头处理

(a) 中央分隔带　　　　　　　　　　　　　(b) 渠化岛

图 2.4　可穿越的中央分隔带和渠化岛

图 2.5　碰撞缓冲护栏　　　　　　　　　图 2.6　解体消能杆柱

2.2.2　灵活性设计理念

美国联邦公路局（Federal Highway Administration，FHWA）所出版的 *Flexibility in Highway Design* 提出了公路设计灵活性的理念，它指出"设计灵活性并不是试图去创建一个新的标准。它是建立在充分掌握和理解现有标准、规范本质的基础之上，在不降低安全性的前提下，通过合理选择标准、灵活运用设计指标，力求使公路更符合公路沿线可持续发展的需要和利益目标"[11]。

灵活性设计的核心是让设计者创造性地灵活运用他们的专业知识与判断能力。这种灵活性在有效发挥公路功能与运营安全的同时，还可使公路建设适合自然与人文环境。公路设计的一个重要理念就是每个项目都是独一无二的。对于每一个公路项目而言，其所处地区的地理位置、地形地貌、气候气象、社会环境、文化传统、风俗习惯、公路使用者的审美特点等，都是设计者必须考虑的重要因素。无论是公路的新建还是改造，都没有固定的解决模式，这就要求设计者必须灵活、创造性地进行公路设计。设计灵活性在公路设计中的应用包括以下几个方面[1]：

（1）灵活选用技术标准和设计指标，当受环境条件严格约束时，可以进行特殊设计。

（2）根据公路功能、建设条件等，分段确定技术标准（设计车速）。

（3）遵循地形选线、地质选线、安全选线、环保选线，合理布线和灵活选用设计指标。

（4）灵活确定不同设计车速的最小设计路段长度，对于特别困难路段，允许超标设计。

（5）用运行车速进行安全检查，检查设计参数和指标在公路实际运营中的效果。

我国地域广阔，各地地理地质条件不同，经济社会发展水平各异，为保证公路交通网的畅通和使用效率，需要有全国性的公路技术标准、规范，但要充分考虑工程项目所处的自然、地理、地质条件的特点，尊重每一个区域的特殊性和差异性，在满足安全性、功能性的条件下，正确理解和执行标准、规范。同时，应鼓励各地在既有国家或部颁规范、标准的指导下，制定适合地方的设计指南或地方性标准、规范。

2.2.3　以人为本的设计理念

"以人为本，安全至上"是进行公路安全设计的核心。总体来说，以人为本的理念更为宽泛，它融合在公路宽容性、灵活性等诸多设计理念之中。在此将其专门提出，是希望将以人为本作为设计灵魂，在进行公路设计时，始终站在公路使用者的角度（驾驶员、行人）考虑。

1）对于跨线桥桥墩的防护

防护的初衷是保护桥梁的安全为主，还是减弱驾驶员伤亡程度？如图 2.7 所示，较理想的方案是设置一定的路侧净区，同时辅以柔性的护栏，当车辆冲出路侧后，有一定的纠误空间，即使控制不住，也能被柔性护栏保护，减弱由于碰撞桥墩可能导致的更严重事故的发生。

图 2.7　防撞护栏

2）道路运营环境的人性化

例如，当公路路侧广告过多、距离道路过近或内容过于醒目时，平面交叉路口标志牌设置数量过多、信息冗余时，都极有可能分散驾驶员的注意力，从而可能诱发事故的发生，如图 2.8 和图 2.9 所示。

图 2.8　干扰驾驶员的广告　　　　　　　　图 2.9　设置过密的标志

3）车速控制

车速过快是导致交通安全问题高发的重要因素之一，因此，车速控制措施始终是安全保障的重要手段。从整体来考虑，车速控制并不一定会导致运营效率的降低，如可以避免交通事故所诱发的拥堵。更重要的是，适当的车速控制对于行人和非机动车驾驶员的安全保障具有积极的意义。设置得当的限速措施可以有效控制车速，同时不会引起驾驶员明显反感。

限速措施可分为警示性和强制性两类。强制性的车速控制措施包括限速标志、部分交通静化（traffic calming）措施。交通静化措施多应用于城市道路的居民区内或支路系统；对于公路而言，当穿越街道化严重路段时，可适当采用宁静交通技术。常用的交通静化方法包括：减速丘（speed hump）、减速台（speed table）、隆起的人行道（raised crosswalk）、隆起的交叉口（raised intersection）、曲折行车道（chicanes）、路口窄化（neckdown）。

对于高等级公路而言，由于车辆行驶速度高，物理限速措施在降低速度的同时会引起驾驶员的不适，同时还有可能会成为事故诱因，因此可考虑采用警示性的限速措施（如立体减速标线、震荡标线等），如图 2.10 和图 2.11 所示。

图 2.10　立体减速标线　　　　　　　　　图 2.11　震荡标线

4）弱势群体的保护

以人为本的公路交通安全设计很重要的一方面是体现于对行人及非机动车的保护。一般应考虑的是在平面交叉口区域注重渠化（提供庇护岛）、中央分隔带或对向车道分界线处的人行道上设置安全岛；此外，在安全岛面积不能满足等候信号放行的行人停留需要、桥墩或其他构筑物遮挡驾驶人视线的情况下，人行横道线可错位设置；在路幅及中间带较宽、交通流量较大时，也可设置庇护岛，如图 2.12 和图 2.13 所示。

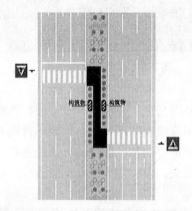

图 2.12　人行横道线错位设置　　　　图 2.13　交叉口彩色渠化

2.2.4　其他

公路交通安全保障应遵循"适度防护"的原则，过度的"铜墙铁壁"式设防不但造成经济上的浪费，而且从环境协调性、行车感官舒适性等方面考虑不一定合理。此外，设计过程中贯彻环保理念，践行"不破坏是最大的保护"原则。

公路设计过程应体现创作设计的思想，任何一条路应具体情况具体对待，由多名专业人员组成设计团队，避免考虑问题的片面化，忽视某一方面问题而为后期运营阶段带来后患。

公路交通安全设计应体现以土地利用为前提的设计思想，例如，根据土地利用类型确定公路功能划分，然后进行细部设计（确定车道数、交叉口间距、中央分隔带等），这方面内容可参看 *Access Management Manual*[12]。

参 考 文 献

[1] 交通部公路司. 新理念公路设计指南. 北京：人民交通出版社，2005.

[2] 交通部. JTG B01—2003　公路工程技术标准. 北京：人民交通出版社.

[3] 交通部公路安全保障工程技术组. 公路安全保障工程实施技术指南. 北京：人民交通出

版社，2007.

[4] 唐玲玲，何勇. 公路安全保障工程实施技术指南解析. 北京：人民交通出版社，2007.

[5] 高建平，郭忠印. 基于运行车速的公路线形设计质量评价. 同济大学学报（自然科学版），2004，32（7）：906—911.

[6] 潘晓东. 人体信息技术在道路交通环境与安全性评价中的应用. 中国公路学报，2001，14（增）：109—115.

[7] 黄明友，梁维广. 基于"宽容性设计理念"的交通事故多发路段改造设计. 公路，2010，（2）：101—107.

[8] American Association of State Highway and Transportation Officals. Roadside Design Guide. Washington D C，2002.

[9] 高海龙，李长城等. 路侧安全设计指南. 北京：人民交通出版社，2008.

[10] 交通部公路科学研究院 JTB/T D81—2006 公路交通安全设施设计细则. 北京：人民交通出版社，2006.

[11] FHWA. Flexibility in Highway Design. Federal Highway Administration，U S Department of Transportation，Washington D C，1997.

[12] Committee on Access Management. Access Management Manual. Transportation Research Board，Washington D C，2003.

第 3 章　公路网交通安全设计

3.1　接入管理概述

接入管理（access management）源于 20 世纪早期的道路接入控制（access control），随着道路系统的逐步完善及车辆的不断增长，在 20 世纪 70 年代，以第一个系统实施接入管理的科罗拉多州为代表，发展到现代的综合接入管理阶段[1]。美国 TRB（Transportation Research Board）接入管理手册给出了明确的定义：接入管理是指针对特定道路，对其接入支路的位置、间距、设计及运营、中间带开口、立交、接入的街道进行系统地控制；也包括道路设计方面的应用，例如，中间带处置、辅助车道及交通信号的适当间距的确定等。接入管理的目的是在保证道路运输系统安全和高效的前提下，提供道路临近的土地开发区域车辆的有效接入。当代的接入管理应用已有新的扩展，包括接入设计及所有道路的选位控制——不局限于限制接入的公路或高速公路[2]。

接入管理从研究范围来看，包括公路与城市道路；从研究内容上来看，可分为战略层面及战术层面[3]。其中，战略层面倾向于宏观、系统管理，包括接入管理政策、接入前的审批申请、接入区域土地利用规则等方面的内容；战术层面主要包括各种具体的相关接入管理技术。从接入管理技术实际应用领域来看，主要涵盖以下四部分内容：①道路的功能分类及道路接入类别的制定；②接入口（平面交叉口）的选位；③接入间距标准的制定；④接入点的几何设计。

接入管理的应用主要遵循下述原则[2]：①明确道路的功能及交叉口的分类；②保持交叉口功能区的完整性；③尽可能合理地限制与主干道相交的支路数；④尽可能减少交通流的冲突点数；⑤将交通流的冲突区域分隔开；⑥尽量减少转弯车流对直行车流的影响。

美国相关研究表明，有效的接入管理项目能减少 50% 左右的交通事故，提高道路通行能力 23%～45%，并可缩短旅行时间及延误 40%～60%[4]。此外，有效的接入管理可以延长道路的使用年限；节约大量的改建、扩建资金；促进土地利用的稳健开发；降低道路沿线街道及环境的影响。

总体而言，道路接入管理以道路功能分类及接入分类为基础，以接入间距标准为核心，以接入区域土地利用形式为辅助，以各种接入管理技术的应用为拓展，以接入管理手册（以指导手册或标准形式体现）的制定为体现，系统地对公路平面交叉口选位、间距、设计等问题进行了综合考虑。

目前，美国多数州在制定针对本州的接入管理策略时，对交通流进行接入控制通常从中央分隔带开口、左转弯车道设置方式等角度考虑。设置方式研究主要考虑以下因素：转弯半径、接入点宽度、接入角度、坡度、长度、交通渠化、接入支路视距等几何设计指标。

3.2　公路功能分类

3.2.1　公路功能分析

公路的功能是为交通出行提供服务，由于公路本身具有网络特性，某一公路在公路网体系中并非独立地服务于交通出行。据美国国家公路与运输协会（American Association of State Highway and Transportation officials，AASH-TO）的分析[5]：一个完整的旅次步骤，其必须包括旅次的主移动段、变换、分散、集汇、端点出入及端点终止等，而不同的公路等级就分别服务于不同性质的旅次段。将旅次步骤简化，则其旅次步骤主要可分为主移动段、集散段及出入段三大部分，旅次的每部分都有相应的公路承担服务。图 3.1 描述了长程转换车流完整的旅次过程，车辆要经过不同移动段的公路在公路网对车流的服务中扮演了不同的角色，这描述了公路功能的内涵。

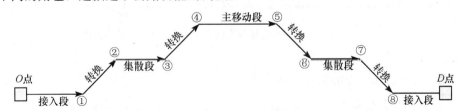

图 3.1　长程转换车流的流动过程

从公路网级层面来看，公路网中不同的公路承载的交通量水平具有很大差异，由此可在某种程度上体现出不同道路的功能重要性差异，当然交通量水平并非判定公路重要性程度的唯一指标。图 3.2 简要描述了一个小型公路网的出行期望分布及相应公路网示意图。

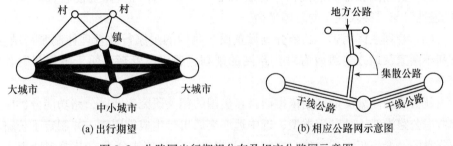

(a) 出行期望　　　　　　　　　　　(b) 相应公路网示意图

图 3.2　公路网出行期望分布及相应公路网示意图

3.2.2　公路功能分类的概念及定义

公路功能分类是指：以公路的本质属性或其他显著属性特征作为根据，把各种等级层次或类别的公路集合成类的过程。公路功能分类与公路交通出行特性、公路交通出行需求及公路服务特性密切相关。道路按功能分类的最基本的观点是：某一条公路和街道在任何体系中不是独立地服务于出行的，其作用是通过道路网络表现的，因此在网络中将出行按照合理和有效的方式进行分类显得异常必要。道路功能分类通过定义特定道路或街道应该在路网服务出行流的过程中扮演的角色，揭示了这种服务过程的本质。图 3.3 简要描述了一个小型路网中不同功能等级公路的关系。

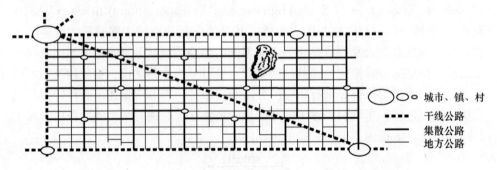

图 3.3　按功能分类的公路网示意图

3.2.3　公路功能分类的制定原则及依据

我国公路功能分类应考虑的因素包括：客观环境变化发展的因素（社会经济发展需求的层次性、行政管理体制的层次性）、公路交通自身发展的因素（路网整体通行能力的提高、路网整体服务水平的提高）。我国公路功能分类一般应依据下述原则制定[6]。

（1）公路层次结构明确，避免繁琐杂乱和互相交织。

（2）公路网服务功能完善：各层次之间要充分体现公路功能特征，即保证"畅通性"与"接入性"的总体平衡。

（3）管理主体明确：功能分类设置要与我国的国家行政管理体制紧密结合，有利于国家及地方各级政府对公路网的规划、建设、管理，便于事权与财权的划分。

就公路功能分类的判定依据而言，美国的相关研究表明，公路功能分类应充分考虑公路沿线土地利用类型、近中远期交通出行生成等因素，并制定了公路功能分类的一般流程[5]。此外，文献［6］指出，公路功能分类应考虑多种判定指标,并采用定性、定量相结合的方法进行判定。公路功能分类指标详见表3.1。

表 3.1 公路功能分类指标

项 目	指标属性	指标层次	定量或定性
公路功能特征	区域特征	区域层次	定性
	交通流特征	交通流量	定量
		出行距离	定量与定性结合
		车速	定量
	公路特征	出入口控制	定性
		技术等级	定量
	网络特征	系统连续性	定性

3.2.4 公路功能分类

功能分类是通过道路提供的服务性质进行道路分类的方法。

道路的功能分类是根据道路在整个路网中所担当的主要任务的角色定义的,从路网的角度来讲道路一般具有两种功能:交通功能(通过性)和接入功能(通达性)。功能等级较高的道路在路网中主要是为了实现快速的交通,即交通功能占主导地位;功能等级较低的道路在路网中主要是为了实现方便的接入,即接入功能占主导地位。概括而言,道路的交通功能随着道路功能等级的上升而提升,道路的接入功能随着道路功能等级的下降而提升。对于特定道路而言,确定其功能等级的核心在于对其交通功能与接入功能的综合考虑。

根据以上公路功能分类的思路,公路接入点等级分类的基本层次主要有三级。①第一级:承担出入境、过境和组团间的长距离、通过性极强、道路两侧严禁开口的道路;②第三级:主要以到达和出入为服务目的,允许在道路两侧开口、短距离、集散性极强的道路;③第二级:介于第一级和第三级公路之间,通过性交通和集散性交通并重,道路两侧可少量开口,既达到一定程度上的"通",又满足一定程度上的"达"。

依据《公路工程技术标准》(JTG B01—2003)、《公路路线设计规范》(JTG D20—2006),借鉴国内外的研究成果,结合我国的国情可以将公路(除高速公路)按功能分为三大类五小类,如图3.4所示。各类型公路特征见表3.2。

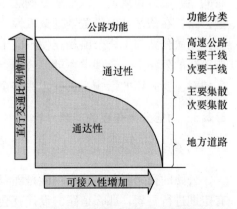

图 3.4 公路体系功能层次概念图

表 3.2　各类型公路分类体系

功　能	主要特征
主要干线公路	① 服务于国家级地区活动中心，拥有最大的交通量和最长的出行距离； ② 连接所有省会、直辖市和重要的地级市； ③ 主要提供通畅性的服务，出入口受到严格控制； ④ 组成一个完整的公路网络系统，除了在特殊地理条件或交通流条件下（如在国界线或连接沿海城市的地区），否则没有断头路
次要干线公路	① 连接一定区域范围内的主要地、市、县、工农业生产基地、重要经济开发区、旅游名胜区和商品集散地，提供省际和城际公路交通服务，形成完整的网络； ② 与人口密度相统一，相隔一定的间距，以使地区内所有的发达地区都与主干线公路距离适当
主要集散公路	① 服务于所有不在主干线公路上和不能直接被更高一级系统服务的地区，同时服务于其他重要交通产生源，如综合学校、运输枢纽、重要的矿业和农业区； ② 连接相邻的城市或城镇，或更高等级的公路； ③ 服务于市内重要的交通走廊
次要集散公路	① 从地方公路上汇集交通； ② 空间上保持一定的间距，使所有的发达区域保证在集散公路的合适距离内； ③ 服务于较小的地区，连接县（市）、乡（镇）和其他交通产生源； ④ 为地方经济往来、生产生活、行政管理及文化教育、卫生医疗等日常出行服务
地方道路	① 提供到相邻地区的出入口，服务相对于集散公路和干线公路较短的出行； ② 连接乡（镇）、村等行政区和其他交通产生源

　　各级公路主要服务对象的区位特征决定了出行应当遵循"地方公路→集散公路→干线公路"的逐级递增及相反的逐级递减的公路等级切换原则。相对于不同功能性划分等级的公路，相邻区域内产生的交通流对公路的接入方式有所不同。居住性区域产生的交通流，发生时间段集中，短时间内承担较大的交通量，出行时间短、出行距离近，以小型车辆居多。应设法限制该类交通直接进入主要干线型公路，在该区域内设置辅助集散性公路，将交通流汇集在相对次要的集散公路上。集散公路与干线公路相连使不同出行距离、出行时间的交通流行驶在相应功能等级的公路上。合理设置辅助公路，合并、删减多余、无序接入点可以降低该区域对主要公路的影响，提高主线安全性。

3.2.5　功能分类存在的问题分析

1. 需要更新公路的功能分类

　　公路的交通服务方式及功能是随着时间的变化而变化的。如果其功能分类没有定期进行更新，那么道路的设计就会采用不合适的设计标准。

　　显然，有必要定期地对局部的道路功能类型重新评估，以确保道路的功能分类能够准确地反映出该路段目前及未来的交通功能。道路功能类型的变更要建立在对变化情况的仔细评估基础之上并且要合理。对功能分类经常性的重新评估可以在进行项目设计之前进行，这有利于对设计灵活性的运用。

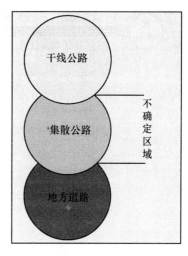

图 3.5　公路功能分类存在交叉

2. 功能分类过程不严谨

公路功能分类和设计原则之间存在的问题是由于功能分类不是很严谨，如图 3.5 所示。某条具体道路所提供的主要交通服务，在没有对路网中每一条路径进行详尽的 OD 调查的情况下是不可能明确的。基于经验的工程判断，在设计决策中发挥着重要作用。

3. 土地利用的变化对公路功能的影响

土地利用对本地区公路的功能分类起着决定性作用。如果由于开发原因，特别是在城市的边缘，土地利用发生了变化，公路功能也会随之发生变化。由服务于农场的乡村地方公路变为服务于居民区或商业开发区的城市道路是很常见的。重新划分为城市集散道路或城市干线道路是根据开发的强度及开发产生的交通类型来决定的。随着道路功能的变化，道路的设计标准也必然随之更新，以适应道路新的交通需求和特点。

3.3　公路接入分类

公路接入分类是指依据道路功能分类及一定的原则，制定多种分类标准，同时为每种接入制定相应的平面交叉口间距等相关接入规则，以期使不同的接入管理技术可以正确应用到特定公路或路段。道路功能等级划分及道路接入分类体系的建立是实施"接入管理"及公路平面交叉口间距标准工程应用的基础。

3.3.1　公路功能分类与公路接入分类的关系

公路功能分类着重于从宏观入手，根据道路在整个路网中所担当的主要任务的角色进行定义。公路接入分类是以公路功能分类为基础，在综合考虑其他必要的指标予以制定。对于某条具有特定功能等级的公路而言，其沿线土地可依据不同的考虑指标（如土地利用类型及程度、车速等），在不同路段采用不同的接入分类标准。两者之间的关系示意图如图 3.6 所示。

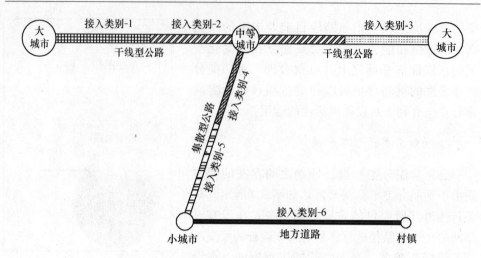

图 3.6　公路功能分类与公路接入分类的关系示意图

公路功能分类与公路接入分类的关系简述如下：

（1）公路功能分类是公路接入分类的基础。

（2）公路接入分类可与公路功能分类相同，即每一种功能类别对应相应的接入类别。

（3）公路接入分类可与公路功能分类不同，对于特定功能等级的公路，可以分路段采用不同的接入类别。

总体而言，功能分类为宏观概念，其针对的是网级层面的公路网；接入分类则为中观概念，依据功能分类，将其进一步细化，为道路的规划、设计提供指导。

3.3.2　公路接入分类的制定原则

公路接入分类的制定原则有以下几点。

（1）针对层面的确定。公路接入分类应面向新建或改建公路的规划、设计层面。

（2）实施层面的确定。与公路功能等级分类相似，接入分类的实施主体不同，则所制定的接入分类体系亦有很大差别。在国家级层面所制定的公路接入分类体系具有普遍指导意义，其推广实施可以规范或标准的形式，也可以公路规划、设计指导方针形式体现。省级公路管理部门所制定的公路接入分类体系，其适用对象为本省内公路网；省级层面的公路接入分类具有对上继承性，即省级公路管理部门所制定的接入分类体系至少应囊括国家级部门所制定的，可以在其基础上进一步细化。就实施层面而言，本书立足于国家级层面，对宏观的接入类别进行界定；在此基础上，省级层面负责标准的制定及具体的路段编码、分配工作。

（3）以保障公路功能为基础。《公路工程技术标准》（JTG B01—2003）[7]指出，"土地利用是一个非常重要也非常敏感的话题，是可持续发展战略的重要方面；早期修建的公路其沿线的街道化情况十分严重，这些路段已变成了交通堵塞的瓶颈路段"。就目前现状来看，即使公路功能重要性等级较高，但为了交通安全，人为地限制了其运行速度。所以，公路运营应以维护预期功能为主要考虑目标。通过保障平面交叉口间距标准，对周边土地的接入进行相应的设计，以期体现路段应有的功能等级。

（4）类别设置不宜过多，保障其可操作性。国外接入管理实施经验表明，过多过细的接入类别的制定，将限制接入管理实施的有效性及可行性。制定接入管理类别时，将尽量考虑必要的因素，降低实施时的难度。

（5）充分考虑既有分类。我国现行公路设计均依据《公路工程技术标准》（JTG B01—2003）[7]及《公路路线设计规范》（JTG D20—2006）[8]，两套标准中均以公路技术等级相关设计参数为基本设计指标。制定接入分类标准时，应对既有技术等级设计指标予以充分考虑。

3.3.3 公路接入分类的影响因素

一般而言，公路接入类别的制定需综合考虑如下因素[2]：

（1）职能权限内道路功能重要程度。

（2）道路网特性，包括既有道路及规划道路。考虑因素包括：交通量、速度、延误、几何设计、中间带开口设置状况、其他道路网相关特性。

（3）区域土地开发利用类型、特征及规划。

（4）多模式交通出行需求的现状及远期预测状况。

就具体的指标选择而言，国外制定接入分类标准时多采用下列指标[2]：道路功能重要程度、中间带开口状况（有无中间带、是否允许开口）、路段车速[限制车速（posted speed）、运行车速]、土地开发类型及程度（城市、郊区、乡村）、车道数。一般而言，道路功能重要度是必选指标。

就我国目前现状而言，若对这些因素全部加以考虑，相关的研究基础相当薄弱；此外，国内公路系统等级划分时已有行政、技术两种标准，公路规划设计时也主要依据技术等级划分标准。多年来，公路规划、设计、管理等人员已习惯了行政等级、技术等级两类分类方法，如若完全抛弃，则新建立的公路接入分类标准很难具有生命力。因此，考虑到实用性，接入分类的制定必须结合既有的分类标准，并且以技术等级分类为主要结合点。

制定接入分类标准时，本书选择了四个指标进行划分：公路功能等级、路段车速、技术等级、车道数，这四个指标并非完全相互独立。

1. 公路功能等级

公路接入分类以保障、维护公路的功能等级为出发点。因此，公路功能等级是最基本的指标。公路功能分类标准划分详见 3.3.1 节所述。接入分类标准制定时仅考虑干线型与集散型公路。

2. 路段车速

车速是接入分类制定时需考虑的重要指标之一。从平面交叉口间距标准制定的角度考虑，大多数安全或效率相关因素的考核是基于车速进行计算的。现有描述路段车速有三个常用指标，设计车速（design speed）、运行车速（running speed）、限制车速。

（1）设计车速是公路设计时确定几何线形的基本要素。设计车速一经选定，公路的所有相关要素指标均与其配合以获得均衡设计。

（2）运行车速是公路上交通流真实速度的直接反映。以运行车速作为考核特定路段交通安全及运营效率的指标，具有积极的意义。

（3）限制车速是公路上应用最普遍的一种手段。在理想状况下，若路段限速标准合理，同时所有驾驶员均遵守交通法规，则限制车速为路段最高运行车速。从而以限制车速作为接入标准的制定依据也应有良好的可行性。

事实上，限制车速的理想应用状况很难达到。相关研究表明，公路运行速度一般大于限制车速 10%～15%。少数研究表明，路段运行车速大于设计车速 5% 左右。当然，上述研究结果受观测点选位、交通环境构成等因素的影响，其代表意义存在一定的局限性。

就我国公路现状而言，普通公路限速标准设置随意性大，超速现象相当严重。造成此现象的原因主要是限速标准过低，目前国内对于限速标准的合理性问题逐渐予以重视。因此，以限制车速作为接入分类的控制性指标，不具有可行性。而运行车速的相关研究在我国刚处于起步阶段。其次，运行车速随观测时段、交通流组成等因素的不同，其值波动幅度较大。再次，当接入分类后期应用时，需对公路网中各路段确定相应的接入类别，大规模的观测确定运行车速也不现实。就我国公路现状而言，设计车速具有相当的代表意义，现行《公路工程技术标准》中仍采用设计车速作为设计基本参数之一。大多数路段存在设计车速＞运行车速＞限制车速的规律。

从平面交叉口间距角度分析，较高的设计车速必然导致较大的平面交叉口间距，从而能有效提高路段交通安全性；当实际运行车速或限制车速低于设计车速时，基于设计车速确定的平面交叉口间距标准也能满足实际需求。因此，以设计车速作为接入分类标准制定时的控制性指标，具有相当的说服力。

3. 技术等级

技术等级是我国现行标准及规范中所认可的公路分类方法。在实际应用时，许多其他设计参数均是结合技术等级确定的，如车速、通行能力、服务水平等。

4. 车道数

公路车道数的不同直接影响其交通流运行模式；此外，车道数对于后期接入分类应用时具有显著影响，如车道数会直接影响相关接入管理技术的选择。

3.3.4　公路接入分类标准

现行《公路工程技术标准》（JTG B01—2003）中 2.0.5 规定："一级公路作为干线公路时，设计速度宜采用 100km/h 或 80km/h；一级公路作为集散公路时，根据混合交通量、平面交叉口间距等因素，设计速度宜采用 60km/h 或 80km/h"；"二级公路作为干线公路时，设计速度宜采用 80km/h；二级公路作为集散公路时，混合交通量较大、平面交叉口间距较小的路段，设计速度宜采用 60km/h"。基于上述分析，结合《公路工程技术标准》（JTG B01—2003）及《公路路线设计规范》（JTG D20—2006）的相关要求，对各接入类别的公路明确了其典型设计参数，制定了公路接入分类标准，详见表 3.3。公路接入分类标准共分为 4 大类 9 个接入子类别，各接入类别用特征参数予以描述。

表 3.3　公路接入分类

接入类别		特征参数				典型设计参数		
		功能等级	技术等级	车道数	设计速度/(km/h)	设计服务水平	设计通行能力	最低运营速度/(km/h)
1	1A	主要干线	一级	多车道	100	二级	1300	73
	1B		二级	双车道	80	三级	1600	58
2	2A	次要干线	一级	多车道	80	二级	1100	60
	2B		二级	双车道	80	三级	1600	58
3	3A	主要集散	一级	多车道	80	二级	700~900	60
	3B		一级	多车道	60	二级	550~700	50
	3C		二级	双车道	60	三级	680	48
4	4A	次要集散	二级	双车道	60	三级	680	48
	4B		三级	双车道	40	三级	700	34

注：设计通行能力单位：一级公路为 pcu/h/ln；二、三级公路为双向 pcu/h。

一个完善的公路接入分类体系，在确定了特定公路的功能性等级重要性的基础上，可以明确其"是否可接入"、"在何处接入"及"如何接入"等接入策略问题。当然，实现此目标需要开展一系列的针对性研究（各种接入管理技术的适应性），其中平面交叉口合理间距标准是其重要的组成部分之一。

3.4　公路平面交叉口间距

3.4.1　平面交叉口密度与交通安全的关系

公路平面交叉口间距对交通安全的影响是近几年来被广泛关注的研究方向。大量研究成果表明，对干线公路而言，过小的或不规则的信号交叉口间距都会导致交通事故率的增加[2~4]。

公路上无信号接入道路对主路交通流造成大量冲突及摩擦，从而形成大量的潜在事故。就既有研究成果来看，尽管各研究分析的方法和成果显示有所差异，但趋势是一致的，即公路上接入道路越多，由此所形成的无信号控制交叉口接入密度越大，则事故率越大[2,3]。文献［3］依据美国已完成的研究成果进行汇总分析，得到了无信号控制交叉口接入密度、平均接入间距、相对事故率三者之间的关系，分析结果显示交通事故率随接入道路间距的减小而增加，如图 3.7 所示。

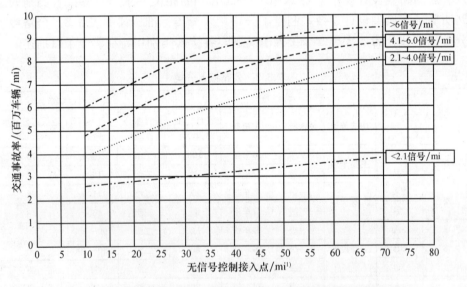

图 3.7　交通事故率与接入点密度关系图（城市及城乡结合部地区）

美国的研究项目 NCHRP420[3]通过对 375000 件事故的调查研究分析，结合以往的文献资料，得到了交通事故率指针与接入密度的关系图（以每英里 10 个接入口数为基准），见表 3.4。从表中的综合结果可以看出，当道路上每英里的接入数从 10 个增加到 20 个时，事故率约增加 30％。

---

1) 1mi=1.609344km，下同。

表 3.4　接入点数与事故率指标的关系

接入点数（每英里）	明尼苏达州	印第安纳州	平方根原则	NCHRP420安全分析结果	NCHRP420研究综合结果
10 * 基准	1.0	1.0	1.0	1.0	1.0
20	1.4	1.2	1.4	1.4	1.3
30	1.7	1.5	1.7	1.8	1.7
40	2.1	1.8	2.0	2.1	2.1
50	2.5	2.1	2.2	2.3	2.8
60	2.9	2.5	2.7	2.5	4.1
70	3.1	3.0	2.7	2.9	—

长期以来，各界都认为分离冲突区域（即增大平面交叉口间距）是提高公路交通安全的有效方法。较长的无信号控制接入间距有助于辅助车道的设置，从而减少主路上转向车辆对直行车辆的干扰，由此可通过设置较少但通行能力高的无信号控制接入点，以更安全地满足转向交通量的需求[4]。对于无信号控制平面交叉口接入安全间距设置的依据，相关研究文献大多考虑下列因素[2]：交叉口视距、车辆制动距离保障、交叉口功能区长度、右转冲突重叠区、交织段长度等。

3.4.2　公路平面交叉口间距[9]

1. 平面交叉口间距定义

公路平面交叉口根据其相交公路的功能等级、平面交叉口控制类型两个指标可划分为多种类型。由上面可知，公路功能可分为三大类：干线型公路、集散型公路、地方道路。基于公路功能分类，本书对公路平面交叉口进行如下基本定义。

（1）接入口：干线型/集散型公路与地方道路平面相交形成的平面交叉口。

（2）交叉口：干线型或集散型公路之间平面相交形成的平面交叉口。

平面交叉口分为"接入口"与"交叉口"两种类型，两种类型平面交叉口可以组合出三种间距模式。

（1）交叉口间距（A类）：交叉口与交叉口之间的距离。

（2）接入间距（B类）：接入口与接入口之间的距离。

（3）交叉口角净距（C类）：交叉口与接入口之间的距离。

在公路网中需谨慎界定哪些是交叉口，哪些是接入口。从具体操作层面来看，界定时需首先确定路段功能等级；而后，沿路段逐个考核与之相交的公路的功能等级及平面交叉口控制方式，从而根据上述流程确定平面交叉口类型。因此，平面交叉口间距标准与其所在公路的功能等级是密切相关的。对于不同接入类别的公路，其平面交叉口间距标准存在显著差异。

图 3.8 以集散型公路为例，对三类间距进行了示意说明。此分类方式同样适

用于接入分类标准中其他类别公路。图 3.8 中平面交叉口 1、2、5 为交叉口；3、4 为接入口。A 类为交叉口间距；B 类为接入间距；C 类为交叉口角净距。

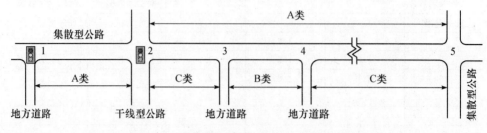

图 3.8　集散型公路平面交叉口间距示意图

接入间距及交叉口角净距的确定过程实质上是公路的交通功能及接入功能之间的博弈过程。较短的间距意味着较高的接入密度，能大大提高公路临街区域的接入能力，但被接入公路的通达功能则难以保障，同时交通安全性及运行效率也显著降低。国外相关研究成果表明，接入间距及交叉口角净距越大，接入道路越少，则主路交通安全性及运营效率越高。因此，干线型或集散型公路应尽可能增大或保障必需的接入间距及交叉口角净距，这也是国外的接入管理技术所关注的关键问题之一。

根据公路功能等级分类标准，地方道路通常是一些连接居民生活性道路，村镇、厂矿、工商业出入口的道路，当其与功能等级较高的公路相交时，形成接入口。两无信号控制的接入口之间的距离为接入间距。依据接入口类型（十字形、T 形），接入间距可分为两种形式，如图 3.9 所示。A 类为错位接入间距，B 类为常规接入间距。当 A 类的错位接入间距过小时，则形成错位交叉口，这对于公路交通安全极为不利，因此实际应用中也应尽可能避免使用。

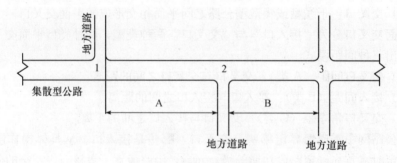

图 3.9　接入间距形式划分

2. 平面交叉口间距标准

将公路平面交叉口三种类型的间距标准综合展现，得到基于接入分类的公路平面交叉口合理间距标准。为便于实际应用，对接入间距及角净距进行了取整简化处理，详见表 3.5。

表 3.5　基于接入分类的公路平面交叉口合理间距标准

接入类别		特征参数				平面交叉口间距/m		
		功能等级	技术等级	车道数	设计速度/(km/h)	交叉口间距	接入间距	角净距
1	1A	主要干线	一级	多车道	100	1200	300	300
	1B		二级	双车道	80	1000	200	200
2	2A	次要干线	一级	多车道	80	1000	200	200
	2B		二级	双车道	80	1000	200	200
3	3A	主要集散	一级	多车道	80	1000	200	200
	3B		一级	多车道	60	800	150	150
	3C		二级	双车道	60	750	150	150
4	4A	次要集散	二级	双车道	60	750	150	150
	4B		三级	双车道	40	650	100	100

考虑到目前国内规划、设计、管理人员的应用习惯，对平面交叉口间距标准以常见的形式予以展现，详见表 3.6。

表 3.6　公路平面交叉口间距标准

车速/(km/h)	一级公路		二级公路		三级公路
	干线型/m	集散型/m	干线型/m	集散型/m	集散型/m
100	1200a（300）b				
80	1000（200）	1000（200）	1000（200）		
60		800（150）		750（150）	
40					650（100）

注：a 为交叉口间距；b 为接入间距及交叉口角净距。表中各值含义类似。

（1）上述各类平面交叉口间距标准的制定是在理想状况下进行的，实际应用时，若交叉口之间存在地方道路的接入，需满足组合间距需求。

（2）对于二级公路目前有很大的认识误区。各界人士受传统公路技术等级分类观念的束缚，普遍认为一级公路重要，二级公路次要。事实上，若基于公路功能等级分类，则其重要性并不比一级公路差。当然，现行标准对此也予以了考虑，将技术等级与功能重要性相结合来选用最小的平面交叉口间距。虽然现行标准未对公路功能等级给予明确界定，但这毕竟是一个积极的信号。

（3）从维护公路功能角度分析，干线或集散型公路应保障其交通功能。因此维护必要的间距标准是必要的。目前，我国公路平面交叉口间距标准难以满足，但从长远来看，应采取必要的措施加以限制。

3.5　公路沿线区域接入组织

3.5.1　区域交通流

　　公路沿线区域可以看成是一个放大了的节点，可以按照微观交通组织的思路去进行区域交通流导入。与微观交通组织不同的是，微观交通组织的重点是在时间上错峰、空间上隔离，重在不同车型种类、不同流向交通流的冲突分离；而区域性交通流导入解决的是路网中局部范围的交通流引导，其重点是在区域内部建立合理的路径循环机制，使不同出行目的的交通流选择路径时遵循"地方公路～集散公路～干线公路"的逐级功能转换模式。区域间交通以空间流量上的"控密补稀"为主，重在解决路网交通负荷均衡。

　　从交通流构成看，公路沿线区域有内部生成流量、外部过境流量和到达流量，这是区域内的交通需求。从路网结构上看，有过境干线公路、内部集散公路及地方公路，这是区域内的交通供给。路网结构不合理会造成区域内交通压力分布不均；而交通供需矛盾倒置又会造成区域内交通压力的升高。一方面需要调整路网结构，均衡交通压力的空间分布；另一方面，需要重新整合交通流，对不合理接入进行时间、空间控制，调整不适当的接入，以提高区域内整体交通安全。

3.5.2　交通流冲突控制

　　冲突点的控制原则如下：
　　(1) 变随机冲突点为固定冲突点。
　　(2) 变交叉冲突点为交织冲突点。
　　(3) 变饱和冲突点为非饱和冲突点。
　　(4) 减少冲突点个数。
　　(5) 减少冲突点上的冲突次数。
　　(6) 减少冲突点上的冲突能量。

　　交叉冲突容易造成碰撞事故，合流冲突容易造成追尾、刮蹭事故，这两种冲突比分流冲突危险程度要高得多。同时，交叉冲突与合流冲突会严重影响车速，造成公路通行能力下降，交通延误增加。因此，对于冲突控制而言，重点是交叉冲突与合流冲突点的控制。

　　在各种交通流中，机动车是交通强者，行人和自行车是交通弱者。强者对强者或弱者对弱者的交通冲突，其结果都不如强者对弱者的冲突伤亡惨重。同时弱者与强者冲突时所造成的交通延误又比强者之间的冲突高得多。因此对于冲突类型的控制，重点是强者对弱者的交叉冲突。也就是说，要想办法把行人、自行车从机动车队里分离出去。

由于路权包括了通行权与先行权，所以可以用空间分离和时间分离相结合的方法进行冲突点控制。

（1）冲突点的空间分离。一般常采用交通渠化的方法，把随机冲突点固定下来，利用路口的导流带、导向线、导向车道及停车线、人行横道等交通标线，缩小路口冲突范围，隔离不同车种、流向的交通流，把空间上冲突点的个数降至最低，为时间分离和让行分离打好基础。冲突范围越小，冲突点个数越少，管理上越容易进行分离和控制。路段上常采用护栏、隔离带、车道线、人行横道线来控制冲突点。

（2）冲突点的时间分离。对空间渠化以后仍然无法消除的冲突点可以采用信号控制的方式，对冲突时间进行分离。从理论上讲，多相位信号控制可以减少或消除冲突点。由于公路交通是混合交通，不仅要分离不同流向的交通流，还要分离不同车种的交通流，相位设置应以满足机动车流向分离要求为宜。对于路段上人行横道的控制。在过街人流大到一定程度以后，可以通过设立行人过街信号灯加以控制，以达到在时间上分离机动车和行人冲突点的目的。

3.5.3　交通流接入控制方法

1. 方向性控制

所谓接入方向性控制，指的是接入点禁止左转弯、禁止直行和限制性右转弯，是区域交通流导入的重要组成部分。一般接入点禁止直行和限制性右转弯多与干线公路接入许可配套使用，交叉口禁止左转弯单独使用在集散公路上的情况较多。

1）禁止左转弯

路口禁止左转弯的直接作用是可以大大提高对向直行车道的通行能力，当一个路口某一方向压力过大时，可以考虑在此方向的相对方向上禁止车辆左转弯，以减轻本方向直行车流的压力。路口流向禁限的结果是减少路口内冲突点的个数，特别是交叉冲突点的个数。根据公路功能划分及接入许可要求，干线公路与集散公路相交时，如主线交通量较大，可对接入集散公路实施禁止左转弯限制。

由信号相位图 3.10 可以明显看出流向、车辆与冲突点的关系。

由图 3.10 可以看出，在每一个信号相位中，有 2 个机动车之间的交叉冲突点，6 个机动车与非机动车的交叉冲突点，2 个机动车与行人的交叉冲突点，4 个非机动车之间的交叉冲突点，2 个非机动车对行人的交叉冲突点。其中对交通

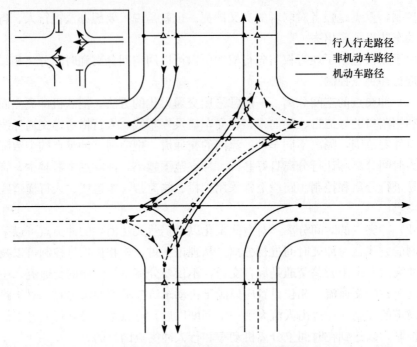

图 3.10 两相位信号冲突关系图

影响最大的冲突点为与机动车有关的交叉冲突点，在交叉口内共有 10 个。如此多的与机动车有关的交叉冲突点散落在路口内，当机动车流量稍大时会引起路口内秩序混乱，难免发生交通拥堵和交通事故。此时解决方法有以下两种：一是交叉口产生拥堵时，可以利用多相位信号控制减少交叉口内交叉冲突点；二是交叉口已拥堵严重用其他方法不能有效疏堵时，可以考虑在交叉口实行禁止左转弯的交通组织。

由图 3.11 可以看出，由于禁止机动车交叉口左转弯，在每一个信号相位中，已没有了机动车之间和机动车对行人的交叉冲突点，机动车对非机动车的交叉冲突点也减少到 4 个，交叉口的通行条件和安全条件大为改观。由于 1 辆左转车按当量可折算成 1.8 辆直行车，在交叉口禁止左转弯后，禁左方向所对应的直行流向通行能力可大幅度提高，交叉口的安全状况可以有效缓解。

2）禁止直行

禁止直行的控制方式比禁止左转弯更加严格，通常利用设置不可穿越式的中央分隔带实现。当接入支路与干线公路相交，两者功能等级相差 2 级以上，根据接入许可原则不允许支路直接接入时，可以采取禁止支路直行的方法。接入支路与干线交叉时，不可穿越式中央分隔带使得干线公路两侧的支路形成双 T 形接入，如图 3.12 所示。

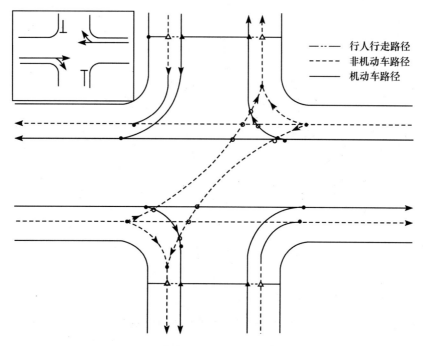

图 3.11　两相位信号交叉口机动车四面禁左冲突关系

3）方向限制后的交通流转移

交叉口进行方向性控制表面上是节点问题，但由于方向限制会带来交通压力的转移，会造成一系列相关交叉口转弯流量增加而导致拥堵，实质上是个区域交通组织问题。

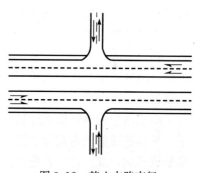

图 3.12　禁止支路直行

交通流向可以限制，但限制不了交通需求，这点是交通流与其他流体性质不同的根本所在。交通流在交通出行的 OD 之间才会具备往压力低处流动的流体特性，而不会在任何条件下都像其他流体一样往压力低处流动。

对交叉口采取方向限制措施后，限制方向上的交通压力一般会转移到相邻交叉口，引发出新的交通问题。因此，如果路网具备分流绕行条件时，可利用"右转接调头"式间接左转弯代替直接左转，就地解决因交叉口方向限制后所带来的路网交通压力转移问题。

所谓右转接调头式间接左转，就是把路口内由于左转弯车流和对向直行车流之间存在的交叉冲突点通过左转弯车先右转后再掉头直行通过路口，完成路口左转弯，进而把路口内的交叉冲突引到路段上来解决的方式[4]，如图 3.13 所示。

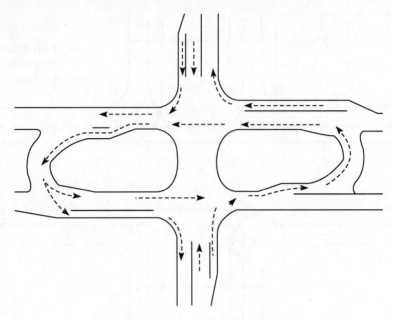

图 3.13　右转接调头式间接左转

　　间接左转弯可以有效地减少交叉口内的交叉冲突点，大大提高路口的通行能力。由于绕行距离近，司机也比较乐于接受这种形式。但是实施前提是路段上要有掉头条件，应该与路段隔离、行人过街、路段车辆掉头等内容综合考虑进行组织。需要注意的是，间接左转弯通常设置在具有中央分隔带的六车道以上道路上。在美国佛罗里达州，禁止从小型支路或街道直接左转弯进入主干道，因此，中央分隔带通常会提供间接式左转开口；在密歇根州，40ft[1] 及以上宽度的中央分隔带也通常会提供间接式左转开口。

　　由于路段的通行能力远远大于交叉口的通行能力，这样进行交通组织，有利于交叉口路段的负荷均分，但有可能会对信号控制系列交叉口间信号协调的绿波带形成影响，故间接左转弯地点应设置在信号系统内调头地点或下游路口流量、流速检测地点的上游，以免影响信号控制系统的协调效果。

　　2. 中央分隔带开口控制

　　方向性控制是通过不同类型的中央分隔带开口实现的，影响中央分隔带开口形式的因素包括：街道化程度、车辆运行速度、交通量、公路几何条件、中央分隔带宽度、接入控制程度。根据中央分隔带所处位置、交叉口形式、专用左转车道情况，中央分隔带开口共分为 3 大类共 9 种类型，具体分析见 6.3 节。

———————————
1) 1ft=3.048×10⁻¹m，下同。

3. 开口组合形成的接入控制引导

以上是不同类型的路段、T 形、十字形交叉口中央分隔带形式，单独的某一种类型仅仅针对单一接入点的控制。将它们组合在一起就形成干线公路上的一系列连贯的接入控制，对公路沿线区域内产生的交通流会产生连续的引导作用。下面提供五种典型的中央分隔带组合形式，可以对这五种组合的组成部分进行修改以适应实际路况的变化。

1）组合 C1

上、下游十字形交叉（3-c 型）之间提供中央分隔带开口（1-c 型），供车辆间接左转弯。组合部分可表达为：C1⇔3c＋1c＋3c，如图 3.14 所示。

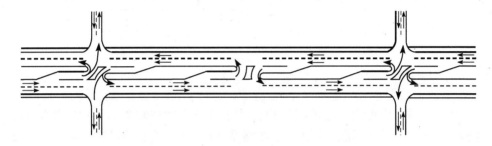

图 3.14　组合 C1

主线车辆在十字形交叉可利用专用左转车道直接左转弯进入支路，支路车辆仅可以右转进入主线，在交叉口下游路段开口处调头后直行通过交叉口，实现间接左转弯。支路左转弯车辆绕行距离不长，对主线直行车辆的影响减至最低。组合 C1 适合接入支路左转弯交通量不大的情形。

2）组合 C2

上、下游十字形交叉（3-b 型）之间提供中央分隔带开口（1-b 型），供车辆间接左转弯。组合部分可表达为：C2⇔3b＋1b＋3b，如图 3.15 所示。

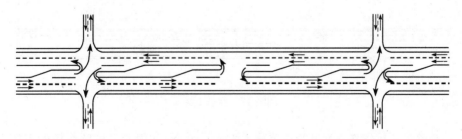

图 3.15　组合 C2

主线车辆在十字形交叉可利用专用左转车道直接左转弯进入支路，支路车辆可以直行穿越主线，支路左转弯车辆需在交叉口右转进入主线，在交叉口下游路段开口处调头后直行通过交叉口，实现间接左转弯。支路左转弯车辆绕行距离不长，对主线直行车辆的影响减至最低。组合 C2 适合接入支路左转弯交通量不大、直行交通量相对较大的情形。

3）组合 C3

上、下游十字形交叉（3-a 封闭型）之间提供中央分隔带开口（1-b 型），供车辆间接左转弯。组合部分可表达为：C3⇔3a（封闭型）＋1c＋3a（封闭型），如图 3.16 所示。

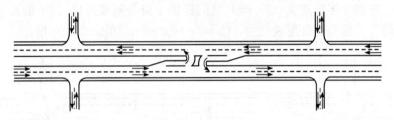

图 3.16　组合 C3

上、下游十字形交叉为 3-a 封闭型，禁止主线车辆左转弯、支路车辆直行与左转弯。主线左转弯车辆需行驶至下游路段开口 1-b 处实行间接左转弯，支路直行及左转弯车辆都需先右转进入主线后行驶至下游路段开口 1-b 处实行调头，然后右转或直行实现间接直行或间接左转弯。组合 C3 适合严格控制接入的干线公路，同时，主线左转弯车辆、支路直行、左转弯交通量都很小。保证了干线公路在此处的"通过性"需求。

4）组合 C4

上、下游 T 形交叉（2-a 封闭型）之间提供中央分隔带开口（1-c 型），供车辆间接左转弯。组合部分可表达为：C4⇔2a（封闭型）＋1c＋2a（封闭型），如图 3.17 所示。

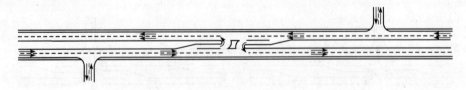

图 3.17　组合 C4

T 形交叉是公路上常见的支路接入方式，组合 C4 限制了支路车辆的直接左转，支路左转弯车辆需先右转进入主线，直行至下游路段开口 1-c 进行调头实现间接左转。C4 适合严格控制接入的干线公路，同时，主线左转弯车辆、支路左转弯交通量都很小。保证了干线公路在此处的"通过性"需求。

5）组合 C5

上、下游十字形交叉（3-a 信号交叉口）之间提供中央分隔带开口（1-c
型），供车辆间接左转弯。组合部分可表达为：C5⇔3a（信号）＋1c＋3a（信
号），如图 3.18 所示。

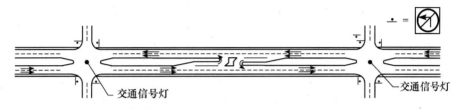

图 3.18　组合 C5

信号控制的十字形交叉口可以利用交通信号控制主路转弯车辆，同时利用交
通标志控制支路车辆的左转，既满足支路车辆的直行又提高主线通行能力。适合
支路左转弯交通量较小，而主线左转弯交通量较大的情形。

3.5.4　交通流导入原则

1. 减少接入点对干线公路的干扰，适度增加集散公路负担

干线公路的定位是承担着跨区间长距离的机动车交通运输，主要提供"通过
性"交通功能，因此，公路两侧的接入点越多越难保证车辆较高的运行速度和安
全性。

利用干线公路与集散公路的接入点，使车辆在"通过"、"通达"功能高低之
间进行转换。除此之外，作为干线公路两侧不可避免的支路接入应当利用中央分
隔带、交通信号、标志等进行严格限制，实行接入许可审批制度。同时，充分发
挥集散公路汇集、疏散交通流的功能，允许在满足间距要求的前提下，集散公路
两侧适当的接入请求，充分发挥各级公路的优势出行距离。对于干线公路两侧的
工业或居住用地，不应允许其在干线公路上随意开口，应当通过辅助道路连接到
支路，再连接至干线公路上，从而保证干线畅通；当不得已和干线公路相连时，
应尽量减少接入点个数。接入点与主干道的接入关系如图 3.19 所示。

2. 控制交叉口间距、单位距离内的接入数量

公路网中干线公路与集散公路交叉口间距应当满足表 3.6 中的要求。实际公
路网中除等级公路外，还存在大量不符合安全规范的支路接入，某些区域开口完
全处于无控制状态，几乎每隔 20～50m 就出现一个开口，并且没有基本的交通

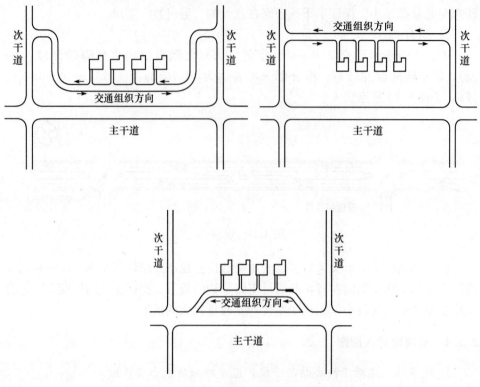

图 3.19　接入点与主干道的接入关系

控制措施（如交通标志、标线，警示桩，人行横道等）。对于这些支路，交通管理部门应当加强有效管理，利用交叉口间距的要求，对单位距离内的过多接入进行合并整理，如图 3.20 所示。

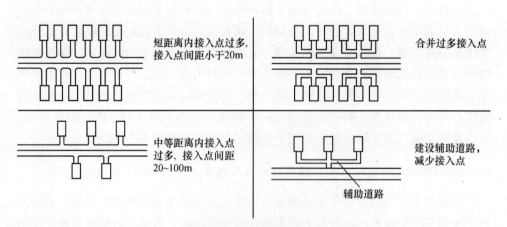

图 3.20　合并过多接入点

3. 适当的相交公路接入级别

在公路功能性划分的基础上，设定相交公路的接入级别。功能等级相差 2 级以上的公路限制相交，见表 3.7。

表 3.7 相交公路接入级别

接入许可类型 ＼ 类型	主要干线公路	次要干线公路	主要集散公路	次要集散公路	地方公路
主要干线公路	允许	允许	部分限制	限制	禁止
次要干线公路		允许	允许	部分限制	限制
主要集散公路			允许	允许	部分限制
次要集散公路				允许	允许
地方公路					允许

4. 为区域内交通提供可行的出入方式

区域内现有的公路为公路交通流导入提供了初始路网，当旧公路网中存在接入不合理的地方需要重新调整时，必须为交通出行提供合理的出入方式，如图 3.21 所示。

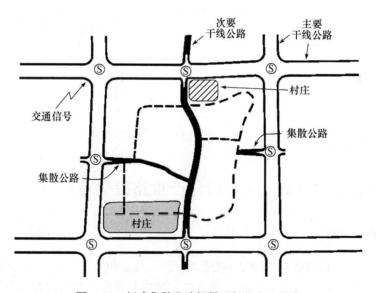

图 3.21 新建集散公路提供可行的出入方式

当图 3.21 中村庄根据以上导入原则不得直接接入干线公路时，需建设如图 3.21 中虚线所示的集散公路，为居民出行提供新的路径。

5. 适当的接入顺序

对相距很近的连续双 T 形交叉口需要特别注意接入顺序。图 3.22 是接入顺序不同的两个双 T 形交叉口，接入顺序 a 使得主线左转弯车辆产生一定的重合路段，增加了正面碰撞的可能性，接入顺序 b 则使冲突点分开，提高安全性。

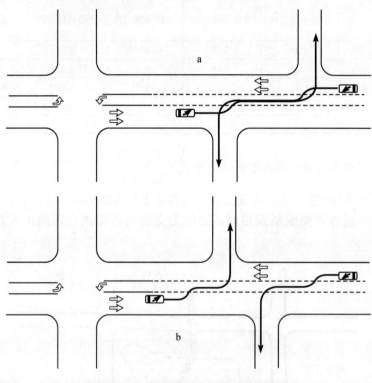

图 3.22　相邻双 T 形交叉口的接入顺序

3.6　实例分析——街道化严重路段交通安全改善[10]

3.6.1　现状分析

该路段接近山西省道 S340 的起始点，路段起点位于 S340-G307-汾军高速出口匝道相接形成的交叉口，为保证交叉口的功能与安全，在改善方案中将街道严重化路段与交叉口区域合并考虑。该街道化严重区域全长 710m，道路两侧有大量汽修厂、货运公司等商业建筑，是 S340 上路侧用地的典型情况，见表 3.8。

表 3.8　K0＋000～K0＋710 街道化严重区域路侧用地情况

路　侧	起止桩号	开口深度/m	路侧情况
右侧	K0＋125～K0＋265	0	物流公司，围墙紧贴红线
	K0＋265～K0＋350	35	货运公司
	K0＋350～K0＋390	—	高路基，路基边沿离红线 8m，高 3m
	K0＋390～K0＋585	35	货运公司、汽修厂、停车场
	K0＋585～K0＋710	＜15	钢材厂、货运公司，铁栅栏与道路隔离
左侧	K0＋000～K0＋060	4.7	加油站，外沿至红线距离 4.7m，但加油站内部空间足够组织内部交通
	K0＋060～K0＋130	—	空地
	K0＋130～K0＋320	20	货运公司、汽修厂
	K0＋320～K0＋425	45	服务中心
	K0＋425～K0＋460	—	空地
	K0＋460～K0＋580	10	加油站与空地，加油站内部有足够的空间组织内部交通
	K0＋580～K0＋710	—	高路基

该路段目前无任何接入管理设施，车辆可以随意驶入、驶出路侧单位，如图 3.23

(a) 高路基

(b) 汽修厂、饭店开口过大

(c) 加油站未封闭

(d) 服务中心开口过宽

图 3.23　K0＋200～K0＋710 路段街道化严重现象

所示。车辆的减速操作频繁，导致路段的运行速度降低；分流冲突与合流冲突较多，且冲突点几乎遍布整个路段，冲突区域广，且路段起点处为交叉口，路段的安全水平降低将影响交叉口的行车安全。

3.6.2　交通安全改善方法

公路两侧商业用地的开口设置不合理，主要是对公路功能的概念模糊，没有突出 S340 的干线功能。因此，主要采用突出体现各级道路功能的接入管理概念和技术，对街道化严重区域进行改善设计，以保证 S340 的干线公路功能得以发挥，接入管理前后冲突点、冲突区域的对比情况如图 3.24 所示。

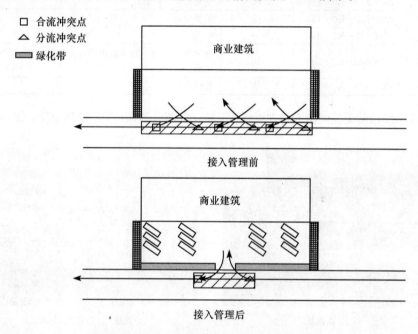

图 3.24　接入管理前后冲突点、冲突区域对比

1. 设计目标

设计目标是："减少冲突，确保省道功能，提高安全水平，保护行人安全"。为实现这个目标，在设计中遵循以公路运行效率与安全并重，结合考虑公路两侧用地性质与行人安全，减少、合并道路开口，压缩道路开口宽度，拉开道路开口间距，提供行人保护的设计原则。

2. 设计车型

S340 上的主要服务对象为四轴、五轴货车，且在改造完成之后，允许通行的最大车辆为五轴货车。在进行设计时，参考《公路路线设计规范》（JTG D20—2006），选择鞍式列车的长度（16m）进行设计，该值已能够将在 S340 上运行的大部分车辆涵盖在内。

3. 影响因素

在选取接入管理技术时，公路对商业用地的开口宽度、开口深度及建筑物周围有无可用空地是设计方案时的决定因素。商业用地的开口宽度是指商业建筑与公路直接相接的开口的纵向长度，开口深度是指道路红线到建筑物之间可用空地的横向长度，建筑物周围可用空地是指建筑物后方或两侧能够停车的空间，如图 3.25 所示。

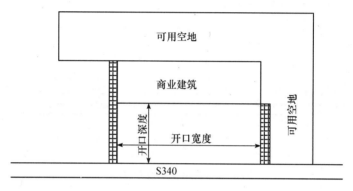

图 3.25　影响因素

开口宽度反映了商业用地对公路正常运行的影响范围，在 S340 上开口宽度一般为某一建筑物的全长，由建筑物间的间隔或围墙来区分。开口深度和建筑物周围有无空地则反映了实施接入管理后，内部交通组织的可用土地面积。封闭或压缩道路对商业用地的开口后，道路与建筑物之间形成一个半封闭区域，科学、合理地设计车辆在这个区域的内部交通组织，是接入管理技术能够切实可行的保证。因此，开口宽度、开口深度和建筑物周围有无可用空地这三个因素是选择接入管理技术的决定性因素。

通过对 S340 沿线街道化严重区域的观察，发现开口深度大小与路侧用地性质之间存在一定的对应关系。开口深度较大的路段，其路侧地性质多以商业为主，吸引的车辆多为大型车，车辆是影响公路运行与安全的主要因素，改善目标为"减少冲突，保证道路功能"，主要采取接入管理理念进行改善设计。开口深度较小的路段，用地性质多以民居为主，吸引的车型以小型车为主，且路段内部行人出行较多，是影响公路运行与安全的主要因素，改善目标为"保障行人安全"，主要采取交通静化理念进行改善设计。

4. 设计指标

采用接入管理技术，在商业用地开口过宽处设置隔离设施压缩过宽的开口，控制开口密度，能起到减少冲突点和压缩冲突区域的作用。

公路开口分为单向开口与双向开口。单向开口只允许车辆右进或右出，而双向开口允许车辆同时从开口出入。单向开口的宽度宜取 5～7m，双向开口宽度宜取 10～15m，如图 3.26 所示。

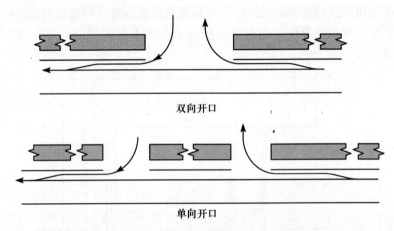

图 3.26　街道化路段开口形式

根据开口宽度、开口深度的不同及建筑物周围有无可用空地，在项目中对街道化区域采取不同的接入管理技术手段，见表 3.9。

表 3.9　不同条件下的接入管理方式

开口宽度 /m	开口深度 /m	建筑物周围有无可用空地	接入管理		
			开口处理	可选开口形式	内部交通组织
＜30	—	—	—	—	—
＞30	＞15 且＜30	无	压缩开口宽度至 5～7m	单向开口	—
		有	封闭开口	—	支路连接公路，利用空地组织内部交通
	≥30	无	压缩开口宽度至 5～15m	单向开口 双向开口	利用建筑物与道路红线间的空间组织
		有	压缩开口宽度至 5～15m	单向开口 双向开口	利用建筑物与道路红线间的空间组织
			封闭开口	—	支路连接公路，利用空地组织内部交通

道路红线以外 15m 的空间为《中华人民共和国公路管理条例实施细则》规定的省道最小建筑控制区域，取 30m 为开口深度的临界值充分考虑了设计车辆 16m 的车身长度，需要 30m 长的空间才能在内部较方便的组织交通，在路侧停靠车辆主要以小车为主的路段可适当降低要求。

一定范围内的路段开口过近、开口数目过多容易导致交通交织现象和冲突点过于集中，直接影响路段的运行效率和安全水平，因此，以路段内的平均开口数目和开口间距为量化指标对设计进行控制。考虑到设计车型的车身长度，对于街道化路段的开口间距和平均开口数的指标分别为 100m 和 2 个/200m。

3.6.3　方案设计

道路左侧在 K0+000 处为交叉口区域，故在其附近的接入管理设计应与交叉口的设计方案相结合。

1. 路段接入管理设计

开口 1：K0+125～K0+265 段的建筑物围墙紧贴道路红线，已无进行设计的空间；K0+265～K0+350 段的开口深度达 35m，开口宽度为 85m，符合设计条件，且各单位均在同一建筑物内，可在此段设计一个双向开口。

开口 2：K0+390～K0+585 段开口深度达 35m，开口宽度为 195m，符合进行设计的条件，且各单位所在建筑物基本平行排列，可在此段设计一个双向开口。

开口 3：K0+000 后方 85m 处，为进入加油站与进出货运公司的车辆服务。

开口 4：在 K0+000～K0+060 处为加油站 1，而在 K0+130～K0+320 段为连续的建筑，开口深度仅 20m，只适合设计单向开口。若在加油站右侧设计出口，则将有大量的交通需要经过加油站汇入 S340，且进入加油站的车辆过早的驶离公路，并将经过 K0+130～K0+320 段，使这段左侧的内部空间承载过多的交通，因此在 K0+110 处设计一个双向开口，作为进入加油站的进口和 K0+130～K0+320 段内部交通的出口，此处路侧为空地，有足够的空间为出入车辆提供组织空间。

开口 5、6：K0+320～K0+425 段路侧为一服务中心，开口深度 45m，开口宽度 120m，K0+425～K0+460 段路侧为空地，K0+460～K0+580 段为加油站 2，开口宽度为 120m，开口深度为 10m，但加油站内部、左右两侧有足够的空间组织交通。综合考虑这三段的路侧情况，为方便进入加油站的车辆进出与进入服务中心的车辆进入，在加油站与服务中心之间的空地设计一个双向开口（开口 5），在加油站前设计一个单向开口（开口 6）。

详细开口设计见表 3.10，设计图如图 3.27 所示。

表 3.10　K0＋200～K0＋710 段街道化严重区域开口设计

路　侧	开口编号	开口起始位置	开口宽度/m	开口形式
右侧	1	K0＋310	15	双向开口
	2	K0＋445	15	双向开口
左侧	3	K0＋000 后方 85m	15	双向开口
	4	K0＋110	15	双向开口
	5	K0＋450	15	双向开口
	6	K0＋565	7	单向开口

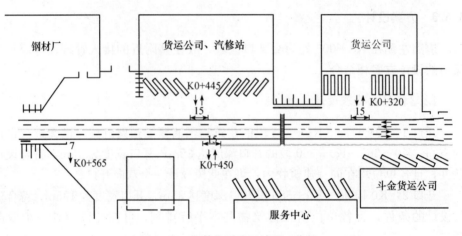

图 3.27　街道化严重区域开口位置

2. 内部交通组织

公路右侧的交通组织比较简单，两个开口之间分别独立，即在 K0＋265～K0＋350 段，车辆通过开口 1 出入右侧单位；在 K0＋390～K0＋585 段，车辆通过开口 2 出入右侧单位。

公路左侧的交通组织比较复杂。车辆从开口 6 进入加油站 2，从开口 5 汇入 S340；车辆从开口 5 进入服务中心及货运公司，从开口 4 汇入省道；车辆从开口 4 进入加油站 1，从开口 3 汇入 S340；车辆从开口 3 出入货运公司。

3. 交通工程设施

(1) 行人过街设施。该路段居民较少，行人过街出行较少，因此仅在 K0＋380 设置行人过街设施。

(2) 路侧防护。在 K0＋350～K0＋390 段右侧与 K0＋580～K0＋710 段左侧存在高路基现象，根据路侧险要路段设计方法，选取防护等级为 SS 级的护栏进行防护。

（3）标志。参照《道路交通标志和标线》（GB 5768—1999）中相关条例，根据 80km/h 的设计速度，在街道化严重区域前方 130m 处，即桩号 K0＋715 处道路左侧设置"村庄"警告标志。人行横道前设置"注意行人"警告标志。

其他设施按既有规范布置。

3.6.4 方案评价

本方案中的开口设置平均开口数小于 2 个/200m，开口之间间距大于 100m，路段上人行横道的设置与开口间距大于 50m，方案满足设计要求。

设计方案有效地减少了街道化严重区域的冲突点，缩小了冲突区域，改善了路段的安全水平和运行效率，为行人的出行提供了安全保障，且考虑了进行接入管理之后内部交通的合理组织，具有较强的可行性。

参 考 文 献

[1] Philip Demosthenes, History of Access Management. Prepared for the International Right-of Way Association Conference. 1999.

[2] Committee on Access Management. Access management manual. Transportation Research Board, Washington D C, 2003.

[3] Gluck J, Levinson H S, Stover V. Impacts of access management techniques. NCHRP Report 420, Transportation Research Board, National Research Council, Washington D C, 1999.

[4] S&K Transportation Consultants, Inc. Access management, location and design. Participant notebook for NHI Course 133078. National Highway Institute, Federal Highway Administration, 2000.

[5] FHWA. Functional Classification Guidelines. http: // www. fhwa. dot. gov/planning/fc-toe. htm, 1989.

[6] 曾学福，蔡建华. 公路功能分类理论研究初步. 公路，2005，(1)：4—14.

[7] 中华人民共和国交通部. JTG B01—2003 公路工程技术标准. 北京：人民交通出版社，2004.

[8] 中华人民共和国交通部. JTG D20—2006 公路路线设计规范. 北京：人民交通出版社，2006.

[9] 马永锋. 公路平面交叉口间距研究 [博士学位论文]. 南京：东南大学，2007.

[10] 山西 S340 汾阳～离石段交通安全改善方案设计. 东南大学，南京，2010.

第4章 路段交通安全设计

4.1 路段交通安全设计的理念和方法

道路设计从理论上讲，一旦几何参数确定并按设计规范建成后，当道路交通系统中四要素（人、车、路、环境）处于正常状态时，如图4.1所示，该道路即存在一个最大的"安全空间"；而当环境条件改变时，如不良气候条件的影响、车辆出现故障、道路破损等状况的改变将会导致驾驶员判断失误，如图4.2所示，都会使道路处于一个较小的安全空间里，进而事故风险上升[1~3]。

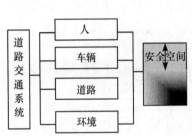

图4.1 "正常状态"下的道路安全空间

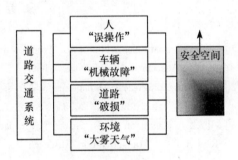

图4.2 道路的安全空间风险上升

因此，道路交通工程师在进行道路设计或制定道路改造方案时，应融入诸多新的理念，如节约型、宽容性、灵活性、宁静交通等先进理念和方法[4]，将安全性置入首位进行考虑。

1. 节约型理念

因地制宜，采取低成本措施提高公路安全性能，是可持续发展的基础保证。

2. 灵活性理念

以往的交通安全设计多是机械地执行标准规范，灵活性理念则注重充分发挥技术人员的主观能动性和聪明才智，在不违背规范关键要求和强制要求的前提下，注重规范的现场灵活运用，正确实现规范中所蕴含的真谛。既要保持项目的整体性，寻求全面系统的解决方案，又能在细节问题上激发设计人员的创造力，展现出足够的灵活性和适用性，不拘泥于表面形式。

我国地域广阔，各地地理地质条件不同，经济社会发展水平各异，为保证公路交通网的畅通和使用效率，需要有全国性的公路技术标准、规范，但要充分考虑工程项目所处的自然、地理、地质条件的特点，尊重每一个区域的特殊性和差异性，在满足安全性、功能性条件下，正确理解和执行标准、规范。

3. 宁静交通理念

运用宁静交通的设计方法，降低车速和减少横向干扰，有效降低穿越村镇路段的交通噪声、车辆油耗，减轻了环境污染，减少了交通事故。

4. 主动安全理念

主动安全是指事故前的"安全"，即实现事故预防和事故回避，防止事故发生。主动安全性是指通过事先预防，避免或减少事故发生的能力。

5. 创作设计理念

在设计过程中建立一个多学科的团队有助于充分考虑道路周边的环境特征，该团队包括交通工程师、生态学家、城市规划师、景观建筑师、景观设计师、历史学家、生物学家、地质学家、画家等其他学者。多学科的设计团队有助于从透视的角度分析设计的物理尺寸。

6. 以人为本的设计理念

经济的快速增长使人们更加注重生活的品质，尊重人性与生命价值。设计过程中应注重安全设计，根据规范要求选用的指标很容易满足，但不是所有满足规范要求的设计就是安全的，应从以人为本的设计新理念出发采取主动预防措施，给予驾驶员温馨提示，体现人文关怀。

1）观景台

在一些旅游公路路边景色绝佳，美不胜收，为避免车辆随意停车观景而产生安全隐患，可增加观景台设计，观景台布设时，应兼顾工程规模与沿线的周围环境。

2）人性化的标志

在高等级公路上行驶时，驾驶员会感到枯燥无味，为此可设置一些辅助标志，适当提示注意事项，如禁止酒后驾车、请系好安全带、禁止乱扔废弃物等，如图 4.3 所示。

图 4.3　人性化的标志

7. 融合环保的安全新理念

在公路设计时应避免破坏沿途景致，体现环保理念。例如，有些高等级公路采用生物防护隔离栅取代焊接网或刺铁丝隔离栅，符合生态、环保的理念，同时具有效果好、寿命长、易维护、成本低、景观效果好等优点。

8. 和谐设计理念

"坚持人与自然相和谐，树立尊重自然、保护环境的理念"是公路设计新理念

图 4.4　路与环境的和谐

念之一，也是新时期路侧安全设计中应当贯穿始终的原则。工程设计人员应当树立"不破坏是最大的保护"的理念，坚持最大限度地保护、最小程度地破坏、最强力度地恢复，使工程建设顺应自然、融入自然；要把设计作为改善环境的促进因素，摒弃先破坏、后恢复的陋习，实现环境保护与公路建设并举、公路发展与自然环境相和谐，如图 4.4 所示。

4.2　线形安全设计

线形是公路的骨架，是公路建设之本，对汽车行驶的安全、舒适、经济和车辆的通行能力起决定性的作用。公路线形设计的好坏往往是公路总体设计及效果的主要评价标准，因此，如何根据地形等条件合理选用各种线形要素，并巧妙地组合，是公路线形设计需要研究的问题，从而设计出既经济又安全舒适的公路。线形安全设计是指在公路设计与运营的经验教训基础上，从线形设计要素出发以车辆在公路上的运行特性为媒介，对公路的安全特性做出客观的、量化的评价，以及时确定线形设计中的不安全因素并进行更正，寻求建立一种更加安全的设计

标准或设计方案，从而使得设计出的线形趋于更安全。

4.2.1　线形设计对交通安全的影响

1. 直线道路线形设计对交通安全的影响

直线是道路设计中最常见的线型，其前进方向明确，里程最短。但如果直线路段过长，因道路景观是静止的，容易因驾驶员麻痹松劲，打瞌睡，注意力分散，致使反应迟缓，一旦发生突然的交通情况，就会措手不及而发生事故。在高速行驶时，驾驶员的动视力会下降。一般来说，动视力比静视力低 10% ～ 20%，特殊情况下比静视力低 30% ～ 40%。同时，随着行车速度的加大，有效视野范围会变窄，见表 4.1。长时间在直线上行驶会产生催眠现象，反应变迟钝，从而导致行车中判断失误，对突发情况惊慌失措，处理不当而引发交通事故。

表 4.1　车速与视野范围的关系

汽车行驶速度/(km/h)	40	60	70	75	80	100	110
视野范围/m	100	75	70	65	60	40	30

2. 曲线弯道线形设计对交通安全的影响

1）平曲线路段与交通安全

车辆在道路平曲线上运动会受到离心力的作用，如果车速很快，驾驶员偶尔疏忽以致来不及及时转动方向盘，行驶的车辆就有可能发生危险。

据统计，平曲线半径太小、超高不适、视距不足都容易造成交通事故。过小的曲线半径会降低驾驶员的停车视距，使其不能提前观察到前方转弯处，这时一旦发生意外情况，驾驶员稍有疏忽大意车祸在所难免。

《公路项目安全性评价指南》（JTG/T B05—2004）对平曲线半径与事故的关系进行了调查和分析，发现当平曲线半径低于 1500m 时，曲线半径越小事故率越高。因此，对于半径小于 1500m 的平曲线路段应采取一定的措施提高其安全性。

（1）改善视距。

（2）满足平纵曲线组合良好。

（3）设置急弯警告标志。

（4）验核进出该路段的车速变化等。

2）竖曲线路段与交通安全

竖曲线路段坡长、曲率和变坡点处的曲率都会影响交通安全。竖曲线影响驾驶员的视距，当凸形竖曲线设置的曲线半径很小时，汽车快到凸形竖曲线的坡顶时，司机的视距就受到极大限制，其视野会出现一小段的盲区，这时的视距只有几米，一旦对方出现逆道行驶的车辆，双方都处在措手不及的状态，极易发生交通事故。有很多的凹形竖曲线设在铁路桥的下面，桥梁也使司机的视野变得更狭小，加上凹形竖曲线容易造成积水，减小了轮胎与路面的摩擦力，各种不利的因素综合起来极易引发交通事故。

3. 平、纵、横组合的线形设计对交通安全的影响

平纵曲线组合不当是产生危险路段的重要原因之一，当较大坡度的长直线与小半径的弯道组合时，驾驶员可能以高速进入弯道，他同时面对换挡和拐弯的问题，复合型操作增加了司机驾驶的难度，易引发交通事故。当竖曲线与回旋线重合时，不但失去视觉诱导，排水也困难。凸形竖曲线顶部有急弯时，驾驶员靠近顶部才知道有平曲线，速度过高不能立刻反应，行车容易失误。

就交通事故的几率来讲，道路设计应做到让驾驶员尽量进行单项操作，使驾驶员一次只做出一种选择，或者当遇到既无足够时间而又必须做出选择的意外情况时，也能为安全行车和有效驾驶创造可靠条件。例如，在平曲线上行驶时，只需注意转向不用考虑上下坡操纵；在竖曲线上行驶，驾驶员只需抢换挡位使汽车获得更好的牵引力。假若道路线形在平面、纵面同时发生变化，驾驶员就要同时照顾平、纵两方面的操纵，操作难度大，易引发交通事故[2]。

4.2.2　设计一致性控制理论

设计一致性是指公路线形等公路实际特征的设计与驾驶员的期望驾驶行为一致。设计控制需考虑的各种因素通常分为五类：功能分类、交通数据、地形、设计车速与运行车速、出入口控制[1~3]。

1. 功能分类

公路设计的第一步就是对公路进行功能分类。根据在整个路网中所担当的主要任务，道路一般具有交通功能（通畅性）和接入功能（通达性）。一般交通功能占主导地位的道路为等级较高的道路，等级较低的道路则接入功能占据了主导地位。概括来说，道路的交通功能随着道路等级的上升而提升，道路的接入功能随着道路等级的下降而提升。

2. 交通数据

交通数据是公路设计中重要的基础，主要用于对未来的预测。用于设计一致性控制研究的交通数据包括交通事故数据、道路主体信息数据、交通管理信息数

据、气候信息数据、驾驶员信息数据等，如图 4.5 所示。交通数据是交通安全规律表象的主要载体[4]。

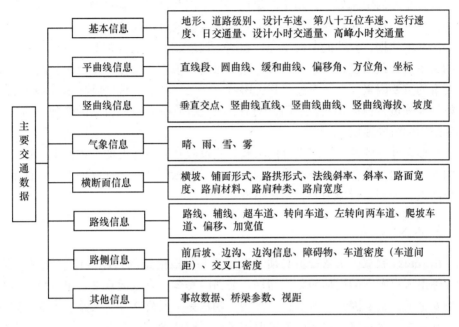

图 4.5　主要交通数据

3. 地形

影响公路设计的自然因素包括地形、气候、水文、地质、土壤及植被等。地形是显著影响设计特征的因素。地形决定了选线条件，直接影响道路的技术标准和指标的选取。我国幅员辽阔，地形起伏变化较大，各地均有平原、丘陵和多山的地形。地形可分为平原、微丘、山区和陡坡。

2004 年 4 月 26 日在上海召开的亚太经社会第 60 届年会上正式签署了《亚洲公路网政府间协定》，指出了《亚洲公路分级和设计标准》为亚洲公路路线的建设、改善和养护提供最低标准和指南。《亚洲公路的路线和设计标准》中对地形及相对的纵坡规定见表 4.2。

表 4.2　《亚洲公路网政府间协定》内的道路地形分类指标

地　形	坡度分级	地　形	坡度分级
平原	0～1%	山区	2.5%～6%
微丘	1.1%～2.5%	陡坡	>6%

　4. 设计车速与运行车速

　　设计车速的定义如下：用于决定道路的不同几何设计参数的法定速度，是在理想条件下，在该路段能提供的最大安全速度。设计车速是公路设计时确定几何线形的基本依据，公路的曲线半径、超高、坡度、坡长及视距等与设计车速有直接的关系。公路的设计车速是体现道路等级的一项重要指标，是决定公路线形几何要素的重要因素。运行车速是指大多数（85%）具有熟练驾驶技术、心情状态良好的驾驶员，根据车辆、道路、交通、天气等状况，按照自己的驾驶习惯，所实际采用的行驶速度。

　　线形设计一致性是公路设计的灵魂，它反映在运行速度的一致性上。运行速度的理念是通过改善相邻路段指标的组合，降低相邻路段容许速度差，进而消除安全隐患，提高通行能力和行车舒适性[5]。

　5. 出入口控制

　　出入口控制减少了驾驶员必须予以反应并采取措施的道路事件。研究发现，事故随出入口密度的增加而急剧增加，公路的安全、有效运营中，出入口控制是影响安全的最重要因素。所谓进入是指车辆从另一条公路、交叉路、门前小路或匝道驶入主干道；进入限制就是采取措施减少或消除这些车辆给正常行驶车辆所带来的意外影响，减少交通事故。

　　对出入口控制的措施一般分为以下两种[6]：

　　（1）减少出入口数量，如封闭中央分隔带的断口等措施。

　　（2）将进出出入口的车辆与直行车辆分开，如使用转弯车道、加/减速车道等。

　　对于一级公路和平原区二级公路，出入口多，位置随意或不当是产生事故的重要原因之一。由于多种经济发展的需要，一级公路两边往往城镇化或乡村化，对于此路段，可采取以下改造措施：

　　（1）城镇化的路段，可将公路主线改线，并做好连接道路的设计。

　　（2）若城镇距公路有一定的距离，可设连接线和门前道路，将出入口汇总成主要交叉口。

4.2.3　公路功能分类与设计参数

　　公路功能是公路在运输系统环境中所起作用的具体表现，是为交通出行提供服务。一旦特定路段的功能类型被确定，设计车速范围也就相应的得到确定[7]。随之也就确定了与平纵线形相关的一些主要设计参数。道路类型的确定同样也确

定了包括车道宽、路肩宽、中央分隔带类
型与宽度等要素的公路横断面型式，如图
4.6 所示。

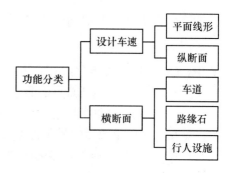

图 4.6　功能分类与设计参数的关系

4.2.4　平面线形安全设计

1. 直线

直线的长度过长或过短都不好，从行
驶心理学的角度来看，单一的线形使人感
到乏味。当直线长度大于 2000m 时发生交
通事故的几率明显增大，因此直线的最大长度不宜过长，最好控制在 2000m 左
右。在平原地区由于横向干扰较多，车速相对较低，直线长度的控制可根据地形
及工程的经济性适当放宽；而对于设计车速较高的高速公路或作为干线公路的高
等级公路，设计时尽量避免采用长直线。

2. 平曲线

构成平曲线的要素有圆曲线和缓和曲线，圆曲线半径的计算公式为

$$R = \frac{v^2}{127(u+i)} \tag{4.1}$$

式中，R——圆曲线半径；

v——汽车运行速度，km/h；

u——横向力系数；

i——超高横坡值。

从式（4.1）中可看出，只有横向力系数 u 是可变的，对于高等级公路 u 值
取 0.05～0.07；对于低等级公路 u 最大不应超过 0.15，可结合实际的地形选择
合适的曲线半径。为保证安全，现行的路线设计规范中对不同设计速度规定了圆
曲线半径的极限最小值。

直线与小于不设超高最小半径的圆曲线衔接处应设置缓和曲线，考虑安全、
视觉和景观要求回旋曲线的长度应尽量选用较大值，缓和曲线长度应满足
式（4.2）。同时根据回旋线特点，当参数 C 较大时缓和曲线曲率变化比较缓慢，
驾驶员容易感到线形的连续，易于操作方向盘；C 较小时驾驶员不易操作，容易
产生交通事故，因此，C 应尽可能取较大的值。

$$L \geqslant 3.6v \tag{4.2}$$

式中，L——缓和曲线长度，m；

v——行车速度，km/h；

t——最短行程时间，s。

$$C = rl = RL_s \tag{4.3}$$

式中，C——回旋线参数，m^2，表示缓和曲线曲率变化的缓急程度；

　　　r——缓和曲线任意点的曲率半径，m；

　　　l——由缓和曲线起点到任意点的弧长，m；

　　　L_s——回旋线形的缓和曲线长度，m；

　　　R——缓和曲线所连接的圆曲线半径，m。

3. 超高

设置超高的目的是为了抵消部分离心力的作用。当采用曲线半径小于不设超高的最小半径时，为抵消车辆在曲线路段上行驶时所产生的离心力，在曲线段应设置超高。在设计时应根据具体情况从安全、行车舒适性等角度通过计算选取，根据计算公式（4.4）。

$$i_{超} = \frac{v^2}{127R} - u \tag{4.4}$$

可看出当圆曲线半径确定后，超高值的选取只跟横向力系数 u 有关，从保证行车安全的角度出发，u 值不宜过大，在路面潮湿状态下 u 取 0.15，在路面有结冰时 u 值不宜大于 0.07，对于高等级公路计算超高时，为考虑行车的舒适性，u 值一般取 0.05～0.06。

《公路工程技术标准》（JTG B01—2003）规定：超高的横坡度按计算行车速度、半径大小，结合路面类型、自然条件和车辆组成等情况确定。当超高横坡度的计算值小于路拱坡度时，应设置等于路拱的超高。实际设计中，还应考虑到驾驶员和乘客的心理反应。对超高、加宽值的计算，必须满足有足够的超高、加宽不足往往是引发交通事故的直接原因，如图 4.7 所示。

图 4.7　超高设置不合理引发交通事故

4.2.5　纵断面线形安全设计

纵坡与竖曲线构成纵面线形，是公路线形的重要组成部分。纵坡与竖曲线的设计，既要满足汽车行驶力学和安全的需要，又要满足视觉上的舒适性。在纵坡与竖曲线的设计中，第一要素是安全，其次道路的纵向视觉容易影响驾驶员心理安全感，因此断面线形的连续性非常重要。

1. 最大纵坡与坡长的限制

纵断面设计中在满足排水的要求下，纵坡越缓越好。我国《公路路线设计规范》(JTG D20—2006) 对纵坡的坡长作了一些规定，表 4.3 为日本最大纵坡坡长限制。

表 4.3　日本最大纵坡长度限制

设计车速/(km/h)	最大纵坡/%	限制坡长/m
120	3	800
100	4	700
80	5	600
60	6	500

但实际情况中，由于受到地形、交通流特征等方面的制约，达不到有利的纵坡。在地形复杂、地面自然横坡较陡的路段中，采用陡坡和短坡可避免高填深挖，减小工程量；另一方面由于车速随坡度的增大而降低，当高速公路或国道主干线的拖挂车等大型车辆混入率较高时，其通行能力受到影响，纵坡越大受影响的程度越大，因此，在设计时慎用极限纵坡和最大坡长，也不应只考虑行车舒适而采用缓坡，应综合分析，避重就轻，合理选择。对于较陡坡段，在不影响桥涵净空和不过分增大工程量的情况下，加大竖曲线半径使相邻的竖曲线对接，促使纵断线形柔和，以减小实际存在的纵坡；而对于不得已采用极限坡长时，可设置爬坡车道保证道路通行能力和行车安全。

2. 平均填土高度的控制

平均填土高度的控制是纵坡设计中一项重要的综合技术指标，特别在路网发达、河网沟渠密布的沿海、沿江等地区，路基填土高度受到众多因素制约，其设计好坏尤为重要。

3. 视觉与行车安全

纵断面线形设计应在视觉上获得圆顺的效果。视觉上的缺陷会给驾驶员的心理或知觉反应带来不利影响。如果纵坡坡差相差过大，竖曲线半径较为尖锐，容易造成驾驶员视觉上的中断而无法预见来车，进而引起驾驶员心理紧张，甚至危及行车安全，因此，在纵坡设计中应综合考虑平纵线形，避免纵面凹凸反复、波浪起伏或中间暗凹的不利线形。一般小径竖曲线的始末点不应设置在桥梁、立交、隧道的起末点、较大的平面交叉口上，以利于交通安全。

4.2.6　平纵线形组合的安全设计

平纵线形协调的好坏对人心理有很大的影响，好的线形会给人连贯流畅之感，通过视觉刺激人体，给人以新鲜感，减少驾驶员和乘客的疲劳，集中驾驶员的注意力，使人感到艺术与美的享受。平纵组合不当会使驾驶员总是处于精神高度紧张的应急状态，不利于安全、舒适行车。

设计中常见的不良组合有以下几种：

（1）小半径曲线与长纵坡的组合。

（2）平曲线组合的线形突变。

（3）在凸曲线顶部或凹曲线底部插入小半径平曲线。当驾驶员在凸曲线顶部行驶时，只有在接近坡顶才发现平曲线，因而会形成减速或因高速行驶突然变换方向而导致交通事故；而在凹曲线底部插入小半径平曲线行驶时，会使驾驶员对纵坡的判断失误，把下坡看成上坡而导致超速行驶，进而诱发交通事故。

（4）断背曲线。短直线介于两个同向曲线之间形成断背曲线，在该路段上行驶时驾驶员容易产生错觉，把线形看成反向线，从而产生操作错误，甚至导致交通事故。断背曲线一般出现在旧路改建项目中。

（5）一长平曲线内出现纵断面反复凹凸。可能造成驾驶员只能看见脚下和前方而看不到中间凹凸的线形，容易发生交通事故，因此设计时要控制曲线长度，同时在一个平曲线内的竖曲线不宜超过 3 个。

在道路线形设计时应避免上述不良线形组合，不良的线形组合会导致交通事故明显增加。优良的线形组合首先必须满足汽车动力学的要求，同时考虑驾驶员的视觉、心理和生理感觉。平纵指标均衡连续，有利于行车安全，不应片面追求单个曲线或独立路段的高指标而不考虑前后路段是否顺畅连接。

对于平纵的合理组合，应具备以下要求：

（1）在视觉上能自然诱导驾驶员的视线，并保持视觉的连续性。

（2）平纵线形的技术指标应大小均衡，使线形在视觉和心理上保持协调。

（3）合成纵坡应组合得当，以利于路面排水和行车安全。

安全设计应贯穿整个设计过程，线形设计是道路设计最基本的内容，不能因为道路线形设计上的疏忽而给后期运营埋下安全隐患。为降低事故的发生率，首先应从道路线形设计上注重安全设计。应从"以人为本"的理念出发采取主动预防措施，灵活选用平纵线形指标，对安全影响较大的指标（曲线半径、纵坡、坡长、超高、视距等）尤其要慎重，应从线形指标的连续性、均衡性方面优化公路线形设计，减轻驾驶员的工作强度，减少因失误和错误而发生交通事故的可能性。

4.2.7　视距

视距是指驾驶员在公路上行驶时，从该车道中心线上 1.2m 的高度能够看到该车道中心线上高为 0.1m 物体顶点的距离，是指该车道中心线量得的长度，如图 4.8 所示。

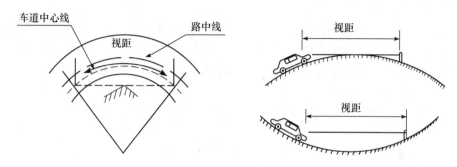

图 4.8　视距示意图

视距是公路几何设计的重要因素。视距可分为停车视距、会车视距、错车视距、超车视距。在行驶过程中，路况信息要有足够的时间来处理，就要选择足够的行驶距离来完成。在视距设计过程中应该注重视距种类来进行视距的设计与计算。

视距是影响行车安全的重要因素，影响视距的因素比较多，如线形、季节性生长的农作物、建筑物、广告牌等，特别是低等级公路，视距往往得不到保证。

增加道路视距可降低交通事故率，不少事故多发路段点的研究表明，改善平曲线路段的视距对于改善道路安全具有较高的技术经济效益，采取清除平曲线内侧影响视距的障碍物等措施对于改善所有类型公路的安全性均有效，费用也比较低。

4.3　横断面安全设计

道路的横断面指道路中线上各点的法向切面，由横断面设计线和地面线构成。公路横断面的设计对交通安全有一定的影响。

4.3.1　车道设计

公路横断面的车道、路缘带、路肩及中心分隔带的外形和尺寸，都应根据道路标准、交通量大小、交通流的组成及安全行车要求进行合理设计，保持连续性和一致性。

1. 车道宽度

美国 TRB 认为公路的车道宽度从 3m 拓宽到 3.7m，可将交通事故减少 22%，车道宽度在 3.4～3.7m 的道路具有最低的事故率，车道宽度太窄会产生多车相碰事故；太宽会鼓励非法超车，与极限最小车道宽度相比，车道宽度增加有助于降低交通事故。

我国的道路标准除四级公路车道宽＜3.5m 外，其余等级的道路车道均≥3.5m，但过宽的车道会带来安全隐患，目前二级公路平丘区 9m 宽的路面可并行三辆车却仅划分两个车道，就会给迎面驶来的车辆一个随意超车的感觉，严重增大了事故发生的概率。

公路横断面的车道宽度由设计车速决定，参数见表 4.4。

表 4.4　公路车道宽度的选择

设计速度/(km/h)	120	100	80	60	40	30	20
车道宽度/m	3.75	3.75	3.75	3.50	3.50	3.25	3.00

注：1) 设计速度为 20km/h 且为单车道时，车道宽度应采用 3.50m。
　　2) 高速公路为八车道时，内侧车道宽度可采用 3.50m。

高速公路、一级公路的车道数应根据预测交通量、服务水平等确定，其车道数为四车道以上时，应按双数增加。二级公路、三级公路应为双车道。四级公路宜采用双车道，交通量小且工程艰巨的路段可采用单车道[8]。

2. 路肩宽度

交通事故率随路肩的宽度增加而减少，研究认为没有路肩的道路相比增加 0.9～2.7m 的路肩时，交通事故可减少 21%，瑞典的 Hedman 利用瑞士的事故资料分析则认为在 0～2m 的范围内，路肩宽度的增加将使交通事故减少，但超过 2.5m 时其效果不再显著。我国是混合交通最严重的国家之一，目前规范所确定的二级公路路肩为 1.5m，尽管能满足汽车行驶的安全要求，但对于通过城镇的路段，路肩宽度还应留足非机动车行驶宽度的要求。

当由于土地、地形的限制不能满足足够的右路肩时，则应考虑在合适的地方设置足够的、适当间隔的、含标志的紧急停车带。在长的桥梁段设置紧急停车带，并且终端应有安全措施，入口有防撞气垫，以避免驾驶员由于误操作而引起严重受伤。

各级公路右侧路肩宽度规定见表 4.5。

表 4.5　右侧路肩宽度

设计速度/(km/h)		高速公路			一级公路			二级公路		三级公路		四级公路
		120	100	80	100	80	60	80	60	40	30	20
右侧硬路肩宽度/m	一般值	3.00 或 2.50	3.00	2.50	3.00	2.50	2.50	1.50	0.75	—	—	—
	最小值	3.00	2.50	1.50	2.50	1.50	1.50	0.75	0.25			
土路肩宽度/m	一般值	0.75	0.75	0.75	0.75	0.75	0.75	0.75	0.75	0.75	0.50	0.25 (双车道) 0.50 (单车道)
	最小值	0.75	0.75	0.75	0.75	0.75	0.50	0.50	0.50			

分离式路基的高速公路、一级公路，应设置左侧路肩，其宽度规定见表 4.6。左侧硬路肩内含左侧路缘带，左侧路缘带宽度为 0.50m。

表 4.6　高速公路、一级公路分离式路基的左侧路肩宽度

设计速度/(km/h)	120	100	80	60
左侧硬路肩宽度/m	1.25	1.00	0.75	0.75
左侧土路肩宽度/m	0.75	0.75	0.75	0.50

整体式路基的高速公路、一级公路的路拱宜采用双向路拱坡度，由路中央向两侧倾斜，一般路拱坡度为 2%；分离式路基的高速公路、一级公路的路拱宜采用单向横坡，并向路基外侧倾斜，也可采用双向路拱坡度。二级公路、三级公路、四级公路的路拱应采用双向路拱坡度，由路中央向两侧倾斜。路拱坡度应根据路面类型和当地自然条件确定，但不应小于 1.5%。

直线路段的硬路肩应设置向外倾斜的横坡，其坡度值应与车道横坡值相同。路线纵坡平缓，且设置拦水带时，其横坡值宜采用 3%～4%。曲线路段内、外侧硬路肩横坡的横坡值及其方向：当曲线超高小于或等于 5% 时，其横坡值和方向应与相邻车道相同；当曲线超高大于 5% 时，其横坡值应不大于 5%，且方向相同。硬路肩的横坡应随邻近车道的横坡一同过渡，其过渡段的纵向渐变率应控制在 1/330～1/150。

土路肩的横坡位于直线路段或曲线路段内侧，且车道或硬路肩的横坡值大于或等于 3% 时，土路肩的横坡应与车道或硬路肩横坡值相同；小于 3% 时，土路肩的横坡应比车道或硬路肩的横坡值大 1% 或 2%。位于曲线路段外侧的土路肩横坡，应采用 3% 或 4% 的反向横坡值。

4.3.2　路缘石

路缘石是设置在路面与其他构造物之间的标石，如图 4.9 所示。设置有分隔带、人行道等其他构造物的道路，路面与分隔带、人行道之间一般都必须设置路缘石。

图 4.9　斜式路缘石

根据路缘石放置位置的不同，分为立式、平式、斜式和曲线式等，图 4.9 所示即为斜式路缘石。平式、立式路缘石如图 4.10 和图 4.11 所示。

高等级公路中央分隔带上的路缘石起着导向、排水及连接的作用，高度以小于 12cm 为宜。高等级公路行驶车辆速度较高，路缘石越高越易导致高速驶入的汽车发生飞跃甚至是翻车的事故。

图 4.10　平式路缘石

图 4.11　立式路缘石

隧道内、线形弯曲路段等地形条件差的路段，可使用立式高路缘石以保证稳定，可高出路面 25～40cm，厚度宜为 10～15cm。

城乡结合部公路的路缘石应做成平缓、低矮的形式，成为"残疾人坡道"以方便弱势群体出行。

4.3.3　行人设施

行人设施包括人行道、人行天桥和人行地道等，位于城乡结合部的公路行人设施一般为人行道的设计。

人行道主要功能是供行人步行，宽度等于一条人行道的宽度乘以人行道的条数，如图 4.12 所示。一条人行道的宽度及其通行能力与行人性质、步行速度、动和静的行人比例等有关。一般场地内人行道最小宽度为 1.5m，其他地段最小宽度可小于 1.0m，并可按 0.5m 的倍数递增。人行道的条数取决于要求

图 4.12　人行道

通过的高峰小时行人流量（人/h）和一条人行道的通行能力。

4.4 路段交通安全运营速度、路段限速设计

4.4.1 速度控制设计理念

基于运行速度的安全设计理念是不在于全线（或局部）设计指标的降低，而是整体线形的连续性及衔接路段的速度级差控制。一般取 85% 作为给定设计指标路段的运行速度值。

运行速度协调性评价是对于相邻路段的运行速度进行评价，评价指标采用相邻路段运行速度的差值 Δv_{85}，其评价标准如下[10]：

(1) $|\Delta v_{85}|$ <10km/h，运行速度协调性好。

(2) $|\Delta v_{85}|$ 为 10~20km/h，运行速度协调性较好，条件允许时应适当调整相邻路段技术指标，使运行速度的差值≤10km/h。

(3) $|\Delta v_{85}|$ >20km/h，运行速度协调性不良，应修改设计或设置过渡段。可通过改善线形、视距、加大超高、完善标志、设置护栏等措施来减小运行速度的级差。

4.4.2 限速依据

《道路交通标志和标线》（GB 5768—1999）没有给出限速值的设置方法，目前我国在选取限速值时参照国外限速值的设置方法，不少公路以设计速度的 85% 和 15% 做限速值的上限和下限，一些高速公路直接以设计速度作为限速值。这种方法已经不能适应公路的发展，限制了车速的提高，浪费了道路资源。

与此同时，我国公路多全线为同一限速值，这种不分路段、时间、天气和车型的限速方法显然不够科学。从 2009 年 6 月 1 日起，江西省高速公路实行分车型分天气限速管理措施，大、中型客车及货车实行晴天 90km/h、雨天 80km/h 的标准限速，对危险品运输车实行晴天 80km/h、雨天 70km/h 的标准限速、小型客车保持原限速标准（100km/h）限制，如图 4.13 所示。

限速值的确定应遵循以下原则：

(1) 限速值应合理确定，过低的限

图 4.13 江西省高速公路限速标志

速值从某种意义上来说是对遵守限速规定行驶车辆的一种惩罚，没有充分利用道路资源。

（2）根据公路等级、功能分类、交通流量及地形地貌来确定限速值。

（3）线形不良路段的限速值应保证驾驶员能够安全通过这一路段。

（4）施工路段、村庄、学校等特殊地点附近公路的限速值应当较低，以确保行人安全。

（5）必要时考虑时间、天气和车型等因素的不同，确定不同的限速值。

总之，应针对整体路段的综合情况，参照事故资料、线形数据，考虑行人出行的需求来选定限速值，进行充分、详细地分析与论证，定期验证限速值的合理性，进行适时调整。

4.5　交通静化技术在路段中的应用

道路交通静化设计是近年来随着人文关怀的理念在道路交通规划、设计与管理中的兴起而产生的一种新理念和新技术，它是一种使交通流由躁动状态转向舒缓有序状态的设计思路，其主导思想体现了以"主动型的安全保障"替代单纯被动型进行安全防护与治理的发展方向。

4.5.1　交通静化的定义

近年来交通静化的理念得到了认可和推广，但其定义目前尚未完全一致。美国交通工程师学会曾这样描述交通静化：交通静化涉及道路线形的改变，安装障碍物或者其他的物理设施来降低交通速度并（或）减少利用社区道路作为捷径的交通量，以保证道路交通安全、可居住性及其他公共利益。加拿大《社区交通静化指南》对相邻区域交通静化的定义：交通静化包括对在街道上或是路网上机动车司机驾驶行为的改变，也包括十几道在一个相邻区域内改变交通路线或是流量的交通管理手段。

基于各国对交通静化问题的理解及实现效果不同，1997 年，ITE 在佛罗里达 Tampa 市会议上，对交通静化作出具体定义：即通过系统的硬设施（如物理设施等）和软设施（如设施、理发、技术标准等）降低机动车对居民生活质量及环境的负效应，改变鲁莽驾驶为人性化驾驶行为，改变行人及非机动车环境，以期达到交通安全，可居住性和可达性[9]。

4.5.2　交通静化措施与技术

交通静化技术包括速度控制、流量控制、组合控制等。

1. 垂直速度控制设施

1）质地粗糙的路面

质地粗糙的路面可以通过辘辘的声音和振动来提醒驾驶员将要处于危险状态中，可以在一个特定的区域使用质地粗糙的路面并进行彩绘。用方砖铺成的路面也是质地粗糙路面的一种形式，图 4.14 为一种纹理路面形式。

图 4.14　纹理路面实例

2）减速丘

减速丘即在道路中央或延展到整个道路宽度的一个圆形的凸起区域，强制车辆降低车速保证交通安全，如图 4.15 所示，有 6～15cm 高，相距 100～150m 进行设置，是一种常用的速度控制措施。英国科学家甚至设计出了一种新型道路减速丘，当汽车经过它们时会产生电，这种高科技装置可为交通灯和道路标志供电，既环保又节能，如图 4.16 所示[10]。

图 4.15　减速丘实例

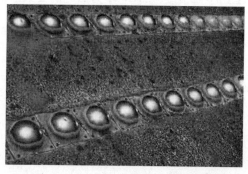

图 4.16　能产生电能的新型减速丘

减速丘常设置在急弯陡坡、连续长达陡坡及交叉口等特殊路段。设置有减速丘等速度控制设施的路段，应在设置速度控制设施前的一定距离设置提示预告标志，让驾驶员有充分的时间做好心理准备和降低车速，避免到达速度控制设施时车速较高导致强烈的颠簸和不适。同时应当注意在降低速度的同时保证车辆的相对平稳运行，尽量避免冲击过大而可能对车辆造成的剧烈颠簸，间距合理设置以顾及到骑自行车者等的感受，如图 4.17 所示。

3）减速台

减速台是减速丘的一种拉长的形式，它的表面是一个平台，长度通常可以容纳一个标准小汽车，图 4.18 为一种典型的减速台形式。

图 4.17　设置合理的减速丘

图 4.18　减速台实例

4）凸起的人行横道

凸起的人行横道是减速台与人行横道线配套使用的静化方案。通过将人行横道线突出于正常的行车道上，渠化过街的人流，使驾驶员更容易察觉过街行人。图 4.19 所示即为凸起的人行横道。

5）凸起的交叉口

凸起的交叉口是一个突起的平台式交叉口，并且在每一个进口处设置坡道与道路平面相接。图 4.20 为凸起的交叉口的一种形式。

图 4.19　凸起的人行横道

图 4.20　凸起的交叉口

2. 水平速度控制设施

水平速度控制措施通过利用实体交通岛和交通环岛来改变车流的行驶轨迹，变直线为曲线，从而降低车速。

1）中心岛

中心岛就是通过在交叉口中心设置让车辆按逆时针方向运行的圆形构造物，车辆通过该交叉口时必须改变其运行轨迹，绕中心岛运行。在交叉口的进口处 30m 左右设置交通标志牌。图 4.21 所示为中心岛典型形式[11]。

2）交通环岛

交通环岛类似于中心岛，但是交通环岛的半径较大，而且各个进口处都设置了导流岛，通常交通环岛是交通信号控制的一种替代，经过该交叉口的车流必须绕岛行驶。图 4.22 为交通环岛形式之一。

图 4.21　中心岛实例

图 4.22　交通环岛实例

3）曲折式车行道

在道路两侧交替出现的路缘的延伸，使行车道形成 S 形弯道。图 4.23 为利用曲折车行道形式达到诱骗作用。

3. 流量控制措施

流量控制措施的目的是改变交通流的流向及限制或禁止某些特定的交通流，如大型货车等。其措施包括全封闭、半封闭、对角线导流设施等多种类型。

1）街道全封闭

封闭街道就是将隔离墩、隔离台或其他一些障碍物设置在道路上阻止所有的机动车辆通过该街道，如图 4.24 所示。但是行人和非机动车可以随意通行，设计时应注意允许紧急车辆可以强行通过这些障碍，该设施不常被使用。

图 4.23　曲折车行道形式

图 4.24　街道全封闭设施

2) 街道半封闭

如图 4.25 所示，此设施是利用一段短距离的阻隔设施将街道半封闭，且在设施路口处设置一禁止进入的标志，提醒且阻止一个方向的车辆通行。

3) 强制转换交通岛

如图 4.26 所示，此设施利用交通岛的设计，迫使一个行车方向的车辆为右转，禁止左转及直行。

图 4.25　街道半封闭设施　　　　　　　图 4.26　强制转向交通岛

4) 交叉口对角分流

交叉口对角分流就是通过将隔离护栏或绿化带设置在交叉口对角线上，把交叉口一分为二。行人和非机动车依然可以随便通行，设计时应注意允许紧急车辆可以强行通过这些障碍。图 4.27 所示为交叉口对角分流形式。

5) 路口转向半封闭

如图 4.28 所示，类似前述的街道半封闭设施，但此设施设置在路口两旁，禁止直行车辆通行。

图 4.27　路口对角线封闭设施　　　　　图 4.28　路口转向半封闭

4. 组合措施

如果要对一条道路起到降低车速、保证行人和非机动车安全及降低交通事故的发生，通常需要几种静化措施的组合使用才能达到预期的效果。例如，路边的延展与凸起的人行横道设施组合使用，中心岛与交通标志的组合使用等。图 4.29 和图 4.30 所示为几种典型交通静化组合措施。

图 4.29　中心岛与减速台组合　　　　图 4.30　凸起交叉口与交叉口瓶颈化组合

4.6　路段主动防护设施安全设计

4.6.1　交通标志

1. 设置人性化的标志牌

在高等级公路上行驶时，驾驶员会感到枯燥无味，为此可设置一些辅助标志，适当提示注意事项，如禁止酒后驾车、请系好安全带、禁止乱扔废弃物等。

2. 合理设置标志牌位置，体现"宽容设计"理念

在进行交通标志牌位置设计时，充分考虑路侧侧向净空大小，将立柱尽量设置的远离路基，以减轻标志牌对行车道横向空间的压缩，降低失控车辆冲出路基与立柱相撞的可能性，保证路侧交通安全，充分体现"宽容公路"的设计理念[12]。

4.6.2　越线提醒

用于越线提醒的主动防护设施通常有振动标线和振动带，既可用于行车道上，又可用于路侧，旨在提醒驾驶员提高注意力，增加视认性。

1. 振动标线

振动标线最早于 20 世纪 90 年代出现在日本，其作用机理是通过车辆碾压时发出的震动感和噪声来提醒驾驶员驶离了行车道。振动标线是在基层标线上增加

凸起形状的新型标线，光的反射性能较好，故在国外又称为"凸起路标"、"闪光雨线"等。据日本专家实例统计，采用凸起振动标线后，可使养护路段事故率减少达40％以上，成渝路自采用凸起振动标线后，事故率也大大降低。

振动标线凸起结构有圆点形、方块形和排骨形，凸起形状、大小、高度和间距的不同造成振动性能、耐磨性能和对光的反射性能不同，通常基地加凸起部分高度为5～7mm，目前对何种凸起形式更有利于视认及安全尚无定论。

振动标线是为改善雨天和夜晚的视认性、提高抗滑性而开发的新型标线，其表面上有高折射率玻璃微珠，起着振动提醒、控制速度、防滑反光的作用。振动标线具有抗污染、白度好、耐碱、耐久、耐磨性好、柔韧性好、耐候性强、振感强烈、效果极佳的特点，且用途相对集中，总体投资不大。可根据地理情况及交通量选择采用，使用寿命一般不低于5a，根据不同的设置地点选择不同的振动标线。

振动标线主要设置于事故多发路段、线性不良路段和对道路轮廓视认性要求高的路段。300mm宽凸起振动标线主要设置于：主线收费广场、匝道出入口、山岭重丘区、连续急转弯、下坡路段及高速公路终点处（高速公路出口与一般公路的平面交叉处）、企事业单位和学校门口。根据设置位置不同，可多次重复设置，设置时与行车方向垂直。150/200mm宽凸起振动标线主要设置于：中央分隔带、边缘线、危险路段等。设置时与行车方向一致。设置在中心线的振动标线为黄色，设置在车道边缘线的振动标线为白色，如图4.31和图4.32所示。

图 4.31 车道中心振动标线

图 4.32 车道边缘振动标线

有些振动标线是通过在路面上粘贴（槽嵌）陶瓷道钉实现振动效果，但是将道钉作为振动标线容易脱落和下陷，如图4.33所示。

图 4.33　道钉振动标线

2. 振动带

振动带是在公路沿行车道两侧路肩上人工形成具有一定间隔、连续的凹槽。当驾驶员由于疲劳或其他原因，车辆偏离行车道时，轮胎接触凹槽产生较强振动感，以此来警告驾驶员，使其及时采取相应操作，驶入路内，避免事故发生。

按施工方法，振动带可分为以下四种。

1）突起式

在路肩上粘贴突起路标、标志带或用沥青混合料铺筑突起埂，高度为 7～13mm，适用于气候温暖地区。

突起式振动带是将 50～350mm 宽的圆形或矩形标记、标志带粘贴到路面上或用沥青混合料铺筑凸起梗，通过突起的标记引起震动，也有时使用突起路钮，高度一般 6～13mm，如图 4.34 所示。

2）铣刨式

在现有的路面行车道两侧铣刨出平滑、均匀、间隔连续的弧形沟槽，因便于施工，对路面结构影响小，是目前用得最多的一种，对提醒大货车、大客车效果更好。

铣刨式振动带是在现有的路面行车道两侧铣刨出平滑、均匀、间隔连续的弧形沟槽，横向宽度为 400mm，纵向宽度为 180mm，若设置于路侧，则与行车道边缘间距为 300～400mm，槽深 13mm 左右，如图 4.35 所示。

图 4.34　突起式振动带　　　　　　　图 4.35　铣刨式振动带

3）碾压式

使用在振动轮上焊接钢管或钢筋的压路机碾压热铺沥青混凝土路肩，形成具有一定间隔的圆形或 V 形沟槽。

4）磨压式

使用波形状模板压在新浇注的水泥混凝土路面，形成凹槽。

4.6.3　路面抗滑

路面抗滑性能是指车辆轮胎受到制动时沿表面滑移所产生的力。路面抗滑性能是路面性能中影响道路行车安全性的重要因素，是路面设计、筑路材料、施工工艺、养护等各项技术水平的综合反映，更是保证公路行车安全及维护必要的允许行车速度的一项重要指标。

处理路面抗滑的对策有很多，如改变路面材料、增加覆盖层、增加路面质感和使用路面凹槽等。措施不同，地点、交通量、道路线形、气候及路面结构不同，路面抗滑处理的效果也不同。与道路的定期养护一样，路面的抗滑性能也应当定期的检查与处理。

目前国内对于路面抗滑的研究多从路面出发，针对各种不同的路面从结构、材料等方面入手研究。《公路工程质量检验评定标准》（JTG F80/1—2004）规定了三项路面抗滑性能的指标：路面宏观纹理深度、摆式仪测得的摆值和横向力系数。

图 4.36　薄层铺装路面

国内对于路面抗滑处理主要采用薄层铺装和路面打磨的方法。近年来国内大力推广薄层铺装技术，尤其在以"公路安全保障工程"为代表的对低等级公路进行的安全治理中应用广泛。薄层铺装路面如图 4.36 所示。

参 考 文 献

[1] 唐琤琤，何勇. 双车道公路交通安全设施设置技术. 北京：人民交通出版社，2008.

[2] 布罗肯伯勒. 公路工程手册. 张彦林等译. 北京：中国电力出版社，2007.

[3] 马永锋. 公路平面交叉口间距研究［博士学位论文］. 南京：东南大学，2007.

[4] 唐琤琤，张铁军，何勇等. 道路交通安全评价. 北京：人民交通出版社，2008.

[5] 张铁军，唐琤琤. 双车道公路路侧危险级别的安全影响分析. 道路交通与安全，2008，
　　8（5）：18—20.

［6］周亦唐，张志清，杨林等. 道路勘测设计. 北京：科学出版社，2005.

［7］Committee on Access Management. Access Management Manual. Transportation Research Board. Washington D C，2003.

［8］唐玎玎，何勇. 公路安全保障工程实施技术指南解析. 北京：人民交通出版社，2007.

［9］郭忠印，方守恩. 道路安全工程. 北京：人民交通出版社，2003.

［10］中华人民共和国交通部. JTG/T B05—2004　公路项目安全性评价指南. 北京：人民交通出版社，2004.

［11］刘运通. 道路交通安全指南. 北京：人民交通出版社，2004.

［12］交通部公路司等. 国际公路安全研讨会论文集. 北京：人民交通出版社，2005.

第 5 章　路侧交通安全设计

路侧作为道路交通环境的一部分，相对于线形等其他因素更为复杂，据统计，2005 年，在全国 34 起重特大交通事故中，有 20 起事故车辆冲出路侧，占全部重特大事故的 58.8%[1]。因此科学地进行路侧安全设计，对于减少由车辆冲出路外引起的路侧交通事故及与路侧相关的事故死亡率都具有重要意义，路侧安全设计已成为提高道路安全性能的一个重要手段。

5.1　路侧安全设计的概念及设计方法

5.1.1　路侧安全设计的概念

路侧一般定义为路面边缘以外到道路红线边界的区域，对这一区域的安全设计称之为路侧安全设计，即指对行车道以外空间的安全设计。路侧安全设计是在 20 世纪 60 年代末，世界各国公路建设发展比较快的时候引起重视的；70 年代末一些国家开始将路侧安全设计引进、整合到道路设计的过程中。目前，在国外路侧安全设计已是道路设计的一个重要组成部分，并对路侧事故规律、路侧安全新型设施、改善路侧安全对策的经济技术评价等方面开展了大量的研究。路侧安全设计研究成果已经开始发挥出巨大的作用，据美国联邦公路局测算，从 1966~2000 年，路侧安全设计的改善使事故严重度降低，已经挽救了 10 余万人的性命。

5.1.2　路侧安全设计的理念和方法

路侧安全设计的目的是为驶离路面的车辆提供合理的机会，使其重新找到并返回路面，或找到相对安全的停靠点，其设计理念总体上分为以下几个层次：

（1）尽量维持车辆在行车道内行驶。

（2）提供空间给冲出路面的驾驶员重新控制车辆以返回路面。

（3）尽量使驶出路外的车辆不与路侧危险物发生碰撞。

（4）尽量减轻车辆与危险物碰撞的严重性。

总之，路侧安全设计应以"以人为本、安全至上"为设计原则，以"安全、环保、舒适、和谐"为宗旨，以"灵活、宽容、创作"为设计手段，最大限度地

降低事故的严重程度。具体来讲，应从路侧安全净
区，合理设置护栏，对路肩、边坡及边沟的妥善处
理等来对路侧进行安全设计，提高路侧安全。

5.1.3　路侧安全设计的步骤

　　路侧安全设计方法的具体步骤如下：现场勘测
与资料收集；问题识别、判断、分析；路侧安全状
况综合判断与诊断；路侧安全防护对策制定；方案
综合比选；路侧安全方案实施；方案实施后效果评
价等。上述过程循环将使得路侧安全状况得到改善，
安全指数上升，直至达到预期水平，具体过程如
图 5.1 所示[2]。

图 5.1　路侧安全设计与
改善的周期性循环过程

5.2　路侧安全危险程度判别

　　路侧危险程度分为 4 级：1～4 级，路侧越危险，级别越高。一般通过线形、
交通量、事故和路侧特征四大类因素来判别[3]。

1. 1 级

　　路侧有一定宽度的净区（≥3m），边坡坡度较缓（缓于 1∶3），车辆驶出后
不能够驶回公路，也不会产生严重事故，属 1 级安全隐患路段，如图 5.2 所示。

图 5.2　路侧危险等级为 1 的示意图

2. 2 级

　　路侧净区宽度较小（1.5～3m），边坡坡度较陡（1∶3～1∶1），车辆驶出以

后不能驶回公路，产生交通事故，事故严重程度较轻，属 2 级安全隐患路段，如图 5.3 所示。

图 5.3　路侧危险等级为 2 的示意图

3. 3 级

路侧净区宽度较小（≤1.5m），边坡坡度较陡（陡于或等于 1∶1），车辆驶出后不能驶回公路，事故严重程度较重，属 3 级安全隐患路段，如图 5.4 所示。

图 5.4　路侧危险等级为 3 的示意图

4. 4 级

路侧净区宽度较小，边坡坡度较陡，路外有坚硬障碍物和水域，存在急弯、连续急弯等路侧险要情况，车辆驶出后不能驶回公路，经常发生严重事故，属 4 级安全隐患路段，如图 5.5 所示。

图 5.5　路侧危险等级为 4 的示意图

5.3　路侧安全净区的概念及设置

5.3.1　概念

　　路侧净区是指位于行车道外侧边缘与路权界限范围内的区域。要求路侧区内不得有任何危险物，该区域能确保驶出路外的车辆不发生翻车与碰撞的危险，驶出车辆能够在净区内无障碍行驶并安全返回行车道。路侧净区是一种理想的路侧安全环境，是路侧安全设计的一种追求，进行路侧净区设计是减少路侧事故次数，降低路侧事故严重程度最为理想的对策[4]，路侧安全净区的设置如图 5.6 所示。

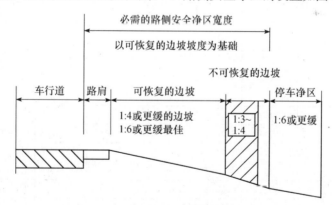

图 5.6　路侧安全净区设置示意图

5.3.2　设置

　　路侧净区宽度的选择与边坡坡度、交通量、设计速度有关。美国路侧安全设计指南提出路侧净区设计的 9m 指标，实践表明，大多数情况下 9m 宽的路侧无障碍净区设计能够很好地保证驶出路外车辆的运行安全。但路侧净区宽度设计应当综合考虑交通量、设计速度和边坡坡度，因为交通量、设计速度和边坡坡度的不同将导致行驶车辆所需路侧净区宽度的不同。

在路侧净区内的障碍物应移走、重新设置、重新设计或用护栏等来防护。当路侧净区内存在无法移走的障碍物时，应防护障碍，或采用以解体消能式立柱代替普通立柱等措施来防护障碍或降低障碍的危险程度。

AASHTO《路侧设计指南》（2002 年）在确定直线路段路侧净区宽度时，是依据设计车速、设计平均日交通量、边坡坡度来确定路侧净区宽度的取值范围。表 5.1 为直线路段从车行道边缘外算起的路侧净区宽度的取值范围。对于平曲线处路侧净区的宽度（L_q），由于车辆出现意外情况时，将沿平曲线切线方向驶离平曲线，因此保证车辆能安全返回正常行驶路线所需的路侧净区宽度也应适当增大，所以在平曲线处，还应依据平曲线半径值对平曲线外侧的路侧净区宽度进行修正，即以表 5.1 中确定的路侧净区宽度与平曲线修正系数的乘积作为平曲线外侧的路侧净区的宽度，平曲线内侧路侧净区宽度保持不变。表 5.2 为由平曲线半径确定的修正系数表。

表 5.1　直线路段路侧净区宽度 L_z

设计车道 /(km/h)	平均日交通量 /(veh/d)	陆地坡度			路堑坡度		
		≤1:6	1:5~1:4	≥1:3	≥1:3	1:5~1:4	≤1:6
≤60	≤750	2.0~3.0	2.0~3.0	—	2.0~3.0	2.0~3.0	2.0~3.0
	750~1500	3.0~3.5	3.5~4.5	—	3.0~3.5	3.0~3.5	3.0~3.5
	1500~6000	3.5~4.5	4.5~5.0	—	3.5~4.5	3.5~4.5	3.5~4.5
	≥6000	4.5~5.0	5.0~5.5	—	4.5~5.0	4.5~5.0	4.5~5.0
70~80	≤750	3.0~3.5	3.5~4.5	—	2.0~3.0	2.0~3.0	3.0~3.5
	750~1500	4.5~5.0	5.0~6.0	—	3.0~3.5	3.5~4.5	4.5~5.0
	1500~6000	5.0~5.5	6.0~8.0	—	3.0~3.5	4.5~5.0	5.0~5.5
	≥6000	6.0~6.5	7.5~8.5	—	4.5~5.0	5.0~5.6	6.0~6.5
90	≤750	3.5~4.5	4.5~5.5	—	2.5~3.0	3.0~3.5	3.0~3.5
	750~1500	5.0~5.5	6.0~7.5	—	3.0~3.5	4.5~5.0	5.0~5.5
	1500~6000	6.0~6.5	7.5~9.0	—	4.5~5.0	5.0~5.5	6.0~6.5
	≥6000	6.5~7.5	8.0~10.0	—	5.0~5.5	6.0~6.5	6.5~7.5
100	≤750	5.0~5.5	6.0~7.5	—	3.0~3.5	3.5~4.5	4.5~5.0
	750~1500	6.0~7.5	8.0~10.0	—	3.5~4.5	5.0~6.5	6.0~6.5
	1500~6000	8.0~9.0	10.0~12.0	—	4.5~5.5	5.5~6.5	7.5~8.0
	≥6000	9.0~10.0	11.0~13.5	—	6.0~6.5	7.5~8.0	8.0~8.5
110	≤750	5.5~6.0	6.0~8.0	—	3.0~3.5	4.5~5.0	4.5~5.0
	750~1500	7.5~8.0	8.5~11.0	—	3.5~4.5	5.0~6.5	6.0~6.5
	1500~6000	8.5~10.0	10.5~13.0	—	5.0~6.0	6.5~7.5	8.0~8.5
	≥6000	9.0~10.5	11.5~14.0	—	6.5~7.5	8.0~9.0	8.5~9.0

表 5.2　平曲线修正系数 (K) 表

半径/m	设计车速/(km/h)					
	60	70	80	90	100	110
900	1.1	1.1	1.1	1.2	1.2	1.2
700	1.1	1.1	1.2	1.2	1.2	1.3
600	1.1	1.2	1.2	1.2	1.3	1.4
500	1.1	1.2	1.2	1.3	1.3	1.3
450	1.2	1.2	1.3	1.3	1.4	1.5
400	1.2	1.2	1.3	1.3	1.4	—
350	1.2	1.2	1.3	1.4	1.5	—
300	1.2	1.3	1.4	1.5	1.5	—
250	1.3	1.3	1.4	1.5	—	—
200	1.3	1.4	1.5	—	—	—
150	1.4	1.5	—	—	—	—
100	1.5	—	—	—	—	—

综上所述，路侧净区宽度 L 可由式（5.1）确定。

$$L = \begin{cases} L_z \\ L_q = L_z K \end{cases} \tag{5.1}$$

式中，L_z——直线路段路侧净区宽度，m；

K——平曲线修正系数。

表 5.1 和表 5.2 给出的是在设计车速、交通量、边坡坡度处于给定值时路侧净区宽度的建议值，但在实际设计中应当根据具体情况，在一些事故多发路段、特殊地理路段采用比建议值更大的净区宽度；在一些经济欠发达地区、建设资金短缺路段路侧净区宽度可以根据建议值适当缩减。总之，路侧安全净区应因地制宜。

5.4　路　肩

路肩是指行车道边缘至路基边缘间具有一定宽度的带状部分，包括硬路肩（含路缘带）和土路肩。硬路肩指进行了铺装的路肩，可以承受汽车荷载、非机动车和行人的作用力。土路肩指不加铺装的路面，并非专指用土作为表面材料的路肩，有条件的都应绿化和加固。合理的路肩设计能够降低路侧的交通事故。路肩可为车辆遇到紧急情况时需要临时停车提供空间[5]。

二级以上的公路应设置路肩，一级公路采用分离式断面时应设置左侧硬路肩。

路肩具有以下作用：

（1）保护和支撑路面结构。

（2）供车辆紧急停用，防止交通事故和避免交通紊乱。

（3）增加车辆行驶的安全性和舒适度，美化公路景观。

（4）有利于排水，提供公路养护、埋设管线的场所。

5.4.1　硬路肩

硬路肩是与行车道相邻的道路组成部分。硬路肩应具有足够的宽度保证其功能的充分发挥，设置一定宽度的硬路肩能够有效降低单车冲出行车道的交通事故和车辆正面碰撞事故。

不同等级、不同速度的公路对硬路肩宽度的设置要求不同，现行公路工程技术标准有明确的规定。但不论宽度如何，路肩应连续设置，当设计的是间断式的路肩时，有时驾驶员不得不在行车道上停车，便会带来危险。

5.4.2　土路肩

土路肩是指紧邻硬路肩或紧邻没有硬路肩的车道的道路组成部分，土路肩除起保护路面和路基的作用外，还提供侧向余宽，对路侧安全有着重要的影响。

土路肩宽度一般为 0.5～0.75m，其表面应进行适当加固，以防止表面产生冲刷。通常通过植草、空心混凝土预制块加植草、实心混凝土预制块或天然石材等方式进行加固。

出于安全的考虑，等级高的公路在有条件的情况下可以进行路肩加宽。条件受限的山区公路等可以对路肩进行硬化处理，与路肩加宽相比路肩硬化更为经济和方便。路肩加宽或硬化宽度的确定需要综合考虑道路功能等级、非机动车与行人出行及可用路基宽度等因素，一般不超过 2m。路肩硬化如图 5.7 所示。

对于等级较低、交通量少的公路，可对路肩进行绿化和加固处理，宜采用栽砌与绿化相结合的方式，如图 5.8 所示。

图 5.7　路肩硬化

图 5.8　栽砌与绿化相结合的路肩

5.5　路侧边坡和排水安全设计

宽容路侧设计理念要求边坡在设计时，应尽量使其有利于车辆的安全行驶。当路侧有一定的宽度净区，填土高度较低时，可适当放缓边坡，使车辆驶出路外时顺着坡面下滑，翻车的可能性较小。

5.5.1　路堤边坡

路堤边坡设计应保证公路的稳定性并为失控车辆安全返回提供适当的机会。平缓的边坡设计是路侧安全设计一个重要环节。

根据边坡坡度的不同将路堤边坡分为可返回边坡、不可返回边坡和危险边坡三种。根据计算机模拟和实验，对小汽车 1∶3 的路基边坡是不引起翻车的临界值。但在 1∶3 的路基边坡上不能实施对失控车辆的恢复控制，当有固定物（树木、桥墩等）坐落或邻近该边坡时具有潜在的危险性。因此，从安全的角度看，路侧净区范围内应该至少设置 1∶4 的或更缓的路堤边坡[6]。

1. 可返回路堤边坡

可返回路堤边坡是指坡度小于或等于 1∶4 的边坡，如图 5.9 所示。1∶4 的边坡坡度相对平缓，冲出路面的驾驶员能够较轻易地重新控制车辆以返回路面。

2. 不可返回路堤边坡

坡度介于 1∶3 与 1∶4 之间的路堤边坡称之为不可返回路堤边坡，如图 5.10 所示。不可返回路堤边坡要求边坡上没有固定障碍物，因为车辆驶入这个坡度的路堤后不能重新控制车辆以返回路面。

图 5.9　可返回路堤边坡

图 5.10　不可返回路堤边坡

图 5.11　对危险路堤边坡路段设置护栏

3. 危险路堤边坡

路堤边坡坡度大于 1：3 时成为危险路堤边坡。危险路堤边坡坡度过陡，车辆冲入后驾驶员将无法控制车辆，极易发生倾覆等事故。危险路堤边坡所在路段一般应当考虑设置护栏，安全状况良好的路段可以考虑通过安装警示桩、设置轮廓标等方式进行安全防护，如图 5.11 所示。

因地制宜是边坡设计的首要原则。例如车辆驶出路侧事故较多的路段，对路侧净区内的整排树木可以进行砍伐保证车辆安全；在一些条件允许的路段可以将折线形边坡改成曲线形边坡，坡顶、坡脚均不设折角，使路与环境达到浑然天成的地步。

5.5.2　路堑边坡

在选择路堑边坡时，应保证边坡的长期稳定性，因地制宜设置碎落台，为滚落的岩石提供安全净区，并且要考虑边坡的坡度和形式，使其有利于车辆安全行驶，边坡的形状应与边坡岩土的自然属性相一致，以使公路尽可能融入自然环境，提高道路美感，减轻驾驶员心理压力，为其创造一个舒适、优美的行车环境。

路堑安全设计主要是确定边坡形状和坡度。确定边坡的形状和坡度应根据当地的自然条件、岩土的性质、边坡高度，参考当地稳定的自然山坡和人工山坡的坡度，结合采用的施工方法等因素考虑确定，要权衡利弊，综合考虑，力求合理。

路堑边坡形状的选择通常有直线形、折线形和台阶形三种。

（1）直线形。直线形是指从坡顶到坡脚采用单一坡度。当边坡高度不大、岩土性质相同、风化破碎（密实）程度相差小时，宜采用此种形式。

（2）折线形。折线形是指自上而下按岩土性质的差异而采用不同的坡度。当挖方高度范围内岩土的性质、破碎或密实程度差别显著时，宜采用适应于各自稳定性要求的上陡下缓的折线形边坡。

（3）台阶形。台阶形是指在边坡中部或者岩土层分界处设置 1～2m 的平台，如图 5.12 所示。平台设置 2％～4％的向外横坡，以利排水，提高边坡的稳定性，拦挡上方坡面剥落的碎屑，便于施工。当挖方边坡较高且易受雨水冲刷、软硬各层均很厚时宜采用此形式。

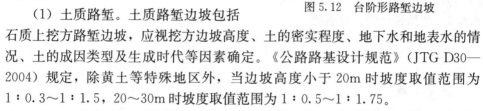

图 5.12　台阶形路堑边坡

　　路堑的边坡坡度，按岩石、土质性质、工程地质和水文地质条件、采用的施工方法、边坡的高度等因素，对照当地自然极限山坡或已经人工开挖边坡的坡度确定。

　　（1）土质路堑。土质路堑边坡包括石质上挖方路堑边坡，应视挖方边坡高度、土的密实程度、地下水和地表水的情况、土的成因类型及生成时代等因素确定。《公路路基设计规范》（JTG D30—2004）规定，除黄土等特殊地区外，当边坡高度小于 20m 时坡度取值范围为 1：0.3～1：1.5，20～30m 时坡度取值范围为 1：0.5～1：1.75。

　　（2）岩石路堑。岩石挖方边坡，应根据岩性、地质构造、岩石的风化破碎程度、边坡高度、地下水和地表水的情况、施工方法和地震作用等因素综合分析确定，《公路路基设计规范》（JTG D30—2004）规定了各种岩石的坡度取值范围。

5.5.3　排水特性及安全设计

　　公路排水分为地表排水和地下排水两大类。地表排水包括路面排水、边坡排水及相邻地带排水；地下排水包括挖方段地下排水、填方段地下排水、半挖半填段地下排水及中央分隔带地下排水。路侧排水设施主要包括边沟和涵洞，设计上应遵循如下原则：

　　（1）满足路侧排水的基本要求及条件允许的情况下，去除不必要的结构物，如连续的路缘石、护栏等，将危险的结构物移至远处。

　　（2）无法将不必要的结构物去除或者移至远处时，应当确保车辆在驶出路面、返回路面的时候能够安全地穿越这些结构物。

　　（3）尽量设置路侧浅碟式或暗排式排水沟，必须设置为外露式矩形或梯形边沟时建议采取封盖处理。

　　如图 5.13 所示是为路侧排水设置的涵洞。

图 5.13　为路侧排水设置的涵洞

5.6　路侧宽容性边沟形式选择与设计

边沟排水设计同路线、路基、路面等设计一样，占有相当重要的地位。边沟是公路的排水结构，它对于及时排除路面积水，保障雨水行车安全具有重要意义。但边沟位于路侧净区内，同时它也是一种危险物，可见路侧排水系统设计合理与否对路侧安全有着重要影响。所以，在实际工程设计中，应充分考虑边沟的功能需要和安全需求[7]。

5.6.1　边沟设计的基本原则

边沟主要用于排除降落在路面表面及路基边坡以内的雨水，不合理的边沟设计很可能使注意力不集中的驾驶员和疲劳驾车的驾驶员掉入沟中，引起车辆侧翻，造成严重后果，在边沟设计是应做到以下几点：

（1）宽容性设计。学习和借鉴国内外在排水工程方面的成功经验，科学设计，大胆创新。

（2）灵活性设计。在路侧用地富余的条件下，可适当放宽边沟宽度，降低其深度，不必一味"标准化"和"规范化"，尽可能地考虑运行安全；路侧用地限制较紧时，要灵活选择断面形式，合理确定边沟尺寸，当边沟存在安全隐患时应设置护栏进行保护。

（3）因地制宜。必须根据实际需要和功能要求，因地制宜，详细调查落实沿途历年的降雨强度、历时，坡面坡度，路线平纵线形，路基断面形式等，为设计计算提供详尽客观的计算参数，进行逐段设计计算，切不可一刀切，造成不能满足排水要求或造成工程浪费。

（4）连续性。边沟的纵坡一般与路线纵坡一致，为保证边沟设置的美观性，在平坦地区，只要边沟不积水，边沟的纵坡可降至 0.3% 以下。

图 5.14　传统边沟形式

5.6.2　宽容性边沟形式

宽容性边沟形式是相对于传统梯形边沟、矩形边沟形式而言的，包括浅碟形边沟、浅三角形倒角边沟、矩形盖板边沟、管网式边沟及渗沟边沟等。此类边沟在发挥排水功能的同时，增加了路侧安全性，体现宽容设计理念。传统的边沟形式如图 5.14 所示。

1. 可恢复边沟

可恢复边沟是宽容边沟的典型代表，通过放缓边坡，使边沟成为可逾越的排水系统，在边沟的土质坡面可满铺草皮，且造价较省，沟内水流速度大时可进行适当铺砌。这种宽浅的可恢复边沟，能够给驶离行车道失去控制的驾驶员弥补失误最大化的机会。

2. 碟形边沟

目前针对流线形边沟的研究主要是集中在浅碟形边沟。边沟汇水能力相对较小，但其坡度较缓，能使失控车辆安全地逾越。在某些浅挖段，可以采用预制的混凝土碟形边沟，这样车辆不会陷入其内，增大了路侧宽容空间，浅碟形边沟适用于公路用地受限制较小的路段，是目前国内较为提倡的一种边沟形状，如图 5.15 和图 5.16 所示为碟形边沟实例。浅碟形边沟就像浅浅的碟子，沟底比较宽（也可变宽度），在安全、经济、环保等方面均具有一定优势。

图 5.15　混凝土预制块浅碟边沟　　　　图 5.16　浅碟形土边沟

浅碟形边沟设计应注意以下几点：

（1）内侧边坡不宜陡于 1∶4，外侧边坡不宜陡于 1∶3。

（2）内侧边坡斜率缓于 1∶4 时可以考虑不设置两侧护栏。

（3）按照实际排洪要求来设计断面形式，水土流失严重的路段可设置草皮铺盖。图 5.17 为浅碟形边沟设计示意图。

3. 矩形边沟

矩形边沟适用于汇水面积较大、排水距离较长的路段，基于宽容性设计原理，矩形边沟可以采取加盖板或暗埋的方式进行设计处理，矩形盖板边沟具有断

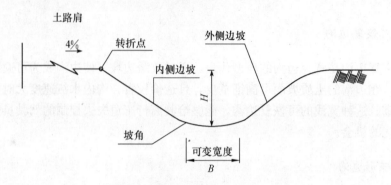

图 5.17　浅碟形边沟设计示意图

图 5.18　矩形盖板边沟

面尺寸小、路容景观好、避免"明沟效应"，增加路基的有效宽度，克服传统的深边沟给行车带来的安全隐患，消除了车轮卡陷和边坡碎落堵塞，如图 5.18 所示。

矩形边沟设计时应注意以下几点：

（1）边沟盖板、边沟沟壁设计强度须经过强度验算，满足车辆载重安全性要求。

（2）边沟盖板应根据排水情况设计孔眼，常采用厚度为 10～12cm 的钢筋混凝土板。

（3）边沟断面尺寸满足流量要求。

4. 三角形边沟

三角形边沟适合地势较为平坦的路段，又称之为 V 形边沟，J 形、Y 形和梯形边沟可视为由 V 形边沟变化而来。三角形边沟的两侧根据地形来设计坡度，但是出于安全性考虑前坡坡度尽量放缓设计，车辆驶入后更易返回路面，如图 5.19 所示。

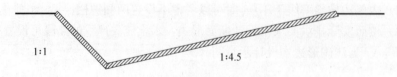

图 5.19　三角形边沟设计图

J 形边沟又称为抛物线形边沟，这种边沟能够很好地满足流体力学特性，安全系数也很高。但是如若不能加大边沟深度或是增加排水口的数量，J 形边沟的排水能力十分有限。从宽容原则与排水能力方面考虑，丁形边沟弧度以 20°为界，相当于 1∶4.5 的坡度，如图 5.20 所示。

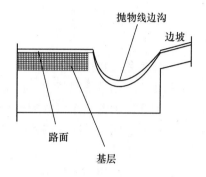

图 5.20　J 形边沟及其设计图

梯形边沟适合相对平坦、降水量大、汇水面积大的路段，其排水能力强于三角形边沟，边沟前坡坡度不应陡于 1∶4.5，如图 5.21 所示。

图 5.21　梯形边沟

5.6.3　宽容性边沟设置

在选择边沟形式和设置时应注意以下几点：

（1）高速或一级公路边沟设计时，不能只从排水的角度选择边沟形式，要综合考虑行车安全及与环境景观的协调性。

（2）矩形盖板边沟和浅碟式边沟是常用的两种形式，在公路受限制较小的路段，应考虑设置浅碟形边沟，以增加路侧宽容性，当采用宽容边沟时，应进行护栏设置的必要性论证。

（3）浅挖方路段宜采用浅碟形边沟，深挖方路段宜采用矩形加盖板边沟，环境景观较好的路段，宜采用暗埋式边沟。

（4）在满足排水的条件下，可将边沟修成浅边沟或蝶形边沟，使驶出路外的车辆能够驶回公路；当浅边沟不能满足排水要求时，可采取封盖边沟的方法，避免车辆驶入路侧边沟发生事故。

（5）对浅碟形边沟可以种植绿化，即保护了边沟，又美化了环境。

（6）对于计算行车速度＞80km/h 的高速公路，为避免"明沟效应"，在汇水面积较大且排水距离较长的挖方段，建议采用隐藏式边沟，如盖板边沟、管网式边沟。

5.7　路侧危险物

路侧危险物指处于路侧净区内的对驶入车辆构成威胁的物体。路侧危险物的范围很广，通常情况下主要包括路侧树木、公共设施标杆、交通标志等。

对于路侧安全净区内障碍物的处理：

(1) 去除行车净区内的障碍物。

(2) 重新设计障碍物，使车辆能安全穿越。

(3) 将障碍物移到不易受撞击的位置。

(4) 通过采取解体消能设施来减少车辆撞击障碍物的严重程度。

(5) 采用纵向护栏保护障碍物或在障碍物前设置防撞缓冲设施。

(6) 如因条件限制不能实施上述方案，则应对障碍物加以视线诱导。

5.7.1　去除或移位路侧危险物

对路侧危险物的安全处理主要是通过去除或移位来进行的。

1. 路侧树木

路侧绿化设施的目的是为了美化环境，但是路侧树木一定程度上又将给车辆带来威胁。树木离车行道越近，车辆驾驶时越容易擦碰到，如图 5.22 所示。从保护行车安全与环境和谐的角度出发，紧邻车道一定区域内的路侧树木适宜整体移植到确保不会影响到行车安全的区域内。

图 5.22　路侧树木移走前后

2. 公共设施标杆

公共设施标杆通常是指电线杆、通信线缆杆、照明杆柱等，各种标杆材料不同，涉及木质、混凝土、钢材等。这些设施标杆与路侧树木一样，当距离行车道过近时将严重影响到行车安全，而且标杆材料比树木坚硬，造成的危害将更大，如图 5.23 所示。公共设施标杆的设计、设置与管理分属各个行业设计、管理部门，设计和设置的时候未必会考虑到对道路交通安全的影响。这就需要公路管理部门提前与各个行业部门进行沟通，将对道路交通安全的影响列入各类公共设施标杆设计、设置的考虑因素之中，全面提高各行业工作者的交通安全意识。

图 5.23　即将倒塌的废弃电线杆

3. 交通标志

道路旁边必不可少的一个安全设施就是交通标志，但是交通标志设置不当将导致道路交通的不安全。交通标志的尺寸、强度等都是根据《公路交通标志板》来设计的，为抵抗风载、自重等荷载，标杆杆身一般均设计的很粗。如何避免交通标志变成不"安全"设施，一是交通标志设置时在不影响视认性的前提下尽量远离车行道；二是交通标志设置时可以采用新型材料，以便减轻自重、提高机械性能（如抗拉强度、抗弯强度、抗冲击强度等），如图 5.24 所示。

4. 堆放物

在很多道路的路侧安全净区内都存在堆放杂物的现象，不管是临时性的还是永久性的，对道路交通安全都是有害无益的，如图 5.25 所示。这些堆放物不仅可能影响到行车视距，更可能使冲出路外的车辆发生碰撞、倾覆，一旦事故发生后果将极其严重。为避免此类事件的发生，首先要提高沿路居民的交通安全意识，避免其乱堆乱放；其次是对已经堆放的杂物进行移走处置，不让安全隐患一直存在。

图 5.24　可设置离车行道稍远位置的交通标志

图 5.25　路侧杂物

5.7.2　路侧危险物轮廓标示

　　路侧危险物的主要安全处理手段是去除或移位，但是当条件所限无法去除或移位时，应当采取在路侧危险物上刷反光漆或贴反光膜的方法来提醒驾驶员，必要路段可在危险物前方一定距离处设置警告标志，如图 5.26 所示。

图 5.26　护栏端头轮廓识别

5.8　路侧护栏

　　护栏是沿着道路路基边缘或中央分隔带设置的交通安全设施，设置于道路横断面两侧土路肩上的护栏，用于防止失控车辆越出路外，保护路边构造物和其他设施，在公路上有着广泛地应用。在道路上设置护栏并不是为了减少一般交通事故的发生。护栏的防撞机理是通过护栏和车辆的弹塑性变形、摩擦、车体变位来吸收车辆碰撞能量，从而达到保护车内人员生命安全的目的，因此，护栏是一种"被动"的交通安全设施[8]。

5.8.1　路侧护栏存在问题

　　目前，路侧护栏的设计存在以下安全问题：
　　(1) 护栏设置数量少。由于投资建设期资金短缺等原因，尤其是三、四级公路在一些需要设置护栏的路段，却没有设置护栏，带来交通安全隐患。
　　(2) 护栏防撞等级不够。随着机动车向大型化和小型化两极发展，以及交通量的增加，现有护栏的防撞强度已不能满足交通安全的要求。
　　(3) 护栏端部处理过于粗糙。以往的设计和施工对护栏的端部处理重视不够，过于简单、粗糙。
　　(4) 护栏过渡段处理不合理。不同形式、不同刚度的护栏之间必须进行过渡段的处理，实现护栏刚度、强度和外观上的连续性。如果处理不合理就带来了安全隐患。

5.8.2　路侧护栏设置条件

路侧净区不足或净区内有无法移除的障碍物而不得不设置护栏时，应根据路侧危险程度、事故概率、行车速度和交通流组成等主要因素设置护栏并确定其防撞等级。护栏应与周边环境景观协调，避免盲目设防、过度设防，最大限度减少工程对环境和景观的破坏。

1. 护栏的设置

应根据事故率、车辆驶出路外的可能性和路侧危险程度等条件，确定是否设置护栏。

车辆驶出路外的可能性与交通量、公路的线形、坡度有关，综合以上因素，在下列特殊路段设置护栏。

（1）在发生过车辆驶出路外交通事故的地方，尤其是事故多发路段，应设置防护等级高的护栏。

（2）急弯或连续急弯，特别是连续下坡路段小半径曲线的外侧，应设置护栏；急弯或连续急弯的曲线内侧，应适当修整边坡、边沟或改善视距，提高行车安全，可不设置护栏。

（3）在长直线端部的小半径曲线外侧，尤其是路面抗滑不足的小半径曲线外侧应设置护栏。

（4）陡坡路堤平曲线外侧，尤其是下长坡直线路堤尽头急弯路段的外侧应设置护栏。

（5）曲线外侧距离路肩较近范围内有住宅的地方应设置护栏。

2. 路侧危险程度分级

应根据路侧危险情况设置相应等级的护栏。路侧危险程度分为 1～4 级，路侧越危险，级别越高。

（1）路侧危险程度为 1 级时，可不设置护栏。

（2）路侧危险程度为 2 级时，可设置 B 级护栏。

（3）路侧危险程度为 3 级时，可设置 B 级或 A 级护栏。

（4）路侧危险程度为 4 级时，可设置碰撞性能较高的护栏。

3. 护栏的等级

路侧护栏根据防撞等级可分为 B、A、SB、SA、SS 五级，见表 5.3。设置路侧护栏时选择防撞等级可参照表 5.4。

表 5.3　护栏碰撞条件

防撞等级	碰撞条件				最大碰撞能量/kJ	护栏性能评价条件
	碰撞车速/(km/h)	车辆质量/t	碰撞角度/(°)	加速度1)/g		
B	100	1.5	20	≤20		乘员安全性2)
	40	10	20		70	护栏强度3)
A	100	1.5	20	≤20		乘员安全性
	60	10	20		160	护栏强度
SB	100	1.5	20	≤20		乘员安全性
	80	10	20		280	护栏强度
SA	100	1.5	20	≤20		乘员安全性
	80	14	20		400	护栏强度
SS	100	1.5	20	≤20		乘员安全性
	80	18	20		520	护栏强度

注：1) $g=9.81\mathrm{m/s^2}$。
　　2) 小客车碰撞试验着重验证乘员的安全性。
　　3) 大货（客）车碰撞试验着重验证护栏的强度。

表 5.4　护栏使用条件

公路等级	设计速度/(km/h)	适用护栏防撞等级		
		一般路段	有可能造成重大伤害的路段	和干线铁路、高速公路相交的路段
高速公路、一级公路	120、100、80	A	SB	SA
	60	A	A	SA
二、三、四级公路	80、60	B	A	SB
	40、30、20		B/A	

5.8.3　路侧护栏的特性

作为交通工程重要部分之一的护栏，应具有以下特性：

（1）安全性。安全为主，人车安全应放在首位，因此，护栏应具有一定的强度和刚度，确保正常情况下的人车安全。

（2）有效性。确保在不超限、超载、超速并在满足碰撞试验条件保证人车安全。

（3）预防性。附着在护栏上的其他交通工程措施与护栏所构成的整体效果，应充分达到预防、警示、提示驾驶员行为的作用。

（4）连续性。护栏的设置应与路基、桥梁、隧道等有机结合，形成一个有机、连续的保护措施。

（5）导向性。沿着车辆行进方向连续设置的护栏，对驾驶员的驾驶行为能形成一定的诱导、提示作用，使其清晰地看到道路的轮廓及前进方向的线形，避免造成驾驶员的误操作，提高行车的安全性。

但安全护栏具有两面性，它对道路也会产生负面影响。

1. 护栏本身也是一种障碍物

如果车辆以一定碰撞条件碰撞某一危险物的事故严重程度比相同条件下车辆碰撞护栏的事故严重程度小，则不能设置护栏保护该危险物。

2. 存在安全隐患

设置护栏的目的之一是防止行人和非机动车穿越，如果护栏的网格过密，高度过高，也会带来安全隐患，会影响人行横道上的行人视线，使其不能及时发现道路另一侧驶来的车辆，特别当行人急于穿越道路时，可能会由于躲避不及而导致交通事故。

5.8.4　路侧护栏的选择

护栏形式的选择应针对道路的具体情况，充分比较各种护栏形式的性能，结合经济合理、安全可靠、美观大方等要求来进行。每种护栏都有其本身的特点和适用条件，见表 5.5。

表 5.5　各种护栏使用的条件

护栏形式	设置地点							
	小半径弯道	需要视线诱导	要求美观	积雪处	窄中央分隔带	有均匀沉降	需耐腐蚀	长直线路段
波形梁护栏	△	△	○	○	○		○	○
管梁护栏	○		○	○			○	○
箱梁护栏			○	○	△		○	○
缆索护栏			△	△		△	○	△
混凝土护栏		○					△	○

注：△为最好的护栏形式；○为一般适用的护栏形式。

从表中可看出，缆索护栏最为合适的地方是有不均匀下沉的路段、有积雪的路段、有美观要求的路段和长直线路段。波形梁护栏可满足七种场所的需要，具有很大的适用性。

5.8.5　路侧护栏的安置

安置路侧护栏时主要需要考虑以下四个因素：与车行道边缘之间的横向距离、影响区域、斜展率和所需长度。

1. 横向距离

超出一定距离之外的路侧物体将不被视为障碍物及不会引起机动车驾驶员减

速或变换车辆位置，这个距离称为闪避线。在条件允许的情况下，路侧护栏尽量设置在远离车行道的地方，最好是处于闪避线范围之外。AASHTO 中关于设计速度与相关闪避线距离值见表 5.6。

表 5.6　闪避线偏距建议值

设计车速/(km/h)	闪避线偏距/m	设计车速/(km/h)	闪避线偏距/m
130	3.7	80	2.0
120	3.2	70	1.7
110	2.8	60	1.4
100	2.4	50	1.1
90	2.2		

2. 影响区域

车行道与护栏之间的区域称为影响区域，这个区域对于路侧安全十分重要。该区域应当避免设置路缘石，保持无障碍物。必须设置路缘石时其高度应当小于 100mm，或者将路缘石设置在护栏后面。护栏高度的确定应当因地制宜进行水平区段的测试，确保护栏能够发挥预期的作用。

3. 斜展率

斜展段一般用来设置护栏端部，使其远离行车道，通过逐渐变化与路平行来减少驾驶者对靠近道路的路侧障碍物的反应。

路侧护栏设置斜展段的缺点如下：①斜展率越大，碰撞角越大，会导致事故的严重度增加，尤其对于刚性半刚性护栏；②碰撞后被引导的车辆可能会回行穿过车道，与来车二次相撞，见表 5.7，推荐的最大斜展率是公路设计车速与护栏类型的函数。在坡度较大的路侧，通常是路堤边坡较陡的情况，要求侵入角较小，一般用较缓的斜展率。如果采用较小的斜展率，由图 5.27 可看出，需要的护栏长度会增加。

表 5.7　护栏设计建议的斜展率

设计车速 /(km/h)	闪避线内的 护栏斜展率	闪避线外的护栏斜展率	
		刚性系统	半刚性系统
110	30∶1	20∶1	15∶1
100	26∶1	18∶1	14∶1
90	24∶1	16∶1	12∶1
80	21∶1	14∶1	11∶1
70	18∶1	12∶1	10∶1
60	16∶1	10∶1	8∶1
50	13∶1	8∶1	7∶1

4. 所需长度

所需长度是指需要防护有关区域的纵向护栏长度。图 5.27 表明了确定路侧护栏有效地防护障碍物所必需的长度时要考虑的几个变量，主要是驶出长度 L_R 和相关区域的横向宽度 L_A，其中 L_S 为横向偏位线。

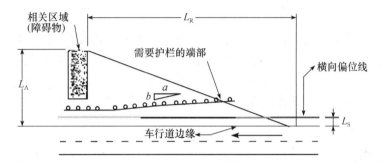

图 5.27　护栏需要长度变量图

L_R 为驶出长度，理论上车辆离开行车道到停止下来所需的平行于行车道的长度。表 5.8 中所示数据一部分是根据高速公路中央分隔带侵入的研究进行调整得来，一部分是根据低速侵入时驾驶者反应时间和车辆停止特征得来。护栏长度要能够截断车辆的驶出轨迹。

表 5.8　驶出长度建议值

设计车速 /(km/h)	对于表中所示交通量突出长度/m			
	>6000ADT	6000～2000ADT	2000～800ADT	<800ADT
110	145	135	120	110
100	130	120	105	100
90	110	105	95	85
80	100	90	80	75
70	80	75	65	60
60	70	60	55	50
50	50	50	45	40

L_A 为相关区域的横向宽度，从行车道边缘到障碍物外边缘之间的距离。

L_R 和 L_A 选定后，特定地点需要护栏的长度就确定了。

在许多情况下，不用斜展率，护栏的设置平行于车行道，这样需要设置的长度较长，其成本必然也高于平缓斜展率的费用。确定需要长度最直接的方法是直接在公路平面图上按比例布设。通过选择适当的驶出长度和需要防护的横向距离，设计者就可确定护栏的设置长度。这个方法最适合于确定曲线段的路堤及固定物体的防护所需要的护栏长度。此外，栏杆安装数量应为 3.8 或 7.6 的倍数，金属护栏必须以这些长度安装。

5.8.6 护栏端部处理和碰撞垫

1. 护栏端部处理

护栏端部如果未经处理，车辆撞上会由于车辆在极短的时间内突然停止，巨大的加速度很可能对车辆和乘客造成极大的伤害，同时，护栏的末端很可能切入车窗内或使车辆失控后翻车，导致严重的后果，因此，需要对护栏端部进行处理、消能来逐渐缓冲减速，图 5.28 和图 5.29 所示为护栏端部处理的两种形式。

图 5.28　护栏端部向外伸展　　　　　　　图 5.29　隐入山体

2. 护栏过渡段处理

不同形式、不同刚度的护栏之间应进行过渡处理，以保持护栏强度的连续性，防止事故车辆在护栏不连续的地方穿过，通过过渡段的设置可保证护栏整体刚度的逐渐过渡，避免了大刚度护栏成为路侧障碍物。

3. 桥梁护栏及过渡设计

桥梁的护栏和路基的护栏往往不连续，设计时需要进行过渡段处理才能使两者强度协调，外形美观。

4. 交通流分流处三角地带的护栏端部处理

在匝道出入口处、收费岛等，由于车辆在此分流，其碰撞护栏的危险性更大，为了减少事故发生，降低事故严重程度，除了应对危险三角地带的护栏进行端部处理，还应在迎交通流方向的三角地带范围内设置防撞桶等缓冲设施。

5.9　碰撞缓冲设施

5.9.1　碰撞缓冲设施的功能

碰撞缓冲设施为局部性交通安全防护设施，通常设在无法迁移的刚性障碍物之前，依据动能或动量不减原理，使车辆在意外正面碰撞障碍物时，能平缓减速而停止；当侧向碰撞时，能将车辆转回正轨，以降低事故的严重性或避免事故的发生，其功能主要有以下几点[9]。

（1）吸收撞击能量，缓冲设施通过吸收撞击能量减轻驾驶员伤害，当车辆加速时，同时产生了动能和动量，一旦车辆撞上危险物时，动能便移转到车体而使车体遭受破坏，驾驶员及乘客也将因转移的动能造成伤亡，若在能量转移的过程中有适当的设施将能量吸收，除了能降低车辆所承受的碰坏性能量以外，也能保护驾驶员与乘客的安全。

（2）提供缓冲距离，当车辆撞击危险点时，若有碰撞缓冲设施在前方作适当防护，因缓冲设施本身的长度，延长了撞击的时间距离，因此能有效消散对人体造成伤害的减速度。

（3）侧撞引导，当车辆侧面撞击碰撞缓冲设施时，其偏向导正功能会使车辆行驶回原车道，降低事故的严重性。

5.9.2　碰撞缓冲设施形式的选择

选择碰撞缓冲设施形式时，需考虑以下几个因素。

（1）结构与安全性，设施的结构与安全性包括冲击时的减速率、方向导正能力、是否需要锚定、受冲击后是否产生碎片等。

（2）设施的成本，设施的成本包括初期成本、维护成本、对车辆或驾驶员损害成本等。

（3）维护的难易与美观，碰撞缓冲设施维护的难易与美观直接影响对其设施的选择。

5.9.3　常见的碰撞缓冲设施

国内外常见的碰撞缓冲设施有以下几种类型。

（1）GREAT 型。制造来源是美国，缓冲方式为吸收撞击能量，防护最高速度为 100km/h，如图 5.30 所示。

（2）HFSS 型。制造来源是美国，缓冲方式为吸收撞击能量，防护最高速度为 100km/h，如图 5.31 所示。

图 5.30　GREAT 型碰撞缓冲设施

图 5.31　HFSS 型碰撞缓冲设施

图 5.32　QUADGUARD 型碰撞缓冲设施

（3）QUADGUARD 型。制造来源是美国，缓冲方式为吸收撞击能量，防护最高速度为 100km/h，如图 5.32 所示。

（4）REACT 型。制造来源是美国，缓冲方式为吸收撞击能量，防护最高速度为 100km/h，如图 5.33 所示。

（5）TRACC 型。制造来源是美国，缓冲方式为吸收撞击能量，防护最高速度为 100km/h，如图 5.34 所示。

图 5.33　REACT 型碰撞缓冲设施

图 5.34　TRACC 型碰撞缓冲设施

在危险点处常见的缓冲设施如下：

（1）分隔岛。在深夜或其他不宜辨识前方道路线形的环境下，在分隔岛处常造成车辆正面碰撞、擦撞分隔岛，如图 5.35 和图 5.36 所示。

（2）汇出/汇入匝道口。道路设计时在主线道路旁分隔出快慢车道，连接其他道路出入，因此，在汇出/汇入口容易形成危险点，常使许多驾驶员在汇入/汇出时不慎撞击断点，如图 5.37 和图 5.38 所示。

图 5.35　中央分隔岛缓冲设置

图 5.36　快慢车道分隔岛缓冲设置

图 5.37　汇出缓冲设置图

图 5.38　汇入缓冲设置图

（3）上/下匝道口。在快速道路处，下匝道时因车速快，一旦车辆撞击匝道口，对于驾驶员常造成严重伤亡；上匝道时也常因未注意匝道口的存在，而造成擦撞，如图 5.39 和图 5.40 所示。

图 5.39　上匝道口设置图

图 5.40　下匝道口设置图

图 5.41　桥墩设置图

（4）桥墩。对于建造高架道路时在地面所产生的桥墩，常对桥下道路驾驶员造成严重威胁。桥墩前方若无适当安全警示防护，因桥墩直径大，受撞面宽，如果驾驶员不慎驶进此危险区域，操控车辆闪躲桥墩并非易事，因此在桥墩前也常发生车辆撞击等意外事故，如图 5.41 所示。

（5）其他。除上述各危险点类型外，对于一些常发生撞击危险的地点，例如，桥面路侧护栏末端、树及电线杆、标志标线杆等一些无法或不易移走的障碍物，应采用碰撞缓冲设施防护危险端点。

5.10　可解体消能杆柱设施

解体消能设施是指各类标志立柱、照明灯杆、紧急电话箱、信号灯灯杆等应能抗风载和冰载，但在受到车辆撞击时，通过自身的解体来吸收碰撞能量，从而达到减轻交通事故严重性的目的，其解体机理是通过滑动面、塑性铰链、易折元件或者它们的组合来实现。

解体消能设施在受到撞击后，通过弯曲、剪切或折断实现解体，容许车辆通过，而设施的残留部分不会形成行车障碍[9]。

根据美国的试验研究发现，失控车辆在碰撞前车速在 30～100km/h 的情况下，碰撞后的车速降低值为 11～18km/h 时，乘客所受伤害相对较小，因此，美国将上述车辆速度的变化范围确定为保障失控车辆内乘客安全的阈值。美国可解体消能杆柱的设计标准要求如下：

（1）对车辆行驶速度变化范围的要求。当 820kg 的汽车或重量相等的某型汽车，分别以 35km/h 和 100km/h 的速度迎面撞击解体杆柱时，杆柱按照预计的方式发生折断。

（2）对车辆影响的要求。在发生碰撞过程和碰撞后，失控车辆不会发生显著变形，同时要求路侧标杆设施的解体部分不会插入车身而对车辆和人体造成伤害。

（3）对可解体消能杆柱碰撞点高度的要求。失控车辆发生碰撞时，可解体消能杆柱设施在撞击点受剪力荷载的作用产生位移，通过杆柱的解体而减少对失控车辆的作用力。通常碰撞点位于车辆保险杠高度所在的位置，因此可解体消能杆柱设施设计的控制剪力作用点位于地面之上 500mm 处，不宜设置在发生碰撞时车辆容易腾空的地方。

（4）对可解体消能杆柱设施底座高度的要求。解体后底座顶部距地面高度小于 10cm 时，将减少汽车底盘与杆柱底座发生刮蹭的可能性。因此规定可解体消能标杆设施的底座不高于 10cm，如图 5.42 所示。

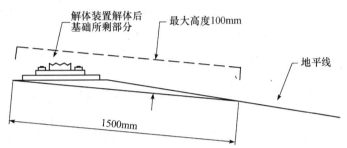

图 5.42　可解体消能杆柱设施底座高度

可解体消能设施标杆目前从设施材料上来分，主要有木质和钢质两种。

（1）木质杆柱设施。木质杆柱设施的作用机理是通过木质碎裂来达到解体消能的目的。一般采用矩形断面，尺寸为 101.6mm×152.4mm，在如图 5.43 所示位置钻孔，孔直径约为 38.1mm。矩形断面的尺寸还有 152.4mm×152.4mm 与 152.4mm×203.2mm 等规格的，孔径尺寸分别为 50.8mm 与 76.2mm。

（2）钢质杆柱设施。钢质标杆设施分为单柱和双柱两种。单柱钢质标杆设施适用于小面积，解体效能的作用机理是基地滑移，滑移方向可为单向也可为多向（如图 5.44 和图 5.45 所示），单向滑移钢质标杆只能设置于只可能遭受到某个方向车辆碰撞的地点，而多向滑移钢质标杆可以设置到任何可能受到多个方向车辆碰撞的地点。

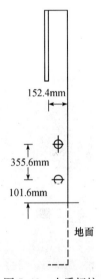

图 5.43　木质杆柱

图 5.44　单向滑移钢质标杆

图 5.45　多向滑移钢质标杆

可解体消能设施标杆从作用机理上来分，主要有断裂吸能型、屈服吸能型和剪切滑动型。

（1）断裂吸能型。木质标杆设施就是属于断裂吸能型解体消能标杆设施，其断裂机理是通过缩小横截面的连接件来实现的，车辆撞击后横断面小的薄弱部位将发生脆性断裂。断裂吸能型钢质标杆则多采用法兰盘连接的方式，法兰盘间通过特殊设计的含有收缩界面的连接件相连，大部分连接件是多方导向性的，如图 5.46 所示。

（2）屈服吸能型。屈服吸能型可解体消能标杆设施主要是通过标杆的塑性形变来实现缓冲消能的作用，这种作用机理使得该类设施能够消解多方向的碰撞。屈服吸能型消解标杆一般为 U 形槽钢、打孔的方向、薄壁铝管或薄壁玻璃纤维管，如图 5.47 所示。

图 5.46　多方导向性的连接件

图 5.47　小型屈服吸能型交通标志

图 5.48　吸能复合材料被撞击后

（3）剪切滑动型。当受到车辆撞击时，水平的剪力将束缚两个平行可相对滑动的法兰板的螺栓拔出，滑板自然分离，实现解体，这是剪切滑动型可解体消能标杆设施的工作机理。与断裂吸能型设施相同，剪切滑动型设施既可以是单向的也可以是多向的，如图 5.48 所示。

可解体消能设施主要破坏形式有以

下几种：

（1）弯曲破坏。U 形槽立柱、打孔的方钢立柱等，因立柱本身强度很低，车辆撞击后马上弯曲变形，对车辆的损伤很小。

（2）剪切破坏。在车辆碰撞的剪力作用下，通过滑动基础、螺栓脱落来实现解体，其中滑动基础是 U 形槽口的法兰盘。

（3）折断破坏。通过薄弱横断面的耦合连接来实现解体。

5.11　路侧主动防护设施安全设计

5.11.1　视线诱导

1. 轮廓标

轮廓标以指示道路线形轮廓为主要目的，在前进方向左右对称设置，起到诱导驾驶员按正确方向行车的作用，可大大降低交通事故的发生。轮廓标根据是否反光分为反光类和不反光类。反光类按照反光材料分为反光膜和反光片两种形式，反光类轮廓标按设置形式又分为柱式轮廓标和附着式轮廓标，如图 5.49 所示；不反光类轮廓标主要是我国公路上广泛使用的示警桩和示警墩，如图 5.50 所示[10]。

图 5.49　反光类轮廓标

轮廓标的设置原则如下：

（1）轮廓标设置于视线不良、急弯、车道数或车道宽度有变化及急弯陡坡等路段，气候条件恶劣、线性条件差等极端路段应设置反光性能高的轮廓标或采用尺寸较大的反射器。

图 5.50 不反光类轮廓标

（2）根据路侧情况来选择轮廓标的设置形式，如在没有护栏的路段设置柱式轮廓标。轮廓标的设置不应妨碍路侧安全，设置地点、距离应合适、恰当。

（3）轮廓标在前进方向左、右对称设置，标准设置高度为 70cm，最小设置高度为 60cm。轮廓标反射器的安装角度参照驾驶员的视线方向设置，尽量与其垂直。

轮廓标在直线路段的设置间距不能超过 50m，否则起不到视线诱导的作用，在曲线路段或匝道处的设置间距可参照表 5.9 考虑，因地制宜调整设置间距。

表 5.9 曲线路段、匝道处轮廓标的设置间隔

半径/m	≤35	35~74	75~89	90~179	180~274	275~374	375~999	1000~1999	≥2000
间隔/m	8	12	16	20	24	28	32	40	48

2. 线形诱导标

在受山体、树木或房屋等阻挡及其他使驾驶员难以明了前方线形走向，易发生交通事故的小半径弯道外侧，可视具体情况设置一定数量的线形诱导标，如图 5.51 所示。

图 5.51 线形诱导标

根据实验结果，设计速度越大的道路确保足够视认性的线性诱导标尺寸越大。设计速度小于 80km/h 的道路，线形诱导标尺寸可选用 400mm×600mm，最小不得小于 220mm×400mm。设计速度大于 80km/h 的道路，线性诱导标尺寸可选用 600mm×800mm。线形诱导标的设置应根据曲线半径、曲线长度、偏角大小确定。偏角较小（小于或等于 7°）的曲线路段，可在曲线重点位置设一块诱导标；偏角较大（大于 7°），曲线较长的弯道，可根据需要设置若干块诱导标，保证驾驶员在曲线范围内连续看到不少于三块诱导标。

一般情况下使用的指示性线形诱导标为蓝底白图案；在经常发生驶出路外事故、事故严重度较高或需要强烈警示驾驶员注意的曲线路段，可使用警告性线形诱导标，为红底白图案。黄底黑图案线形诱导标用于施工区。线形诱导标板的下缘至路面的高度应为 120～150cm，板面应尽可能垂直于驾驶员视线。

线形诱导标的材料可以选择 PVC 板，以保证材料强度并兼顾材料的价位。

3. 其他视线诱导设施

其他视线诱导设施包括植物诱导、道口标柱和雪杆等，此处重点介绍植物诱导设施。

植物诱导设施一般设置在主次路交叉口附近。希望通过沿路种植的树木、灌木等，使道路使用者明确前方道路线形、走向等，便于其选择驾驶方向、进行驾驶操作。

植物诱导设施的设置标准可参照图 5.52 和图 5.53。图 5.52 所示为十字形平面交叉口的设置示意图，图 5.53 所示是 T 形平面交叉口的设置示意图。

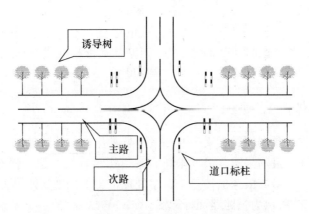

图 5.52　十字形平面交叉口植物诱导设置示例

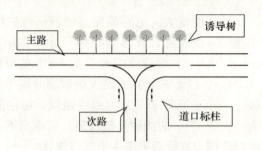

图 5.53　T 形平面交叉口植物诱导设置示例

　　植物诱导设施主要通过合理布设沿路种植的树木、灌木及路口标柱来达到视线诱导的目的。因此，其选用的材料为树木及涂有反光涂料的混凝土标柱。

5.11.2　危险提示

1. 交通标志

　　危险提示的首要途径就是通过竖立相关信息的交通标志来告知、提醒驾驶员前方有危险。常见的危险提示交通标志如下：急弯警告标志、长大下坡警告标志、陡坡警告标志、连续急弯警告标志等，如图 5.54 所示。

图 5.54　连续弯道警告标志和上坡警告标志

　　危险提示警告标志应设置在驾驶员远距离就能注意到的地方，增加驾驶员的反应时间来处理危险。同时，危险提示警告标志还应当避免成为路侧安全的障碍，需设置在行车较少可能性越出路面的地点，若无法达到该要求则应使用可解体消能标柱或在标志标柱前增加防撞设施。

2. 路面标记

　　路面标记主要是利用路面文字和图案对驾驶员进行危险提示、指示或限制车辆行驶的标记［如最高限速、最低限速、车道指示（快车道、慢车道）等］，字数不宜超过 3 个，最高限速值按一个文字处理，为增加视认效果，可选择山坡路段设置。图 5.55 所示为公路路面标记图。

图 5.55　路面标识示例

5.11.3　越线提醒

1. 振动标线

振动标线是通过车辆碾压其上时发出的震动感和噪声,提醒驾驶者驶离了车行道。振动标线主要用于事故多发地段和对道路轮廓认识性要求高的路段(如高等级公路边缘、转弯处边缘、导流处边缘等)。道路中心线为实线时,也可以根据需要设置振动标线(如视距不良的弯道中心线、频繁发生对撞事故的道路中心线等)。另外,振动标线的雨天和夜间视认性、抗滑性能要优于普通标线。

2. 路肩振动带

路肩振动带(shoulder rumble strips,SRS)是设置在硬路肩上离行车道边缘一定距离的一条平行于行车道的带状构造物,它由一系列的凸槽或凹槽构成,当车辆偏离行车道驶上该构造物时,通过振动和噪声来提醒驾驶员。路肩振动带于 1955 年在美国新泽西州公路上最先出现,是为了减少或避免车辆因驾驶员酒后驾车、疏忽大意、判断失误而导致的车辆冲出行车道造成的交通事故(run off road accidents,RORA)。

美国路肩振动带共有四种基本设计类型:MI 型(milled-in),RI 型(rolled-in)、F 型(formed),R 型(raised),常用的有 MI 型和 RI 型两种。MI 型和 RI 型即凹槽型和凸起型。路肩振动带适宜设置在路肩较宽的道路,能在不利的天气条件下帮助驾驶员回到正常行车道上,如图 5.56 和图 5.57 所示。

图 5.56　MI 型振动带（凹槽性）　　　　图 5.57　RI 型振动带（凸起型）

5.11.4　照明

根据统计资料，2005～2007 年我国白天发生的道路交通事故占总数的 20％，夜间有照明设施条件下发生的道路交通事故比例为 19％，60％的道路交通事故发生在夜间无照明设施条件下。可见，适当地设计和安装道路照明设施可以极大地减少夜间交通事故，威慑犯罪行为，增加经济活力和提高美观程度。

照明布局应尽量发挥照明器的配光特性，以取得较高的路面亮度，满意的均匀度，并注意尽量限制产生眩光。

公路等道路的照明设施根据实地条件因地制宜设置，一般设置在路侧净区内能够保证行车安全的位置。此外，照明设施纵向间距一般为 30～50m，高度为 6～8m。

5.12　路侧绿化交通安全设计

公路绿化设计是道路景观整体结构的需要，要坚持"以人为本"的原则，以满足交通安全为前提，合理的绿化设计可使驾驶员预知路线形和标示方向，具有护栏一样的防护性。

5.12.1　绿化设计对交通安全的作用

公路景观绿化对交通安全的作用具体体现在以下几个方面。

1. 视线引导及线形预告作用

利用植物挺拔的形体及绚丽多姿的色彩，可通过科学的栽植手段达到诱导公路线形变化、引导驾驶员视线的功能。

2. 防止事故发生

公路景观绿化不仅能够美化环境，而且是一条生命的防护线，许多事故发生后由于路侧行道树的遮挡，车辆避免翻入路旁深沟，保护了驾驶员的生命安全，减小了交通事故损失，例如，隧道出入口的明暗过渡栽植、路侧隔离栅的刺篱式栽植等都起到了降低事故的作用。

3. 防灾作用

路侧的绿化能够起到防雪、防雾、防飞沙等效果，对安全交通环境起着重要的作用，例如，西北地区许多沙漠公路中的植物固沙效果。

4. 固土护坡作用

公路路基边坡失稳是影响公路交通安全的重要因素之一，传统的护坡防护措施以"硬质"防护为主，而现在以植物材料为主的生态防护工程越来越受到重视。

但是不合理的景观绿化设施会产生潜在的安全隐患。景观绿化设置不合理、布局凌乱等都会造成新的交通安全问题，例如，有些树木枝叶未能及时得到修剪，树木种植过密，树木遮挡交通标志和信号灯，枝头过长延伸出路口造成驾驶员视觉障碍，这些现象都有可能成为道路交通的"隐形杀手"。

5.12.2　绿化交通安全设计遵循的基本原则

1. 保障行车安全原则

路侧绿化交通安全设计的首要目的就是为了保障行车安全，应树立植树新理念，新植树木不应种在路侧净区内，尤其不应当在路肩上植树，不能因为绿化影响到行车安全。注意事项还包括在交叉口范围内和弯道内侧植树，必须不妨碍行车视距的要求；市郊、风景区、疗养区等路段应尽量选用常绿树种栽植风景林；行道树和风景林经过农田或经济作物区时，可种植在护坡道上以减少占地。

2. 改善环境与提高景观质量原则

道路是一个线性构造物，绿化的组成和布局应赏心悦目，与道路沿线环境相协调，达到改善和提高景观质量，缓解驾驶员心理压力，利于行车安全的效果。

3. 自然协调性原则

路侧绿化交通安全设计除考虑与公路环境相协调外，还应考虑与路域外的环境相协调，使公路有机融入周围环境中。这就要求在植物布局上应适地、适树，在品种的选择上，尽可能选取与当地本土植物一致或相近的品种。

4. 易于养护管理原则

公路与城市道路不同，公路的植物属于粗放型养护，应当选择适宜当地水土、便于养护、抗病虫害的品种。

5.12.3　绿化优化改善对策

1. 路侧栽植

为达到与周围环境景观相协调的效果，对于山区路段绿化栽植尽量摈弃规则式栽植方式，采用自然式栽植。对于半径较小的平曲线路段，移除遮挡视线的树木，以保证行车安全的需要。

2. 路侧建筑物

路旁已破损的废弃建筑物应进行拆除，改善道路的通视环境，路侧不雅建筑物景观进行绿化遮挡处理。

3. 挡土墙

浆砌式挡墙或混凝土挡墙自身景观与周围环境不协调时，可采取调整色彩、更新样式的优化措施重新整治挡土墙，可采取栽植攀援植物的措施进行美化。

参 考 文 献

[1] 郭克清，徐希娟等. 公路安全保障工程实用手册. 北京：人民交通出版社，2007.

[2] 高海龙，李长城等. 路侧安全设计指南. 北京：人民交通出版社，2008.

[3] 中华人民共和国交通部. JTG D20—2006　公路路线设计规范. 北京：交通人民出版社，2006.

[4] 中华人民共和国交通部. JTG B01—2003　公路工程技术标准. 北京：交通人民出版社，2004.

[5] 罗杰L，肯尼思J，伯德克J R. 公路工程手册. 北京：中国电力出版社，2007.

[6] 张雨化. 道路勘测设计. 北京：人民交通出版社，2005.

[7] 王建军，汤春文，韩子东等. 公路交通安全设施系统设计理论与方法. 北京：科学出版社，2008.

[8] 交通部公路司. 新理念公路设计指南. 北京：人民交通出版社，2005.

[9] 公路安全保障工程技术组. 公路安全部保障工程实施技术指南. 北京：人民交通出版社，2006.

[10] American Association of State Highway and Transportation Officals. Roadside Design Guide. Washington D C, 2002.

第6章 中央分隔带交通安全设计

中央分隔带是公路主要附属设施之一,其主要作用是隔离对向交通,使之不能随意穿越。道路中央分隔带对道路的运营和安全及通向毗邻建筑物的左转出入口都有重要的影响。中央分隔带及开口的设置是接入管理的一部分。

从交通安全的角度看,能起到分隔对向车流并对车辆及弱势群体有保护作用的设施均可作为中央分隔带进行处理。在此基础上,中央分隔带除一般意义的绿化带,还应包括设置在道路中线位置的安全防护措施及行人过街保护设施。

6.1 中央分隔带类型

根据结构和外形,中央分隔带大致可分为齐平式、浅碟式、凸起式三种基本形式。每一种基本形式又可分为封闭型、半封闭型、开放型。

6.1.1 可穿越的中央分隔带

可穿越的含义是指即使交通法规禁止穿越行为,该类型中央分隔带也不能有效控制车辆的穿越、左转,它并不是出入口管理的有效方法。但总体而言,成本相对较低。常见的可穿越分隔带有如下几种形式。

1. 有实体抬高式中央分隔带

中央分隔带有一定程度的抬高,通常辅以斜坡式边角处理,如图6.1所示。此种中央分隔带占地相对较多,但交通安全性较标线类中央分隔带更好。设计基本出发点如下:当驾驶员操作失误冲入对向车道,所造成严重事故的概率低于撞上有实体的中央分隔带所可能造成的翻车事故的概率;同时,相对于标线类的中央分隔带而言,它又很大程度上阻止了驾驶员有意或无意频繁的压线行驶行为。

图6.1 有实体抬高式中央分隔带

2. 交通标线

交通标线是传统的分离对向车流的形式,交通事故率和死亡率较高。传统标

线有改良趋势，包括震荡标线，辅以可倒伏式橡胶立柱的中央分隔带，如图 6.2
和图 6.3 所示。适用于道路用地紧张的路段，同时成本相对于其他类型的中央分
隔带而言较低。

图 6.2　震荡双黄线

图 6.3　设置立柱的中央分隔带

图 6.4　可穿越的中央分隔带

3. 浅碟式绿化带

适用于道路用地宽裕的路段，浅碟
式设计兼具自然排水沟功能，同时绿化
带具有美观功能；不考虑征地成本，此
类型中央分隔带造价较低。此外，足够
宽度的中央分隔带为远期道路拓宽预留
一定空间，如图 6.4 所示。

4. 双向左转车道[1]

双向左转车道（two way left turn，TWLT）一般位于双向交通流中间，
为车辆提供一个可从两个方向进行左转，同时避开其他车辆的空间。在美国
被广泛用于无隔离带的双向二、四车道和部分六车道公路上，以改善交通运
行，特别是在出入口频繁的郊区被广泛应用。双向左转车道示意图如图 6.5
所示。

双向左转车道一般适用于如下道路形式：

（1）道路位于城市和郊区，设计平均日交通量少于 24000veh/d。

（2）开发中的住宅区集散道路，住所面向与集散道交叉的支路。

（3）开发中的郊区集散道路，为小型的毗邻地块提供直接出入口。

（4）开发中的郊区与城市集散道路，不需为减少事故而设置不可穿越的中央
分隔带。

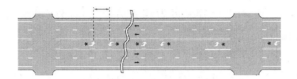

图 6.5　双向左转车道

具有双向左转车道的道路安全性介于具有其他类型中间带与不可穿越中间带的道路之间。其明显的劣势是左转重叠，当双向左转流量均较大时，容易造成中间车道的排队，并进而可能影响双向直行车辆的安全通行。此外，与不可穿越的中央分隔带不同，双向左转车道没有为行人过街提供暂时驻留的区域，影响弱势群体的安全。我国目前少有设置双向左转车道的道路。

6.1.2　不可穿越的中央分隔带

道路上有实体隔离物将对向车流分隔开（如混凝土隔离墩、景观化的安全岛或中央绿化带），如图 6.6 所示。

图 6.6　不可穿越的中央分隔带

不可穿越的中央分隔带有以下优点[1,2]：

（1）双向交通流通过实体分隔，有效减少正面碰撞事故发生的可能性。

（2）有利于驾驶员识别左转区域，减少驾驶员操作负担。

(3) 具有适当宽度的中央分隔带为驾驶员横穿道路或等候左转提供了暂时驻留空间，一定程度上提高了安全性。

(4) 机动车的左转车辆与自行车、行人交通冲突减少。

(5) 在交叉口处为行人过街提供暂时驻留区域，减少机动车/行人冲突。

(6) 提供绿化空间。

(7) 减少沥青使用量。

(8) 提高主线运营服务水平。

目前，我国一级公路原则上要求设置中央分隔带。此外，不可穿越的中央分隔带可适用于如下路段：

(1) 城市近郊的公路路段。

(2) 优先考虑景观效果的公路路段。

(3) 行人活动频繁的混合行驶公路路段。

(4) 事故高发路段，希望通过限制左转来改善安全性。

6.2　中央分隔带宽度

AASHTO 指出，当在交叉口设置一般左转车道时，中央分隔带的理想宽度应大于等于 20ft（6m）；设双向左转车道时，中央分隔带的理想宽度至少为 28ft（8.4m）[3]。

相关文献也指出，左转车道与对向直行车道的分隔宽度最小值为 4ft（1.2m）。当车速较低及交叉口有信号灯控制时，允许宽度为 2ft（0.6m）。有行人的地方，宽度最小值为 6ft（1.8m）。行人频繁出现的地方，宽度要更宽些。表 6.1 列出了各种情况的中央分隔带宽度。

表 6.1　中央分隔带宽度

中央分隔带功能	最小宽度/m	理想宽度/m
与对向车流分隔	1.2	3.1
行人暂时停驻区和设置标志及附件的空间	1.8	4.3
左转车数量	—	—
单向左转车道	4.8	5.5
双向左转车道	7.6	9.1
保护车辆横穿和左转进入主线	7.6	9.1
为入口和出口设计的定向式开口	5.5	9.1

我国既有规范指出：高速公路、一级公路整体式断面必须设置中间带[4,5]。中间带由两条左侧路缘带和中央分隔带组成，其各部分宽度应符合表 6.2 的规定。高速公路、一级公路的特殊大桥为整体式上部结构时，其中央分隔带的宽度可适当减小，但减窄后的宽度不应小于表 6.2 规定的最小值。

表 6.2　中间带宽度

设计速度/(km/h)		120	100	80	60
中央分隔带宽度/m	一般值	3.00	2.00	2.00	2.00
	最小值	2.00	2.00	1.00	1.00
左侧路缘带宽度/m	一般值	0.75	0.75	0.50	0.50
	最小值	0.75	0.50	0.50	0.50
右侧路缘带宽度/m	一般值	4.50	3.50	3.00	3.00
	最小值	3.50	3.00	2.00	2.00

6.3　中央分隔带开口

为合理有效地疏导交通流，提高公路交通运行效率，应根据公路交通流特征、公路几何特征及周围用地情况，合理选择中央分隔带开口类型。方向性控制是通过不同类型的中央分隔带开口实现的，影响中央分隔带开口形式的因素包括：街道化程度、车辆运行速度、交通量、公路几何条件、中央分隔带宽度、接入控制程度。根据不可穿越的中央分隔带开口形式及对交通安全的改善程度将其分为以下三种类型：

（1）无方向限制性、有开口的实体分隔带。使冲突点减少，提高安全性。

（2）方向限制性有开口的实体分隔带。对无限制性开口的改进，进一步减少了冲突点及转弯车辆和直行车辆的冲突。

（3）无开口的实体分隔带。安全性最好，是分隔对向车流的最彻底形式，一般用于车速很快，交通量很大的路段。

根据中央分隔带所处位置、交叉口形式、专用左转车道情况，中央分隔带开口共有如下 3 大类共 9 种类型。

1. 路段中央分隔带开口形式

1-a 型为上、下游交叉口调头车辆提供开口，与 T、十字形交叉相比，冲突数小，仅有 4 个冲突点，安全性提高，如图 6.7 所示。但调头车辆调头前可能导致主线直行车辆发生追尾碰撞，调头后会侵犯对向车道直行车辆。

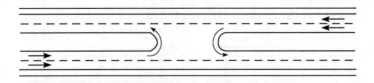

图 6.7　路段普通无专用左转车道 1-a 型

1-b 型比 1-a 型有所改进，降低调头前与主线直行车辆的冲突，但对中央分隔带宽度要求提高，同时，较小的开口会限制大型车辆的调头，如图 6.8 所示。

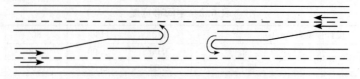

图 6.8　路段普通有专用左转车道 1-b 型

与 1-b 型相比，1-c 型进一步改进调头车在开口处的运行，采用实体将对向调头车分隔开，降低调头车辆正面碰撞的可能性，如图 6.9 所示。

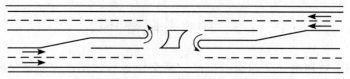

图 6.9　路段方向限制有专用左转车道 1-c 型

2. T 形交叉中央分隔带开口形式

2-a 型为普通 T 形交叉口中央分隔带开口，支路进出车辆可无限制地进入主路。主路车辆可在此实行调头及转弯进入支路，如图 6.10 所示。但调头及转弯车辆可能导致主线直行车辆发生追尾碰撞，调头后会侵犯对向车道直行车辆，同时对双向直行车辆造成延误。

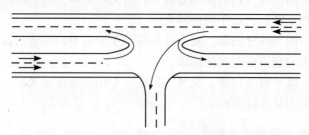

图 6.10　T 形交叉普通无专用左转车道 2-a 型

2-b 型比 2-a 型有所改进，降低调头、转弯前与主线直行车辆的冲突，但对中央分隔带宽度要求提高，同时，较小的开口会限制大型车辆的调头。支路车辆同样可以直接出入主线，如图 6.11 所示。

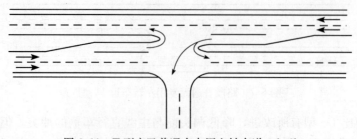

图 6.11　T 型交叉普通有专用左转车道 2-b 型

2-c 型比 2-b 型有进一步改进，限制支路车辆左转弯进入主线，支路车辆仅可以右转进入主路。同时限制主线由左向右车辆在此调头。对于主线由右向左行驶车辆，较小的开口仍会限制大型车辆在此处调头，但对大型车辆的调头如图 6.12 所示。

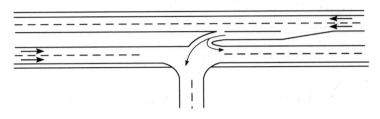

图 6.12　T 形交叉方向限制有专用左转车道 2-c 型

2-d 型的导向型中央分隔带开口主要是将分隔带开口两侧的植株等隔离设施设置成带有方向性的分隔带，引导车辆有序行驶，如图 6.13 所示。

3. 十字形交叉中央分隔带开口形式

3-a 型为普通十字形交叉口中央分隔带开口，支路进出车辆可无限制地进入主路，支路车辆的出入对主线会造成一定影

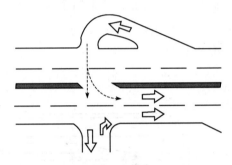

图 6.13　导向型中央分隔带开口 2-d 型

响，如图 6.14 所示。主路车辆可在此实行调头及转弯进入支路。但调头及转弯车辆可能导致主线直行车辆发生追尾碰撞，调头后会侵犯对向车道直行车辆，同时对双向直行车辆造成延误。

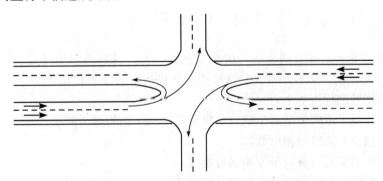

图 6.14　十字形交叉普通无专用左转车道 3-a 型

3-b 型为常用十字形交叉口进口道拓宽形式，与 3-a 型相比，降低了对主线直行车辆的干扰，但支路干扰依然存在，如图 6.15 所示。

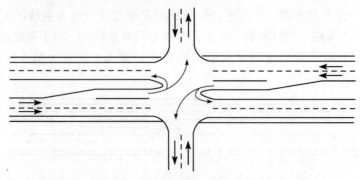

图 6.15　十字形交叉普通有专用左转车道 3-b 型

3-c 型为典型的十字形交叉口方向限制性有开口实体分隔带，仅允许干线车辆左转弯至支路，而限制了接入公路的直行及左转。同时设置了专用左转弯车道，在交通量较大的情况下，进一步降低了支路对主线直行车辆的干扰，如图 6.16 所示。

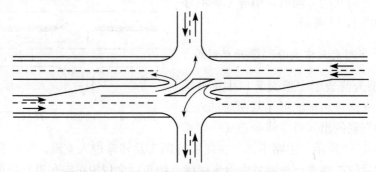

图 6.16　十字形交叉方向限制有专用左转车道 3-c 型

6.4　U 形 回 转

道路 U 形回转是交通流运行组织方式的一种，其基本思想是变直接左转为右转和 U 形回转，以减小冲突，进而提高车辆运行的效率和安全性[1,6~8]。

U 形回转的优点如下：

（1）满足干道两侧交通生成点和吸引点出入车辆的交通需求。

（2）减少交叉口的相位数。

（3）提高交叉口直行车流的通行能力。

（4）方便行人和非机动车在交叉口的通行。

U 形回转的缺点如下：

（1）左转车流的行驶距离增加。

（2）采用下游路段 U 形回转时，交叉口与中央分隔带开口之间路段的交织点增多。

（3）采用下游信号交叉口 U 形回转时，会导致下游交叉口的压力增加。

（4）U 形回转车辆会对对向车流造成影响。

6.4.1　U 形回转设计形式

1. 下游路段 U 形回转

根据路段的几何条件及道路实际交通状况，针对不同的约束条件，下游路段 U 形回转有不同的空间设计方法如图 6.17 所示。

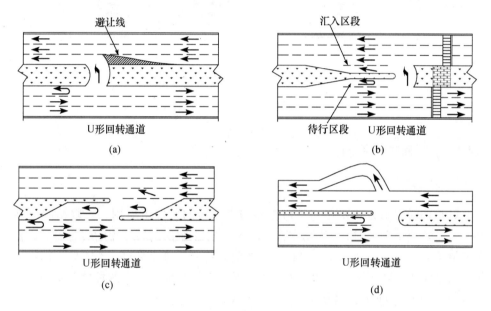

图 6.17　下游路段 U 形回转设计

双幅路道路上，一般当车辆调头需求较小时，可以让调头车辆在调头通道停车待行，而不需再进行其他的渠化措施；当车辆调头需求较大时，则应在对向车道划出避让线并考虑设置信号控制左转车流调头，如图 6.17（a）所示。若中央分隔带足够宽（大于 7m），则可考虑压缩中央分隔带以设置调头待行区和汇入区段，如图 6.17（b）、（c）所示。另外，对路段人行横道与调头车道的布设可以相互结合，如图 6.17（b）所示。当道路为双向四车道或者红线宽度较窄，不足以使车辆进行调头时，可采取在外侧增加掉头车道的方法实现 U 形回转，如图 6.17（d）所示。

2. 下游信号交叉口 U 形回转

根据交叉口的几何条件及道路实际交通状况，针对不同的约束条件，下游信号交叉口进行 U 形回转有不同的空间设计方法，如图 6.18 所示。一是与直行车流共享一条车道，如图 6.18（a）所示；二是压缩中央分隔带设置 U 形回转专用车道，如图 6.18（b）所示。

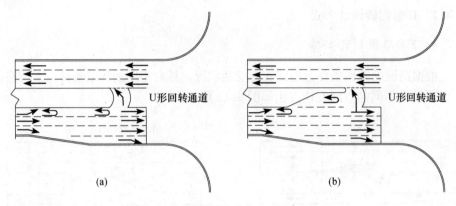

图 6.18　下游信号交叉口 U 形回转设计

6.4.2　U 形回转适用条件

1. 交通流条件

U 形回转组织方式要在交叉口左转需求适当的条件下应用。一般情况下在交叉口左转流量较大时，需要设置专用左转相位来解决左转车流的转弯需求；在左转流量较小时，左转车流可以在直行车流到达前通过交叉口，不需要专门的渠化方法来解决左转车流的转弯需求。当交叉口左转车流在以上两种情况之间，可以考虑应用 U 形回转组织方式[9]。

2. 道路条件

相交道路在路网中的重要程度需要有一定的差异，一般为主路和支路相交路口；主路横断面至少为双向车道，建议为双向六车道以上；此外还应具备一定宽度的中央分隔带。

3. 中央分隔带宽度

U 形回转的极小设计需要保证中央分隔带的宽度能使车辆进行 U 形回转时不用倒车。典型的车辆 U 形回转及适合这些转弯需要的中央分隔带的宽度见表 6.3。决定一条干道能否实施 U 形回转最关键的影响因素是该路段中央分隔带宽度和道路宽度是否能够满足掉头车辆的需求。

表 6.3　双向四车道道路 U 形回转所需中央分隔带的最小宽度[3]

中央分隔带最小宽度/m　运行类型		设计车辆类型				
		小客车	中型半挂车	载重汽车	公共汽车	大型半挂车
内侧车道至内侧车道		10	18	20	21	22
内侧车道至外侧车道		6	15	16	17	18
内侧车道至内路肩		3	12	13	14	15

根据表 6.3，AASHTO 对路段掉头与中央分隔带及道路宽度之间关系做出如下规定：

(1) 路段中央分隔带最小宽度要大于表 6.3 中规定的宽度。

(2) 要在最少双向六车道的路段上才可以考虑路段 U 形回转组织方式。

(3) 在不同的路段条件下，中央分隔带宽度为 3～6m。

(4) 在路段上要实施 U 形回转组织方式，最少需要 12.7m 的宽度（中央分隔带 1.2m，机动车道宽 10m，非机动车道宽 1.5m）。

(5) 在中央分隔带宽 4.3m，单向机动车道宽 7.9m 的路段上可以实施路段 U 形回转组织方式。

(6) 在中央分隔带宽 6～7m，机动车道宽 9～11m 的双向四车道上可以实施路段 U 形回转组织方式。

由于我国道路的中央分隔带普遍较窄，美国的设计规范仅可以作为参考，在实际工程应用尤其是城市道路设计中，由于交通组成以小汽车为主，一般满足中央分隔带 4.2m 以上即可设置车辆 U 形回转的掉头口。

6.4.3　中央分隔带开口相关设计

1. 开口位置

U 形回转掉头点选址规划，即中央分隔带开口布局规划，需要兼顾安全与效率，因此，可以参考国外相关规范，由开口最小间距标准拟定开口位置，保证行车安全性；再结合临近路口的相位差设计对布局方案进行优化，能显著提高交通运行效率[9]。

表 6.4 为 U 形回转最小偏置长度的建议值，该建议值基于国外的研究，虽然具有参考价值，但是否完全适用于我国的情况还需实践检验[10]。

表 6.4 U 形回转最小偏置长度建议值

U 形回转位置	主路车道数	最小偏置长度/ft	最小偏置长度/m
中央分隔带开口	4	400	125
	≥6	500	155
相邻信号交叉口	4	550	170
	≥6	750	230

注：英制到公制的转换中，精确至 5m。

2. 中央分隔带开口端部设计

对于为 U 形回转服务的中央分隔带开口，应设计为弹头形端部（即三心复曲线），构成弹头形端部而且适合所有 U 形回转的中央分隔带开口和所有设计车辆的三心复曲线，见表 6.5[10]。

表 6.5 中央分隔带宽度与三心复曲线半径表

中央分隔带宽度/m	三心复曲线半径/m
≤9	15-0.06W-15
9～18	23-0.06W-23
18～24	36-0.06W-36

注：W 为中央分隔带宽度。

3. 中央分隔带开口长度设计

对于设置于路段中的专用调头口，其调头口的开口长度为 5.5m 便可满足使用；对于设置于路段中的混用调头口、开口于路口机动车停止线之后的混用、专用调头口及把调头等待区域设置于左转等待区域之后的调头口，其调头口的开口长度为 7.0m[11]。

6.5   中央分隔带安全防护

6.5.1 安全防护设施

当公路路面较宽时，应分隔对向车流，以保证行车安全。在不具备设置绿化带条件时，应在公路中线设置安全防护设施，作为中央分隔带，包括护栏式中央分隔带、防眩设施、轮廓标等。

1. 护栏式中央分隔带

护栏式中央分隔带常见的设置方法有两种：一种沿道路中线设置在高等级公路中线两侧，以波形梁为主；另一种设置在公路中心线中间位置，以混凝土护栏为主。

护栏式中央分隔带设计的要点主要包括护栏材料、护栏形式、护栏设置位置、设置高度、设置宽度及护栏式中央分隔带的设置条件。

2. 防眩设施

眩光指在驾驶员视野范围内对向出现的强度极高的光照，使驾驶员视觉机能或者视力降低，并产生烦恼和不舒适的感觉。公路中央分隔带防眩设施的设置既要有效遮挡对向车辆前照灯的眩光，又要满足横向通视好，能够看到前方较大角度视域。防眩设施可以采用绿色植株或防眩板。

防眩设施设计的要点包括防眩材料、防眩设施设置位置、设置间距、设置宽度、设置高度及防眩设施的设置条件。

3. 轮廓标

轮廓标用以诱导行车视线，提高车辆在弯道、傍山公路等视距不良情况下的行车安全性。设置在公路中线上的轮廓标一般作为辅助标志设置在护栏式中央分隔带或矮灌木丛绿化带上方，分方向指示行车路径。

轮廓标设计要点包括设置起点位置、设置间距、设置高度及设置条件。

6.5.2　弱势群体保护

保护行人和非机动车行驶安全也是中央分隔带设计中的一项重要内容。设置在公路中线的弱势群体安全保护设施主要指安全岛。

1. 安全岛设置条件

当满足以下条件时，中央分隔带应设置行人过街安全岛，以提高行人过街的交通安全性。

（1）设有人行道或者自行车道的四车道公路，建议公路中线设置安全岛以保护行人过街。

（2）设计速度达到80km/h的四车道公路，建议公路中线设置安全岛以保护行人过街。

（3）大于等于六车道的公路，无论有无人行道或者自行车道，建议公路中线设置安全岛以保护行人过街。

2. 安全岛设置要求

（1）安全岛的设置一般与人行横道线相连接。

（2）安全岛一般设置在中央分隔带前端，在无中央分隔设施的公路上，也可单独设置安全岛。

（3）为了能够容纳行人和自行车，建议安全岛的宽度不小于 2.4m，在道路条件受限的情况下，最小宽度不得小于 1.8m，已有的安全岛宽度不足时，应进行加宽处理使其达到要求。

3. 安全岛设置示例

安全岛的设置示例如图 6.19 所示。

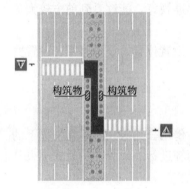

图 6.19　安全岛设置示例

参 考 文 献

[1] Committee on Access Management. Access Management Manual. Transportation Research Board，Washington D C，2003.

[2] 美国交通运输研究委员会出入口管理分会. 道路出入口管理手册. 杨孝宽译. 北京：中国建筑工业出版社，2010.

[3] American Associate of State Highway and Transportation Officials. A policy on geometric design of highways and streets. Transportation Research Board，Washington D C，2003.

[4] 中华人民共和国交通部. JTG B01—2003　公路工程技术标准. 北京：人民交通出版社，2004.

[5] 交通部公路科学研究院. JTG D81—2006　公路交通安全设施设计规范. 北京：人民交通出版社，2006.

[6] 陈恺，张宁，黄卫. 平交路口远引掉头技术应用研究的思考. 交通运输工程与信息学报，

2006，4（4）：82—86.

[7] Jagannathan R. Synthesis of the Median U-turn Intersection Treatment, Safety, and Operational Benefits. 3rd Urban Street Symposium. 2007.

[8] Zhou H G. Optimal location of U-turn median openings on roadways. Transportation Research Board.

[9] 张宁，陈恺，何铁军等. 远引掉头方式下中央分隔带开口间距. 长安大学学报（自然科学版），2005，29（1）：78—82.

[10] 赵海娟. 高速公路出口匝道与地面道路衔接部几何安全设计方法研究［硕士学位论文］. 南京：东南大学，2008.

[11] 刘书鹏，马骏. 路段掉头交通流组织方式研究. 交通运输系统工程与信息，2007，（2）：124—128.

第7章　平面交叉口交通安全设计

7.1　平面交叉口功能区

7.1.1　平面交叉口功能区的定义

平面交叉口的每一个进口道根据车辆的驶入和驶出分为功能区上游和功能区下游，驶入车道称为上游区，驶出车道称为下游区，如图7.1所示[1]。平面交叉口功能区范围的界定就是确定各进口道上下游车道的长度[2]。

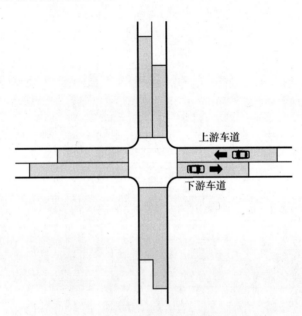

上游车道

下游车道

图7.1　平面交叉口功能区上下游车道

通常平面交叉口功能区上游由三部分组成：司机发现交叉口的感知-反应时间内行驶的距离 d_1；车辆减速行驶的距离 d_2；车辆排队长度 d_3。平面交叉口功能区上游长度 $d_{上游}=d_1+d_2+d_3$（如图7.2所示）。

平面交叉口下游功能区是平面交叉口功能区的下游部分，是从人行横道往下游的延伸部分，是车辆驶离交叉口物理区域后需要进行管理控制的部分。下游功能区的范围通常根据停车视距来确定[3,4]。

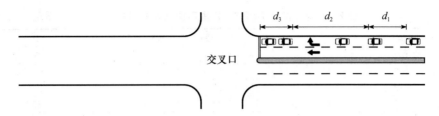

图 7.2　平面交叉口功能区上游车道组成

7.1.2　平面交叉口功能区的范围

平面交叉口功能区范围的大小与设计速度、交通控制方式、信号相位设计和交通量等因素密切相关。根据定义，平面交叉口功能区由各组成部分的长度确定。平面交叉口功能区各组成部分长度的具体取值见表 7.1～表 7.4。

表 7.1　各等级平面交叉口功能区长度

设计速度/(km/h)	感知-反应时间内行驶的距离 d_1/m	车辆减速行驶距离 d_2/m	车辆排队长度 d_3/m	功能区下游车道长度/m
100	45～70	155		160
80	35～60	100	见表 7.2～表 7.4	110
60	25～45	45～55		75
40	20～30	20～25		40

表 7.2　信号控制平面交叉口驶入车道车辆排队长度　　　（单位：m）

单车道交通量/pcu		100	200	300	400	500	600	700	800	900	1000
信号控制	二相位	20	25	35	45	50	60	70	75	85	95
	三相位	30	40	45	55	60	70	80	85	95	100
	四相位	40	50	55	65	70	80	85	95	105	110

注：建议数值精确至 5m。

表 7.3　次路停控制平面交叉口次路驶入车道排队长度　　　（单位：m）

次路单车道交通量/pcu	主路单车道交通量/pcu									
	100	200	300	400	500	600	700	800	900	1000
100	10	10	10	10	10	10	10	10	15	15
200	10	10	10	10	10	10	10	15	15	15
300	10	10	10	10	10	15	15	15	15	20
400	15	15	15	15	15	15	15	20	20	20
500	15	15	15	20	20	20	25	25	30	30
600	20	20	20	25	25	30	30	30	35	35
700	20	25	25	25	30	30	35	35	35	40
800	25	30	30	35	35	35	40	40	40	40

注：计算数值精确至 5m。

表 7.4　全停控制平面交叉口进口道驶入车道排队长度　　（单位：m）

进口道单车道交通量/pcu	相交道路进口道单车道交通量/pcu									
	100	200	300	400	500	600	700	800	900	1000
100	10	10	10	10	10	15	15	15	15	15
200	10	10	10	10	15	15	15	20	20	20
300	15	15	15	20	20	20	20	20	25	25
400	15	15	20	20	25	25	25	30	30	30
500	15	20	20	25	25	25	30	30	35	35
600	20	20	20	25	25	30	30	30	35	40
700	25	25	25	25	30	30	35	35	35	45
800	30	30	30	35	35	35	40	40	40	55
900	30	35	35	40	40	45	45	50	50	55
1000	35	40	40	45	45	50	55	55	55	60

注：计算数值精确至 5m。

7.2　平面交叉口视距

　　按照交通控制类型的不同，可将交叉口分为无控制交叉口、次路停控制交叉口、次路让控制交叉口、信号控制交叉口和全停控制交叉口，另外还要单独计算交叉口主路左转视距。根据每种类型交叉口具体的交通特征计算出交叉口安全视距。当交叉口的安全视距大于停车视距时，建议以安全视距作为交叉口的视距标准；当交叉口的安全视距小于停车视距时，应以停车视距为交叉口的视距标准，只有当停车视距不能得到满足时，才以安全视距作为交叉口视距的极限标准[1]。

7.2.1　无控制交叉口

　　在无控制交叉口，各进口道的车辆运行没有主次之分，路权平等，所有驶入车辆都有避让交叉口内已有车辆的义务。无控制交叉口安全视距值取决于车辆达到交叉口时的速度。通过在交叉口附近的进口道和进口道停车线分别观测进入交叉口车辆的初速度和末速度，寻找两者之间是否存在比例关系，以此计算安全视距。

　　无控制交叉口的安全视距见表 7.5。与原先的停车视距相比较，安全视距要求较低（如图 7.3 所示）。安全视距的意义在于，当交叉口由于种种原因停车视距不能达到满足时，安全视距必须得到满足。

表 7.5　无控制交叉口安全视距建议值

道路设计速度/(km/h)	停车视距/m	安全视距/m
100	160	60～120
80	110	40～85
60	75	30～60
40	40	15～30

注：视距值计算精确至 5m。

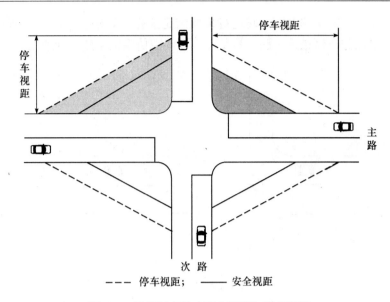

图 7.3　无控制交叉口安全视距与停车视距

7.2.2　次路停让控制交叉口

在次路停让控制交叉口中，主路车辆拥有优先通行权，次路车辆只能等待主路车辆间足够大的间隙进入或驶离交叉口。例如，次路车辆右转，必须等到合适的主路车辆间隙，然后右转运行，这就要求次路车辆必须看见在主路上身后的第一辆车（如图 7.4 所示），如果视距值小于身后第一辆车到本身的距离，则右转

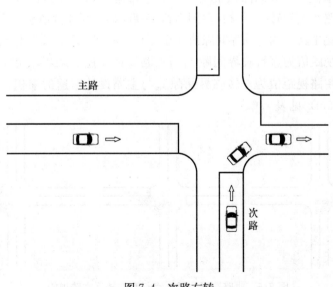

图 7.4　次路右转

弯是存在危险的。次路车辆左转运行也要满足这样的要求（如图 7.5 所示）。这段距离就是次路车辆进入主路可接受的临界间隙值乘以主路设计速度。

图 7.5　次路左转

1. 沿主路视距

次路车辆右转、直行和左转沿主路视距如图 7.6 所示。次路车辆左转时要求其右侧主路车辆的临界间隙值最大，因为左转运行相对复杂；右转运行则最简单，所以次路车辆右转时要求其左侧主路车辆的临界间隙值最小；次路车辆直行时要求其两侧主路车辆的临界间隙值介于左转和右转之间。交叉口次路驶入车道左侧沿主路视距值为直行临界间隙 t_{ct} 与主路设计车速的乘积；交叉口次路驶入车道右侧沿主路视距值为左转临界间隙 t_{cl} 与主路设计车速的乘积，具体视距标准（精确至 5m）见表 7.6。

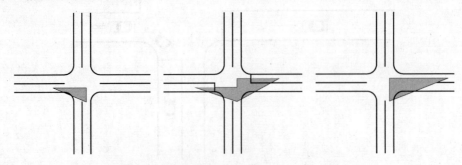

图 7.6　次路车辆右转、直行和左转沿主路视距

表 7.6　停让控制交叉口沿主路视距值（四车道）

视距/m 设计车速/(km/h)	次路右侧沿主路视距				次路左侧沿主路视距			
	小客车	中型车	大型车	拖挂车	小客车	中型车	大型车	拖挂车
100	185	210	240	250	170	195	225	225
80	145	170	190	200	135	160	180	180
60	110	125	145	150	100	120	135	135
40	75	85	95	100	70	80	90	90

表 7.6 包括了设计车速大于 40km/h 的一、二、三级公路基于临界间隙计算的视距值，设计车型可以从小客车、中型车、大型车和拖挂车中选取。无论选取哪种车型作为设计车型，基于临界间隙计算得到的视距值都大于同等速度条件下现行规范规定的停车视距值。因此，停车视距不能满足停让控制交叉口的交通运行特征，不能为其提供足够的安全保证。为满足合理的视距要求以提高安全性能，建议在停让控制交叉口各等级的主路上使用基于临界间隙计算的视距标准。

2. 沿次路视距

停让控制交叉口沿次路的视距较为简单。在停控制交叉口中，次路车辆均在停车线处等待，所以沿次路视距就是司机眼睛到主路边缘线的距离，一般建议该距离为 5m。在让控制交叉口中，次路车辆减速到达交叉口但不会停止，这段减速距离就是沿次路的视距值。通过大量的观测，发现次路车辆到达交叉口时末速度大约减至初速度的 40%～60%。因此，让控制交叉口沿次路的视距值均小于同等条件停车视距值（见表 7.7）。

表 7.7　让控制交叉口沿次路安全视距建议值

道路设计速度/(km/h)	停车视距/m	安全视距/m
100	160	105～135
80	110	75～95
60	75	50～65
40	40	30～35

注：视距值计算精确至 5m。

在实际应用过程中，停让控制交叉口沿次路的视距还是要尽量满足停车视距要求，以防止意外事故的发生，当由于特殊情况不能满足停车视距要求时，上述停让控制交叉口沿次路的安全视距必须得到满足。

7.2.3　信号控制交叉口和全停控制交叉口

在信号控制交叉口中，路权明晰，各进口道的车辆受信号控制，速度低且直接冲突少，所以信号控制交叉口的视距要求不高，只要满足任一条车道第一辆车能够让其他车道的第一辆车看见，在如图 7.7 所示的区域内不得存在视距障碍。

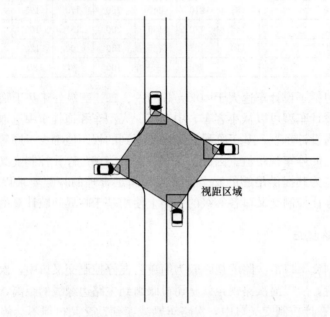

图 7.7　信号控制交叉口视距

影响信号控制交叉口视距的因素主要有交叉口转角处的障碍物，中央分隔带和机非分隔带的绿化。由于信号控制交叉口的人流、车流一般较大，所以交叉口转角处容易出现大量的非交通设施（如广告牌、电话亭、各种零售摊点），这些设施很大程度上阻碍了机动车的视距，因此在信号控制交叉口应予以严格限制。另外，中央分隔带和机非分隔带的绿化高度过高也是影响视距的一个普遍现象，严重影响了各个方向车辆的相互可视性。因此，建议交叉口功能区范围内，中央分隔带和机非分隔带的绿化高度不得高于 1.2m。

全停控制交叉口视距要求和注意事项参见信号控制交叉口。

7.2.4　主路左转视距

除了车辆进入交叉口的视距满足要求外，主路左转视距也要得到满足。左转车辆要等待对向直行车流合适的间隙，以便穿越完成左转。同样，基于间隙接受理论，以主路车辆临界间隙 t_c 作为计算标准，当主路的对向直行车流车辆间隙大于 t_c 时，则能够完成左转；当车辆间隙小于 t_c 时，则不能完成左转。以主路设计车速和 t_c 的乘积作为视距沿主路的长度（如图 7.8 所示）。根据道路的设计车速，计算出主路车辆左转要求的视距值，如表 7.8 所示。

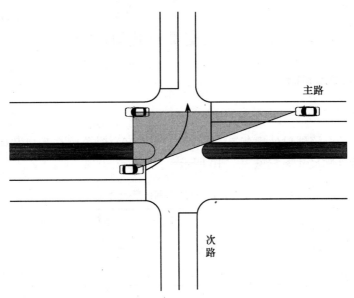

图 7.8　主路左转视距要求

表 7.8　主路车辆左转视距建议值（四车道）

设计速度/(km/h)	主路车辆左转视距/m			
	小客车	中型车	大型车	拖挂车
100	170	195	225	225
80	135	160	180	180
60	100	120	135	135
40	70	80	90	90

7.2.5　交叉口识别距离

为了保证交叉口内部的通行能力和安全性，必须从交叉口上游一定的位置开始就应该对交叉口内的信号灯和停止车辆进行有效的识别，然后采取相应的动作对速度调整或者对车道进行选择。无论是信号控制还是停让控制交叉口，驾驶员都必须在交叉口必要的识别距离以外发现交叉口。

根据设计车速、反应时间和减速度等参数，得出公路平面交叉口的最小识别距离，见表 7.9。

表 7.9　公路平面交叉口最小识别距离　　　　　　　（单位：m）

设计车速/(km/h)	100	80	60	40	30	20
信号控制	470	350	240	140	100	60
停车控制	—	—	105	55	35	20
让车控制	—	—	—	50	35	20
无控制	—	—	—	50	35	20

注：计算数值精确至 5m；—表示不提供具体的数据，视条件而定。

7.3　平面交叉口几何设计

7.3.1　控制因素和标准

1. 设计车辆尺寸

我国《公路路线设计规范》（JTG D20—2006）对公路交叉口几何设计采用的设计车辆外廓尺寸规定见表 7.10 所示[5]。

表 7.10　设计车辆外廓尺寸

车辆类型	总长/m	宽度/m	总高/m	前悬/m	轴距/m	后悬/m
小客车	6	1.8	2	0.8	3.8	1.4
载重汽车	12	2.5	4	1.5	6.5	4.0
鞍式列车	16	2.5	4	1.2	4+8.8	2.0

2. 设计车辆的选择

设计车辆的选择基于设计车辆的转向轨迹，可以考虑以下三种行驶边缘的最小设计：

（1）小客车作为设计车辆。在小汽车专用路段上的交叉口使用小客车的最小转弯是比较合理的；另外，在地方道路与主干道相交时，只是存在少量右转车辆，或者两条相交道路的等级都不高，交通量也比较小的时候，也可以使用小客车作为设计车辆。当然，如果条件允许的话，选择载重货车会更好。

（2）载重货车作为设计车辆。一般而言，这种设计车辆在公路和城乡结合部使用比较多。主干路上转向车辆比较多，尤其是货车所占比例较大的路段，也应该考虑设计较大的转弯半径或者较长的变速车道，再或者两者同时进行设计。

（3）鞍式列车作为设计车辆。用于货车组合转向频繁的地方。在转向交通中，如果这些较小的货车组合所占的比例较大，那么就可以采用比较简单对称的复曲线对转弯半径进行设计。由于鞍式列车的设计一般会采用较大的转弯半径及渠化岛，把交叉口分成两个或更多的较大空间，因此会造成交叉口占地多。

在地域上，具有干线功能的道路，考虑有大量且大型车辆可以通行，在干线道路上采用大型车辆，随着道路等级的降低，也可以使用小型车辆。在干线道路交叉口转弯的车辆，应该有充足的空间，使之不侵犯其他车辆。在等级低的道路上，有时会有载重车辆转弯时临时占用道路的一半或者全部横断面；如果这种车型比重低，则不会引起交通混乱。

由于我国目前并没有太多关于车辆不同转角的行车轨迹的研究，因此采用美

国 "绿皮书"（《美国公路与城市道路几何设计政策》)[6]中的取值，并用 P 表示小客车，SU 表示载重车，WB-15 表示鞍式列车，WB-33D 表示拖挂车。

3. 交叉口设计速度

我国现有规范《公路路线设计规范》（JTG D20—2006）对各级公路的设计速度规定见表 7.11[5]。

表 7.11　设计速度

公路等级	高速公路			一级公路			二级公路		三级公路	四级公路
设计速度/(km/h)	120	100	80	100	80	60	80	60	40	30	20

同时规范还对平面交叉口设计速度进行了如下规定：

（1）平面交叉口范围内主要公路的设计速度，宜与路段设计速度相同。

（2）两相交公路的功能、等级相同或交通量相近时，平面交叉口范围内的直行车道的设计速度可适当降低，但不应低于路段的 70%。

（3）次要公路因交角等原因改线，或因条件受限采用较低的线性指标时，可适当降低设计速度。

（4）转弯车道的设计速度应根据路段设计速度、交通量、交叉类型、交通管理方式和用地情况等因素综合确定。

在交叉口进行渠化设计，需要对交叉口上下游路段进行拓宽或者车道偏移设计时，根据道路的设计车速和加减速度值作为设计指标，加减速度取值见表 7.12。

表 7.12　加减速度取值对应表　　　　　　　　　　（单位：m/s²）

道路类型 ＼ 加减速	加速度值	减速度值
主要道路	1.0	−2.5
次要道路	1.5	−3.0

4. 路缘石半径对转弯轨迹的影响

图 7.9 和图 7.10 给出了在正交情况下，路缘石半径对右转弯车辆转弯轨迹的影响。图 7.9 给出路缘石半径为 4.5m 时对各种车辆轨迹的影响图。车道宽度为 3.6m 时，小客车在转弯的末端不会侵占到相邻的车道，但是对于载重货车或是公交车辆就会回转到相邻车道上，而且在转弯结束前会同时占用两个车道。当相交道路只有两车道时，鞍式列车会占用两个车道甚至更宽的道路空间。如果是更长的车辆，可能会占用大约四个车道宽的路面空间。

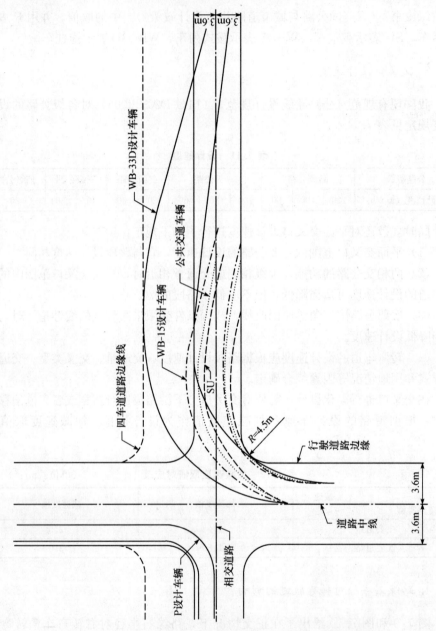

图 7.9　路缘石半径为 4.5m 时对各种车辆转弯轨迹的影响图

P 表示小客车；SU 表示载重车；WB-15 表示鞍式列车；WB-33 表示拖挂车

　　图 7.10 给出了路缘石半径为 12m 时车辆的行驶状况。在这种情况下，小客车可以很轻松地完成转弯。对于载重车和公交车，如果从主要道路的路中开始转弯的话，就可以不侵占其他车道。鞍式列车需要相交街道的两条整车道才能完成

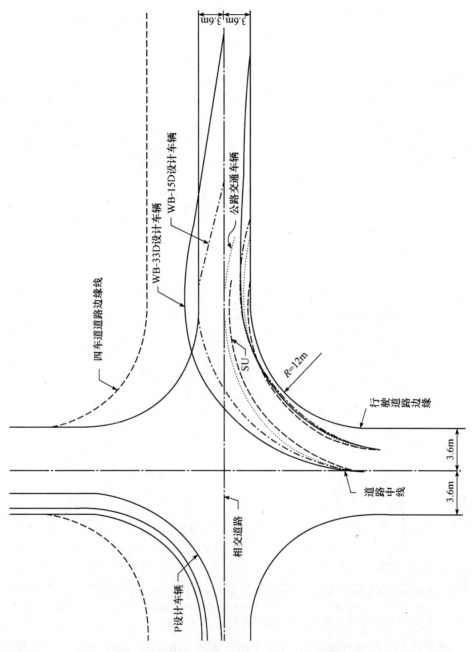

图 7.10　路缘石半径为 12m 时车辆的转弯轨迹

P 表示小客车；SU 表示载重车；WB-15 表示鞍式列车；WB-33D 表示拖挂车

转向。这种操作对于主干道的右转车辆来说是可行的，这是由于信号灯或者停车标志控制了相交道路的车辆，使得转向比较容易。对于车辆从相交道路转向主干道，如果有信号控制的话，通常是可以使用的；如果没有信号控制，转向车辆的驾驶员必须等待一个合适的间隙，才能够转向进入主干道。

表 7.13 给出了交叉口的角度对各种设计车辆转向轨迹的影响。d_1 和 d_2 为主要道路和次要道路上右转车辆所占用的宽度。所有的尺寸都是从右转路缘到前悬最大值中测量出来的。从表 7.13 中也可以看出只有采用很大的转弯半径才能满足车身较长的车辆转弯，特别是转向中心角大于 90°的情况。正是由于这一点，一般要采用复曲线（或偏移、单曲线与渐变段的组合方式以满足车辆的轨迹）用于有足够的道路红线或者是行人交通量比较小的交叉口。

表 7.13　两种情况下 d_2 的取值

交叉口交角/(°)	设计车辆	情况 A 和 B 时 d_2 的值/m									
		$R=4.5$		$R=6.0$		$R=7.5$		$R=9.0$		$R=12.0$	
		A	B	A	B	A	B	A	B	A	B
30	载重车	4.3	4.0	4.3	4.0	4.0	4.0	4.0	4.0	4.0	4.0
	鞍式列车	6.1	5.2	6.1	5.2	6.1	5.2	5.8	4.9	5.5	4.9
60	载重车	5.8	4.9	5.8	4.9	5.2	4.6	4.9	4.6	4.3	4.3
	鞍式列车	9.4	6.7	8.2	6.4	8.5	6.1	7.6	5.8	6.7	5.5
90	载重车	7.9	6.1	7.0	5.5	5.8	4.9	5.2	4.6	4.0	4.0
	鞍式列车	12.8	6.7	11.3	7.3	9.8	6.7	8.8	6.4	6.7	5.5
120	载重车	10.4	6.7	8.2	5.8	6.4	5.5	5.2	4.9	4.0	4.0
	鞍式列车	15.2	8.8	13.1	8.5	11.0	8.2	9.1	7.9	6.7	5.5
150	载重车	12.2	7.6	9.8	6.4	6.7	5.5	5.2	4.9	3.6	3.6
	鞍式列车	16.2	9.4	14.0	8.5	11.0	8.2	8.5	7.9	6.7	5.5

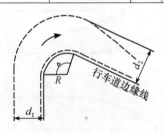

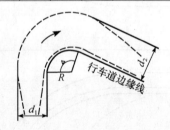

情况A　　　　　　　　　　　　　　　　　　　情况B

注：采用小客车作为设计车辆，车道宽为 3.6m，转弯半径大于或等于 4.5m。
　　情况 A，车辆从固定的车道转弯，转向车道的宽度不确定，即 $d_1=3.6m$，d_2 为变量。
　　情况 B，车辆转向前后所需车道的宽度都为变量，即 $d_1=d_2$。

除非转弯半径最小为 7.5m 及停车限定在转弯末端的 12m 以外处，否则鞍式列车在转弯时会侵占到对向车道。

5. 设计车辆左右转的通行方法

根据对道路的等级、设计车辆及通行方法的考虑，总结了对应普通道路的上述三要素的关系，见表 7.14。表 7.14 中 S 表示载重车，T 表示小客车，S 或者 T 后面显示的 1~4 的数字，表示右转时采用如下所示的通行方法：

（1）使用整个路面全部宽度。

（2）利用右转车道的部分左侧道路。

（3）在出口道右转时使用所行驶方向最左侧的车道，左转时使用最右侧的车道，但不使用对向的车道。

（4）只使用左右转车道、最右车道（右转时）或者最左车道（左转时）。

表 7.14　交叉口左右转车的通行方法

条件		道路类别	一级公路		二级公路		三级公路	四级公路
			干线	集散	干线	集散		
停让控制	进口		S4*	S4*	S4*	T4	T4	T1
	出口	主要道路	S4*	S4*	S4*	T4	T2	T1
		次要道路	—	—	S3*	T3	T2	T1
信号控制	进口		—	S4*	S4*	T4	T4	T1
	出口		—	S3*	S3*	T3	T2	T1

注：S 表示载重车，T 表示小客车；—表示不提供具体的建议，视条件而定；* 表示在主要道路和次要道路的设计　车辆不同时，使用次要道路的设计车辆不改变通行方法。

例如，进口道 S4、出口道 S3 的通行方法如图 7.11（a）所示；进口道 T4、出口道 T2 的通行方法如图 7.11（b）所示；进口道和出口道都是 T1 的通行方法如图 7.11（c）所示。

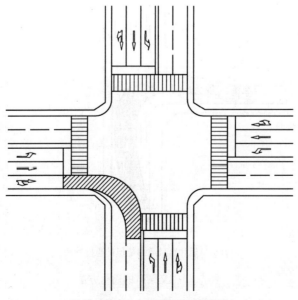

(a) 进口道 S4、出口道 S3 的通行方法

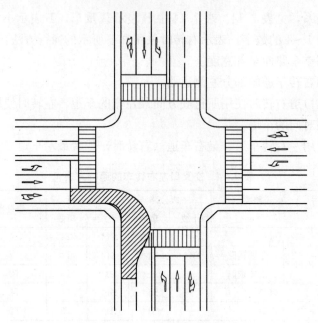

(b) 进口道T4、出口道T2的通行方法

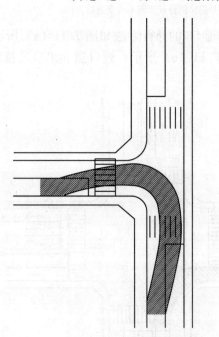

(c) 进口道和出口道都是T1的通行方法

图 7.11　交叉口的通行方法

上述是一般性的指南，设计时还必须考虑道路所在区域的性质、沿线的土地利用条件、道路网的形态等。因此，如果在工业区，由于鞍式列车比例高，即使在三级公路上，也不使用载重车作为设计车辆，而是使用鞍式列车；在居住区旁的公路反而把设计车辆由鞍式列车改为载重车，或者不改变设计车辆，只降低 1级通行方法。在适用一个通行方法的出口道的道路，当对其进口道进行设计时，停车线应退至其通行方法适用的位置。

7.3.2　平纵横线形设计

1. 平面线形

交叉口是机动车、非机动车和行人之间冲突最多的地方，为了保证安全，平面交叉口附近道路的线形应该能够保证车辆在识别距离以外能清楚地看到交叉口及交叉口内车辆的运动状况，保证道路使用者能够清晰辨识其他使用者的行为，读取交通控制设施的信息；进入交叉口范围后能够保证视觉的平顺度，易于道路使用者对车辆进行操作；交叉口范围内的地面排水迅速，防止由于路面积水带来的安全隐患；另外，要保证车行道和人行道的各点标高能与道路两旁建筑物的地面标高相协调，具有良好的空间观感。为了这些目标，平面线型应该尽量采用直线，纵坡应该尽量小。通过不同的交通管理方式确立相应的道路线形，也能够在一定程度上提高交叉口的通行能力和安全性。

《公路路线设计规范》（JTG D20—2006）[5] 中对公路平面交叉口平面线形做出了如下规定：平面交叉范围内两相交公路应正交或接近正交，且平面线形宜为直线或大半径圆曲线，不宜采用需设超高的圆曲线；新建公路与等级较低的现有公路斜交时，交角不应小于 70°。若交角过小，则次要公路在交叉前后一定范围内应作局部改线。

因为超高和路面加宽使交叉口的设计变得复杂并且可能造成视距不良，因此不宜在需设超高的圆曲线内设置交叉口。另外，绝对不允许一条低等级公路与一条有中央分隔带的多车道公路在有曲线超高的地方交叉，因为这种情况很难通过调整坡度来设计一个合适的交叉口。停让控制交叉口的主要道路和信号控制交叉口的相交道路上，圆曲线半径也应该满足规范中规定的最小圆曲线半径值。对于停让控制交叉口的次要道路，研究表明，车辆在进入交叉口范围内时速度只有路段速度的 2/3，根据圆曲线极限值的计算公式

$$R = \frac{V^2}{127(\mu + i)} \tag{7.1}$$

式中，V——速度，km/h；

　　μ——横向力系数，根据规范取 0.15；

i——超高，取极限值 8%。

计算出相应的值，见表 7.15。

表 7.15　交叉口内圆曲线半径　　　　　（单位：m）

设计速度/(km/h)	100	80	60	40	30	20
停让控制交叉口主路和信号控制交叉口相交道路	400	250	125	60	30	15
停让控制交叉口次要道路	—	—	60	30	15	15

注：一表示不提供具体的建议值，视条件而定。

无论交叉口为何种类型，为了安全性和经济性，相交道路应以直角或接近直角相交。一方面，在斜角相交的交叉口内，特别对载重汽车驾驶员来讲，转弯车辆需要较大的区域完成转弯运动，并且视距容易受到限制；另一方面，斜交交叉口增加了次要道路车辆穿越主路车辆的时间。

在对现有道路进行改建时，对次要道路使用适当的曲线组合代替直线可以很好地提高车辆在路口的运行效率，如图 7.12 所示。在进行这种改建时，需要避免为达到与主路正交的目的在交叉口旁为次要道路设置小半径的平曲线。这样的小曲线会导致大量的车道侵占，因为驾驶员会利用一部分对向车道从而减少他们的路径。同时，交通设施容易被安装到驾驶员的视线外，需要安装一些提前预告标志。

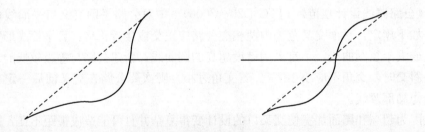

图 7.12　次要道路线形改善（一）

另外一种对于小角度交叉口的改造方法是将交叉口改造成错位交叉口，如图 7.13 所示。这两种改造方法都需要次要道路上的直行机动车先汇入主要道路，

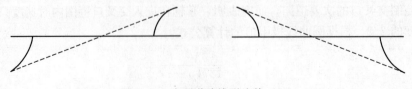

图 7.13　次要道路线形改善（二）

然后再驶进次要道路。当次要道路上的转弯车辆比例很大时，无论是左转还是右转，错位交叉口的设计都可以有效改善交叉口的交通状况。

图 7.13 中，第一种改造次要道路的方法不太理想，会造成次要道路上的直行车辆在主路上行驶的连续性差。次要道路上的直行车辆可以很顺利地右转进入主路，然而却需要左转再次进入次要道路，这时为了等待适当的穿越间隙可能需要在主路上等待，造成主路上不必要的延误。这种设计方法仅适用于次要道路上交通量中等、次要道路离终点很近或者次要道路上直行交通量很低的情况。

图 7.13 中第二种改造次要道路的方法要比第一种好。因为次要道路的直行车辆必须在次要道路上等待，直到主路上存在适当的穿越间隙才能汇入到主路，然后右转很快重新进入次要道路，不需要在主路上等待，这样的设计对主要道路车辆运行的影响小。

2. 纵断面线形

《公路路线设计规范》（JTG D20—2006）[5]中对公路平面交叉口纵断面线形做出了如下规定：平面交叉范围内，两相交公路的纵面宜平缓，纵面线形应满足停车视距的要求；主要公路在交叉范围内的纵坡应在 0.15%～3%；次要公路紧接交叉的引道部分应以 0.5%～2.0% 的上坡通往交叉；主要公路在交叉范围内的圆曲线设置超高时，次要公路的纵坡应服从主要公路的横坡。

针对规范中的不周详和不足之处，做以下详细补充和说明。

在 3% 或者更小纵坡的路段上，计算小汽车的停止和加速距离与在水平路段上相差不大。但是当纵坡大于 3% 时，公路需要在几个设计要素上发生变化以保持与水平路段拥有相同的运行特性。另一方面，大多数驾驶员不能准确判断在大坡度的路段上停车和加速的距离。因此，相交道路上在交叉口附近纵坡不应超过 3%。如果在达到 3% 的设计需要付出昂贵代价时，通过调整几何设计指标后也不应超过 6%。

为了交通安全顺畅地流通，只要沿线道路条件允许，应该尽可能长的使用3.0% 以下的缓坡，缓坡的最小长度应该至少大于一个周期内（在停计控制的交叉口取 1min）进口道单条车道进入交叉口的车辆数和平均车头空距的乘积所得值。也就是说，在车辆停车、排队的区间内坡度应该尽量平缓，这段区间的长度与储备排队长度差不多。即使在条件不允许的情况下也要满足表 7.16的要求。在进口道的这种纵坡的缓和不仅有助于识别性的改善，也可以增加在进口道反复停止、开始前进的效率及准确性和安全性，还可以防止通行能力的降低。特别是在路面冻结的积雪寒冷地带，缩小纵坡的值在设计上非常重要。

如果次要道路在交叉口内存在纵坡，变坡点应该向远离交叉口的方向调整一段距离，以使次要道路车辆能够平稳地进入交叉口，同时也有利于交叉口内的排水。通常主要道路的坡度线应贯穿交叉口，调整次要道路的坡度线与之相适应。这种设计包括在与主要道路相交位置次要道路竖曲线顶点向倾斜的交叉部分过渡。对于设计速度低、使用了停车和信号控制的简单渠化交叉口来讲，通常在交叉口位置把两道路的曲线顶点变形成一个平面；合理的平面取决于排水方向和其他条件。交叉坡度的变化应是渐近的。单独的转弯行车道的坡度线应设计为与交叉口的横向坡度和纵向坡度匹配。

另外，交叉口位置平面线形和纵面线形的合成应该留出适当的视距。为确保适当的识别性和道路线形，必须极力避免在道路曲线段的切点处、凸凹曲线及桥梁的连接部等处设置平面交叉口，万不得已时，交叉口各道路在规划设计上必须不能低于上述的最小值。而且在接近最小值的平面交叉口的进口道，最好设置预告平面交叉口存在的警告标志和信号灯等。

表 7.16　缓坡段长度的极限值

道路等级	缓坡段长度极限值/m	道路等级	缓坡段长度极限值/m
一级公路	40	三级公路	15
二级公路	35	四级公路	10

3. 横断面设计

1) 车道宽度

车道宽度通常是从交通安全、效率、驾驶的方便和舒适程度等方面进行考虑后制定的标准。在我国的各种道路等级中，都有与之相应的车道宽度的标准数值，见表 7.17。对于公路交叉口，道路拓宽的难度并不大，可以借用部分路肩的宽度。因此，一般在交叉口内，直行车道的宽度与路段上使用相同的值，在一些特定情况下可以将车道宽度减小 0.25m，用于拓宽一个左转或者右转车道。

表 7.17　车道宽度表

车速/(km/h)	100	80	60	40	30	20
路段车道宽度/m	3.75	3.75	3.50	3.50	3.25	3.00

2) 直行车道的设置原则

原则上交叉口出口道的车道数量必须大于或者等于进口道的直行车道数（其

中直行车道数是指进口道的车道数中除了右转、左转的专用车道外的车道）。

保证出口道的车道设置在进口道的直行车道的延长线上，这样就不可避免地需要偏移交叉口内的车道，特别是为了设置左转车道的时候，如图 7.14 所示。将进口道直行车道偏移后，出口道的车道也需要对应在进口道偏移直行车道的位置，保证尽可能地设置在其延长线上。

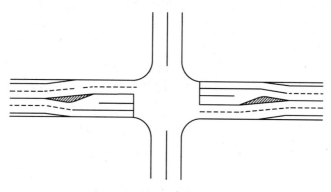

图 7.14　直行车道偏移设置

另外，当在出口道即使通过调整中央分隔带等手段，也不能确保和进口道同等或者以上的直行车道数时，就必须提前减少进口道的直行车道数，考虑尽可能让车辆缓缓地（使用至少 100m 的长度）滑行。

3）左转车道

左转车道具有降低与左转相关事故（左转时的侧面撞击、追尾等）的作用，还可以防止左转交通引起的通行能力的降低。由于左转车辆对直行车辆的影响远比右转车辆大，因此对于新建公路，除交叉口左转车辆过少的情况外，需设置一条专用的左转车道；对于改建公路受具体条件的限制不能设置专用左转车道时，也可以不设。为了在有限的空间中设置左转车道，可以通过利用中央分隔带和路侧绿化的宽度及缩小车道宽度等办法来实现。

在设计左转车道时，应避免直行车误入左转车道。如果有这种可能，必须通过标志、标线（左转的箭头）进行提前预告。因此，为了避免这种情况，左转车辆必须先进行车道变换后再驶入左转专用道，不能将路段的车道直接设计成左转专用车道。

为了保证左转车道的宽度，在新建道路时，需要在道路的车道边缘线外留出至少 1.5m 的空间来，这样通过直行车道的偏移就能增加一个左转车道，如图 7.14 所示。当大型车混入率高时，这种设计应尽量避免使用。

4）右转车道

设置右转车道可以防止由于右转车辆和直行车辆的混合行驶引起的通行能力降低和交通混乱。设计时是否设置右转车道，必须事先从通行能力、安全性等方面进行研究。

设置专用右转车道一般要满足以下条件：右转交通量特别多，至少达到一条直行车道的设计通行能力；交叉口呈小角度交叉而且右转交通量较多；右转车辆车速非常快等情况。但是，在四级公路上不用设置专用右转车道。

5）过渡段的设计

在车速较高的公路上，所用过渡段的比例在 8∶1～15∶1（纵向∶横向或 $L∶W$）。当车辆从直行车道上高速驶入辅助车道时，过渡段必须与车辆行驶轨迹相似。然而，如果过渡段太长又往往容易诱使一些本来要直行的驾驶员进入减速车道——尤其是当过渡段位于平曲线上时。过渡段也限制了期望进入辅助车道驾驶员进行横向运动，这种情况主要发生在两侧有路缘石或者机非分隔带的道路上。

在城镇化地区，对于要驶入辅助车道的驾驶员来说，过渡段越短，驾驶员越容易把握目标，越容易辨认出辅助车道。在城市交叉口，由于高峰时车速较慢，减速车道往往选择较短的过渡段。过渡段与减速段的总长度要与采用较长过渡段一样，这就使得那些完全需要拓出来的辅助车道更加长。这种设计可使辅助车道溢出车辆的可能性减小。城市和乡镇正在不断增加过渡段的长度，例如，在城市街道上，只有一条车道的专用转弯车道的过渡段长度一般取 30m，有两条车道的专用转弯车道过渡段长度一般取 45m。

如图 7.15（a）所示，直线型的过渡段是经常采用的一种。当设计车速为 50km/h 时过渡段的长宽比例可取 8∶1（$L∶W$）；当设计车速为 80km/h 时过渡段的长宽比例可取 15∶1（$L∶W$）。当使用路肩来做辅助车道时，过渡段最适于直线型。因为车辆撞在过渡段末端路缘石上的概率很大，会导致驾驶员对车辆失去控制，因此短的直线型过渡段，不适合用在两侧有路缘石的城市街道上。在城市中期望将过渡段的末端做成一条短的曲线，如图 7.15（b）所示，但是在施工的时候经常为了方便就将其忽略了。当末端采用曲线时，相切的部分应该占总长度的 1/3～1/2。

在两侧有路缘石的城市道路上常采用反对称曲线型的过渡段，如图 7.15（c）所示。图 7.15（d）显示了另一种更受欢迎的反向曲线，其中一条转向曲线的半径是另一条曲线半径的 2 倍。在图 7.15（d）中过渡段长度为 30m 或更长时，过渡段 1 和过渡段 2 适用于运行车速较低的情况。图 7.15 中所示的各种尺寸和构造既适用于右转车道，也适用于左转车道。

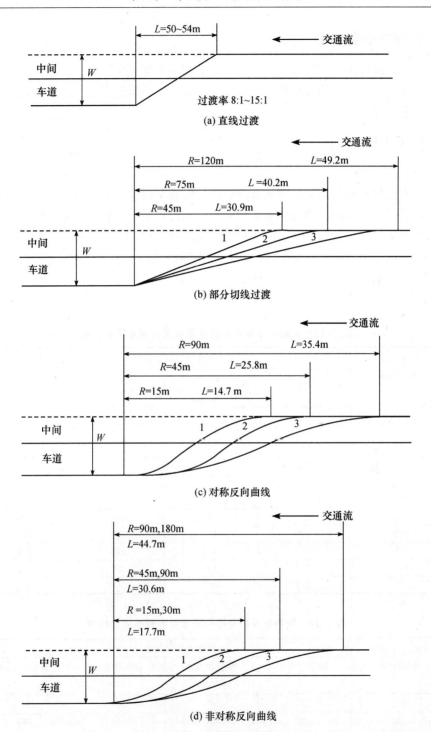

图 7.15　过渡段的设计形式

7.3.3　转弯车道的设计

平面交叉口转弯车道设计的内容主要包括：左转专用车道、左转减速车道、左转加速车道、左转偏置车道、右转专用车道、右转减速车道、右转加速车道和右转偏置车道。

1. 左转专用车道

1）设置条件

对象进口道的左转交通量和反向进口道的总交通量是影响对象进口道内被左转车辆阻碍直行车辆比例的最重要因素。对象进口道的左转交通量和反向进口道的总交通量越大，对象进口道内被左转车辆阻碍直行车辆比例越高，越有必要设置左转专用车道。在信号交叉口，信号灯的绿信比也是影响因素，绿信比越小，越有必要设置左转专用车道。具体的左转专用车道交通量设置条件见表 7.18 和表 7.19。

表 7.18　无信号交叉口左转专用车道设置交通量标准

反向进口道交通量/pcu	对象进口道交通量/pcu			
	5%左转	10%左转	20%左转	30%左转
≤60km/h				
800	360	300	205	175
600	440	310	230	180
400	500	370	320	260
200	680	520	410	340
100	800	660	415	355
≥80km/h				
800	270	240	185	180
600	360	250	230	210
400	440	310	245	225
200	590	430	290	285
100	640	465	350	305

表 7.19　信号交叉口左转专用车道设置交通量标准

反向进口道交通量/pcu	对象进口道交通量/pcu			
	绿信比 0.2	绿信比 0.4	绿信比 0.6	绿信比 0.8
10%左转				
200	135	575	960	1135
400	125	290	565	795
600	90	185	295	605

续表

反向进口道交通量/pcu	对象进口道交通量/pcu			
	绿信比 0.2	绿信比 0.4	绿信比 0.6	绿信比 0.8
10%左转				
800	90	130	220	360
1000	90	105	130	200
1200	85	95	100	155
20%左转				
200	75	330	700	960
400	70	135	420	780
600	70	105	145	475
800	55	85	80	170
1000	55	60	80	105
1200	50	60	75	100
30%左转				
200	65	325	715	895
400	65	95	390	685
600	65	75	165	490
800	65	75	70	135
1000	50	55	55	65
1200	50	55	50	65

2）设计要求

建议左转专用车道的长度与相邻直行车道的长度保持一致；考虑减速长度加上两个车长的排队长度，若实际情况中平均排队长度超过 3 辆，则建议设置左转减速车道。

2. 左转减速车道

当交叉口进口道左转流量较大，左转与直行或者左转与对向直行车流冲突较多时考虑设置左转减速车道（如图 7.16 所示）。左转减速车道长度包括：渐变段长度、减速长度和等待长度。

1）具体设置条件

满足以下条件的交叉口建议设置左转减速车道：交通量满足左转专用车道设置条件的信号交叉口、停让控制交叉口和全路停车交叉口；交通量远大于设置左转专用车道交通量条件的无信号交叉口；运行速度大于 75km/h 的无信号交叉口。

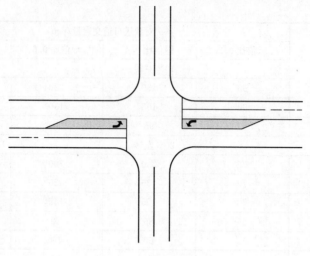

图 7.16　左转减速车道

2）车道长度计算

减速车道的长度计算基于分段减速的假设：车辆在渐变段用发动机减速约3s，减速度为 a_1；在减速段用制动器减速，减速度为 a_2；a_2 大约是 a_1 的 2 倍。通过借鉴我国车辆减速性能的相关指标，可以认为车辆发动机减速度为 2.5m/s^2，制动器减速度为 5.0m/s^2。交叉口范围内左转车辆的运行速度一般为设计速度的70%，因此，以道路设计速度的 70% 作为减速时的初速度。排队长度主要由控制方式和交通量所决定。左传减速车道长度设计的建议值见表 7.20。如果左转减速车道内车辆排队长度超过 100m 时，则建议设置双左转车道。

表 7.20　左转减速车道长度值

设计速度/(km/h)	左转速度/(km/h)	渐变段（发动机减速3s，$a_1=-2.5\text{m/s}^2$）	减速段（制动器减速，$a_2=-5.0\text{m/s}^2$）	排队长度 Q/m	总长度/m
100	70	50	15	见表 7.2~表 7.4	65+Q
80	56	40	10		50+Q
60	42	25	5		30+Q
40	28	15	5		20+Q

3. 左转加速车道

为避免左转车辆对左转进入车道内直行车流的影响（速度差异而造成的潜在追尾事故等），考虑设置左转加速车道（如图 7.17 所示），适用于中央分隔带较宽的进口道。左转加速车道长度包括加速长度、等待长度和渐变段长度。

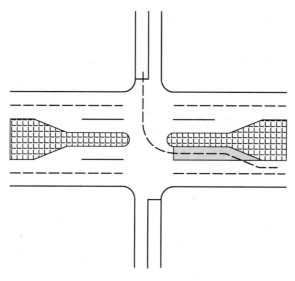

图 7.17　左转加速车道

1) 具体设置条件

当道路直行交通量很大时，建议在该道路设置左转加速车道；没有足够间隙来完成左转运行的停让控制交叉口，也建议设置左转加速车道；设计速度大于 75km/h 的无信号交叉口，建议设置左转加速车道。

2) 长度计算

借鉴我国车辆加速性能的相关指标，可以认为车辆离开交叉口后的加速度为 2.5m/s^2。我国加速车道长度计算未考虑等待长度，即急速车辆当加速完成时需要等待合适的间隙以汇入直行车流，这一长度大约为正常车速乘以 3s 的等待时间。各等级公路左转加速车道长度建议值见表 7.21。

表 7.21　左转加速车道长度值

设计速度/(km/h)	渐变段长度/m	加速长度/m	总长度/m
100	60	180	240
80	50	120	170
60	40	70	110
40	30	30	60

4. 左转偏置车道

为避免由于视距不足造成的左转车流与对向直行车流的潜在冲突，以及由于几何问题造成的与对向左转车流的潜在冲突，考虑设置左转偏置车道（如图 7.18 所示）。车道长度计算等同左转减速车道长度计算。

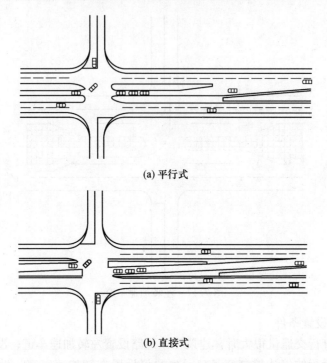

(a) 平行式

(b) 直接式

图 7.18　平行式和直接式左转偏置车道

5. 右转专用车道

1) 设置条件

不同于左转专用车道，速度和交通控制方式对右转专用车道的设置标准影响不大。进口道右转交通量和左转与直行交通量是影响右转专用车道设置的主要因素，交通量越大，越有必要设置右转专用车道。具体的右转专用车道交通量设置条件见表 7.22。

表 7.22　交叉口右转专用车道设置交通量标准

对象进口道直行和左转交通量/pcu	100	200	400	600	800
对象进口道右转交通量/pcu	100	85	55	20	10

2) 设计要求

建议右转专用车道的长度与相邻直行车道长度保持一致；考虑减速长度加上两个车长的排队长度，若实际情况中平均排队长度超过 3 辆，则建议设置右转减速车道。

6. 右转减速车道

交通量大、运行速度高的交叉口进口道考虑设置右转专用车道（如图 7.19

所示），可以减少潜在追尾事故。右转偏置车道长度包括：渐变段长度、减速长度和等待长度。

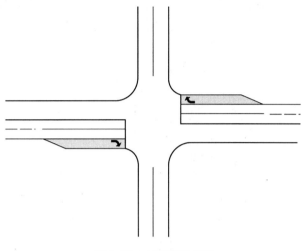

图 7.19　右转减速车道

1）设置条件

交通量满足右转专用车道设置条件的信号交叉口、停让控制交叉口和全路停车交叉口建议设置右转减速车道；交通量远大于设置右转专用车道交通量条件的无信号交叉口建议设置右转减速车道；车速大于 75km/h 的无信号交叉口建议设置右转减速车道。

2）设计要求

我国的《公路路线设计规范》（JTG D20—2006）的要求：交叉口主要道路减速度为 2.5m/s^2，次要道路为 3.0m/s^2。通过借鉴我国车辆减速性能的相关指标，可以认为车辆发动机减速度为 2.5m/s^2，制动器减速度为 5.0m/s^2。交叉口范围内右转车辆的运行速度一般为设计速度的 70%，因此以道路设计速度的 70% 作为减速时的初速度。排队长度主要由控制方式和交通量所决定，排队长度的取值主要由控制方式和交通量所决定。右转减速车道长度设计的建议值见表 7.23。如果右转减速车道内车辆排队长度超过 100m 时，则建议设置双右转车道。

表 7.23　右转减速车道长度值

设计速度 /(km/h)	右转速度 /(km/h)	渐变段（发动机减速 3s，$a_1 = -2.5\text{m/s}^2$）	减速段（制动器减速，$a_2 = -5.0\text{m/s}^2$）	排队长度 Q/m	总长度/m
100	70	50	15		65+Q
80	56	40	10	见表 7.2～ 表 7.4	50+Q
60	42	25	5		30+Q
40	28	15	5		20+Q

7. 右转加速车道

为避免右转车辆对右转进入车道内直行车流的影响（速度差异而造成的潜在追尾事故等），考虑设置右转加速车道（如图 7.20 所示）。右转加速车道长度包括加速长度、等待长度和渐变段长度。

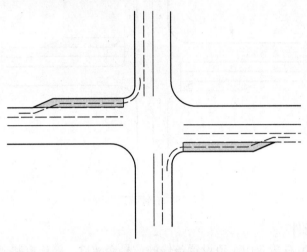

图 7.20　右转加速车道

1）具体设置条件

当道路直行交通量很大时，建议设置右转加速车道；没有足够间隙来完成右转运行的停让控制交叉口，也建议设置右转加速车道；设计速度大于 65km/h（40mph[1)]）的信号无信号交叉口，建议设置右转加速车道。

2）具体设计要求

右转加速车道长度计算等同于左转加速车道。

8. 右转偏置车道

为避免主路右转车道对次路车辆的不利影响（由于视距问题产生的相互冲突），考虑设置右转偏置车道（如图 7.21 所示）。车道长度计算等同右转减速车道。

7.3.4　渠化设计

渠化就是用交通安全岛或标线来分离或管理有冲突的交通，使车辆或行人能在明确的车道内有序地行驶和通过[7,8]。合理的渠化可以增大通行能力，提供最

1）1mph=1.609344km/h，下同。

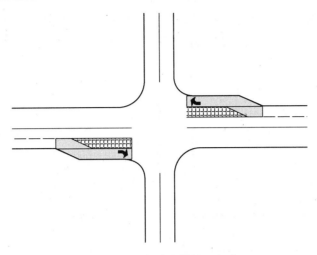

图 7.21 平行式右转偏置车道

佳的舒适度并能带给驾驶员自信。应尽量避免过度的渠化,它会给驾驶员带来疑惑。在某些情况下,一个简单的渠化改善可以大大提高运行效率[9]。面积不同的交叉口有不同的渠化要求:四车道及其以上的多车道公路的平面交叉必须作渠化设计;二级公路的平面交叉应作渠化设计;三级公路的平面交叉转弯交通量较大时应作渠化设计。三、四级公路的平面交叉交通量较小时可不作渠化设计。

1. 交通岛设计

交通岛是在两车道间用来控制车辆的移动,同时车辆不能使用的区域。交通岛也可以用于行人庇护和安置交通控制设施。在交叉口内的中央分隔带或车道分离的部分都被认为是一个交通岛。这个定义可以看出交通岛的形状并不唯一,路缘石所包围的区域、油漆或热塑性的标线所画的区域都能够称为交通岛。当车辆进入交叉口时,行车轨迹就被确定下来,拥有这种特性的交叉口称为渠化的交叉口。在一些情况下,标线或与路面齐平的中间带和可横向穿越的分隔带或交通岛,比物理的交通岛更加理想。

1) 交通岛的种类

根据交通岛的功能可将其分为三类,现实中设置的很多交通岛,大多都拥有上述全部或者兼有两种功能。

(1) 为指示、规定左右转弯等交通方向而设置的交通岛——导流岛。一般在以下几种情况宜设置导流岛(如图 7.22 所示):四车道道路相交而成的交叉口,当直行左转和右转驶入某个进口道的交通量过大,建议在该交通流汇合处设置导流岛;四车道以上道路相交而成的交叉口,建议在各进口道都设置导流岛;当交叉口某进口道设有右转减速车道或者偏置右转车道,建议在该处设置导流岛;当交叉口为非正交时，若相交角小于 70°（70°是规范标准中常出现的角度，作为交叉口斜交的一个临界角），建议在小交角处设置导流岛（如图 7.23 所示）。

图 7.22　导流岛设置

图 7.23　斜交导流岛设置

　　（2）为分离同向和对向的交通（主要是直行交通流）设置的交通岛——分隔岛。对于进口道没有设置中央分隔带的交叉口，根据其交通流特征可以在进口道设置分隔岛隔离对向车流，提高安全性能，如图 7.24 所示。一般在以下情况宜设置：当交叉口主路直行交通量不大，而主路与次路间的转向交通量较大时，建议在次路进口道设置物理分隔岛；当主路直行交通量和主路与次路间的转向交通量都较大时，除了在次路进口道设置物理分隔岛，还要在交叉口范围的主路上设置中央分隔带。

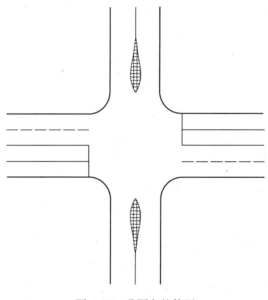

图 7.24　分隔岛的使用

　　（3）为给行人提供庇护空间设置的交通岛——安全岛或者庇护岛。安全岛一般是长条形或三角形，而且一般位于车辆行驶轨迹不需要占用的地方。行人使用的安全岛设置在人行横道或非机动车道附近，在行人和非机动车穿越时提供帮助和保护。在转角处的交通岛和中心导流岛及分隔岛都可以作为安全岛使用。安全岛的最小宽度是 1.8m，可以被非机动车使用。行人和非机动车应该沿着清楚的路线通过安全岛，视线不能被电线杆、标志杆、岗亭等阻挡。

　　2）交通岛鼻端的设计

　　交通岛必须让驾驶员可以容易地发现它的存在，可以选择正确的行驶路径。因此，为使驾驶员不受误导，在交通岛的鼻端设计时尤其有必要引起注意，在顶端设置提示或者信号灯；在其前方，根据设计速度在必要的区间内用路面标志、减速带来作为提示接近标志，如图 7.25 所示。接近标志的长度 $L(\text{m})$，必须是根据岛的前端半径 $R(\text{m})$ 和设计速度 $V(\text{km/h})$，按照式（7.2）

和或 (7.3) 求得。

异向时

$$L = \frac{VR}{3} \tag{7.2}$$

单侧移动时

$$L = \frac{2VR}{3} \tag{7.3}$$

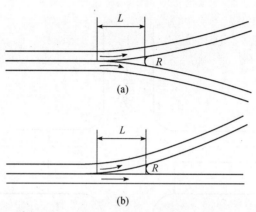

图 7.25　交通岛的接近标志

但是，如果情况图 7.25（b）不是在主线上，L 的长度可以缩小一半。上述交通岛鼻端必须使接近交通岛的驾驶员能够正确识别，必须设置在凸型纵曲线的顶点附近及平曲线的起点附近等。这时为使驾驶员能够识别，应该把交通岛的顶端向前方延伸。行车道到端头的偏移要足够的大，大于路缘面，通常是 0.6m。对于路缘石中央分隔岛，从分隔带边缘的行车道到交通岛端头路缘面的偏移不小于 0.6m，最好在 1m 左右。对于其他的物理岛，端部到直行道边缘的偏移在 1～2m，到转弯车道的偏移在 0.6～1m。在设置右转减速车道物理岛时需要大的偏移。

3）交通岛的大小

交通岛必须有能够引起驾驶员注意的足够大小。过于小的岛，不仅使驾驶员觉得麻烦，还会有在雨夜使车辆撞上去的可能性，反而更危险。通常考虑交通岛的最小尺寸，根据类型见表 7.24。各类型交通岛如图 7.26 所示。

表 7.24　交通岛以及分离带的各个要素最小值

区　分	各个要素	城　市	乡　村
（a）	W_a/m	1.0	1.5
	L_a/m	3.0	5.0
	R_a/m	0.5	0.5

续表

区 分	各个要素	城 市	乡 村
(b)	W_b/m	1.5	2.0
	L_b/m	$W_f+1.0$	$W_f+1.0$
	R_b/m	0.5	0.5
	面积/m²	5.0	7.0
(c)	W_c/m	$D+1.0$	$D+1.5$
	L_c/m	5.0	5.0
(d)	W_d/m	1.0	1.5

注：D 为设施的宽度，m；W_f 为人行横道线的宽度，m。

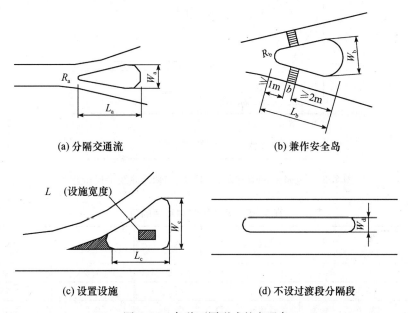

(a) 分隔交通流　　　　　　　　　(b) 兼作安全岛

(c) 设置设施　　　　　　　　　(d) 不设过渡段分隔段

图 7.26　各种不同形式的交通岛

交通岛的尺寸和形状对于不同的交叉口有根本的变化。最小的转角缘石交通岛通常在城市要接近 5m²，在乡村要接近 7m²。细长的交通岛或分隔岛的宽度不应小于 1m，长度在 6~8m。在空间受到限制的情况下，细长的交通岛的最小宽度可以减少到 0.5m。在高速行驶公路上，前后间距较大的交叉口没有必要设置路缘石式分隔岛，除非特殊设计使得驾驶员能够在较远处看到交通岛。在高速行驶公路的独立交叉口设置路缘石式分隔岛的长度应大于 30m。当位于行车道纵断面的较高点附近或者在平曲线的端点时，物理岛的末端应该延伸出来，让驾驶员能够清楚地看到。

4) 交通岛的形状

交通岛的形状由直行交通和左右转交通的侧面富余所决定。从岛的边角部的识别性和施工的难易度出发，使角圆角偏移，去掉突出的部分，端部的半径最好在 0.5~1.0m。前端内移距（O_1，O_2）及偏移距（S）是根据通过车辆的速度、岛的大小、交叉口所处位置等方面确定的，如图 7.27 所示。其标准值见表 7.25 和表 7.26。

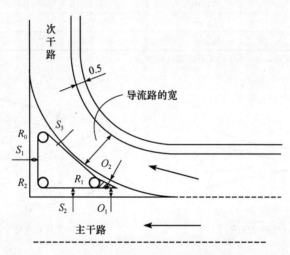

图 7.27　交通岛的偏移距、内移距和端部曲线半径示意图

表 7.25　偏移距和内移距的值

区分 设计速度/(km/h)	S_1，S_2	S_3	O_1	O_2
80	1.0	0.5	1.5	1.0
60	0.75	0.5	1.0	0.75
50 以下	0.5	0.5	0.5	0.5

表 7.26　交通岛端部的半径

R_1/m	R_0/m	R_r/m
0.50~1.00	0.50	0.50~1.50

当导流岛特别大时，导流岛端部内移距在主要道路一侧按 1/20~1/10 过渡，在次要道路一侧按 1/10~1/5 过渡。导流路侧的偏移距（S_3）大约为导流路的富余宽度 50cm 左右。严密来说，这些内移距和偏移距在侧方的允许距离，根据分隔式的路缘石还是连接型的路缘石而不同（后者少而好），另外左转渠化路的偏移量（S_3）和直行车道的（S_1，S_2）相比，取小一些的值比较好，特别注意不要用连接型的路缘石。有较大面积的交叉口，如有大转角半径的或斜交的情况下，

设置转角式三角岛可以允许使用优先控制车辆运行、大量行人穿越和避免存在不被使用的路面。甚至在一般的交叉口，多余的路面也会导致驾驶员偏离正常的行使轨迹。因此，转角式三角岛的使用会减少冲突。

2. 交叉口停止线设置

交叉口进口道设置停止线是为了提醒车辆在到达交叉口之前提前减速行驶[10]。交叉口停止线的设置对降低事故发生的可能性和严重程度有重要作用。一般在信号交叉口和左转待转区前端会设置停止线（如图7.28所示）。不同控制类型的交叉口由于交通特征不同，其对停止线的要求也不一样，考虑到其积极作用，原则上建议在能够设置停止线的地方都设置。具体设置标准有：信号控制交叉口各进口道前端设置停止线；次路让控制和次路停控制交叉口，次要道路前端设置停止线；全路停车控制交叉口各进口道前端设置停止线；无控制交叉口可不设置停车线，但当某进口道运行车速大于等于60km/h时，建议增设停止线；进口道设有左转或右转专用车道、左转或右转减速车道的，前端设置停止线；设置人行横道的进口道，需设置停止线。

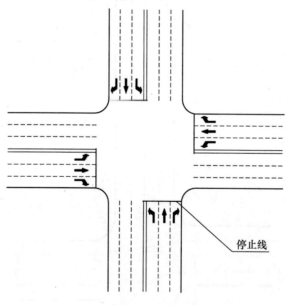

停止线

图7.28　交叉口停止线设置示意图

3. 机动车导向线设置

设置机动车导向线能够明确地引导各个方向机动车的行驶轨迹，使得整个交叉口的车辆运行不会出现不可预知的情况，避免潜在冲突的出现，同时也分隔了

机动车与非机动车。通常情况，在面积较大或者形状不规则的交叉口设置机动车
导向线。

　　具体设置规定如下：当交叉口是四车道与四车道相交时，建议设置机动车左
转导向线；当交叉口任一条相交道路车道数大于 4 时，建议设置机动车左转导向
线（如图 7.29 所示）。当交叉口的对向进口道出现偏置错位情况时，建议设置机
动车直行导向线（如图 7.30 所示），引导直行车辆的运行。需要注意的是，此种

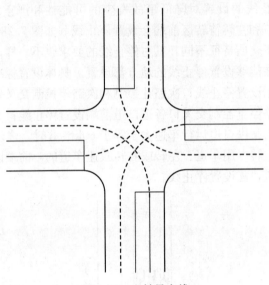

图 7.29　左转导向线

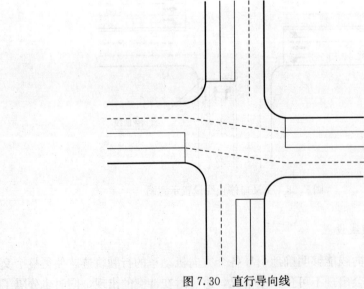

图 7.30　直行导向线

情况仅适用于已有道路，而且由于几何条件等因素的限制不能将偏置道路改建，但是道路的偏置又影响交通安全。新建道路禁止进口道的错位。当交叉口为非正交时，若相交角小于 70°（70°是规范标准中常出现的角度，作为交叉口斜交的一个临界角），建议设置机动车左转导向线（如图 7.31 所示）。

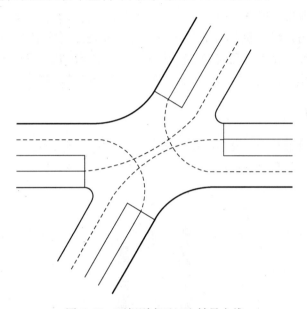

图 7.31　不规则交叉口左转导向线

4. 平面交叉口常规渠化设置建议

设计速度大于 60km/h，具有干线和集散功能的一、二级公路相交而成的十字形平面交叉口，由于道路等级高，运行速度快，其渠化设置的规范化和规格化能够有效地提高安全性能。交叉口按照相交道路的车道数可分为以下几类：两车道相交、两车道与四车道相交、四车道相交以及四车道以上相交。

两车道道路相交的交叉口形式简单，交叉面积小，所以只要简单渠化，各进口道设置机动车停止线，交通量较大的进口道（无中央分隔带）设置分隔岛。

两车道与四车道相交的交叉口建议：各进口道设置机动车停止线，四车道道路的进口道（无中央分隔带）设置分隔岛。

四车道道路相交的交叉口建议：各进口道设置机动车停止线，各进口道（无中央分隔带）设置分隔岛。若一条相交道路设有中央分隔带，由于路宽增加，建议进口道设置机动车左转导向线。

四车道以上相交的交叉口建议：各进口道设置机动车停止线，各进口道（无中央分隔带）设置分隔岛，各进口道设置机动车左转导向线。当进口道设有偏置的右转弯减速车道时，建议在该右转车道所在转角设置渠化导流岛。

7.4　弱势群体安全保护设施设计

我国有着典型的混合交通模式，行人（含骑自行车者、骑摩托车者）在其中占的比例相当高，将近60%，而行人、自行车和骑摩托车者都是弱势群体。弱势群体保护设计是交叉口几何安全设计中的一个重要内容。设计内容主要包括人行道、非机动车道、人行横道、人行视距、中央分隔带、侧分带和人行庇护岛。

7.4.1　人行道

人行道的设置对交通安全的作用很大，它限定了行人的活动范围；而且人行道高出路面，机动车和非机动车不能驶入人行道，这很大程度上避免了人车碰撞事故（如图7.32所示）。

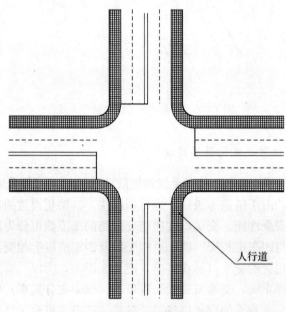

图 7.32　交叉口人行道示意图

1. 人行道设置条件

人行道设置条件主要有以下几点：交叉口位于城镇或城郊，路侧行人对公路运行的影响较大，建议设置人行道；交叉道路为具集散功能的道路，路侧行人对公路运行的影响较大，建议设置人行道；交叉口附近存在学校、工厂、居民区、集市或商业区等，行人交通量大并且出行时间较集中，建议设置人行道。

2. 人行道设计要求

（1）按照人行道最小同时容纳 2 人并排行走的要求，人行道的最小建议宽度为 1.8m（2×0.9m，0.9m 为一人的侧宽）。在道路宽度条件不能满足该要求的情况下，最小人行道宽度不得小于 1.2m。若交叉口周围存在学校或者商业区，人行道宽度可增加至 2.4m。

（2）人行道的长度一般延伸至下一个交叉口，或者能够覆盖交叉口周围行人频繁活动的区域，对于公路交叉口，建议人行道的最小长度为交叉口功能区长度乘以安全系数 1.5。

（3）当人行道在交叉口内与人行横道相连接时，人行道内要设置坡道，以平顺连接行人过街（如图 7.33 所示）。

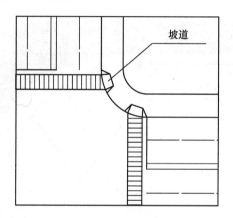

图 7.33　人行道坡道

（4）当道路条件不能满足人行道的设置时，可用路肩代替人行道，其宽度满足人行道宽度，路肩为硬路肩。

3. 人行道交叉口转角设计

1）行人等滞留空间的确保

平面交叉口是道路相互交错的点，所以会发生行人和非机动车的交叉运行。这些行人和非机动车在穿越马路时，由于等待信号等情况产生等待，在这种状况时，必须确保原来的人行道（非机动车、行人共用道）的通行功能。如果这些空间不能保证，就会发生行人在人行道外等待过马路的情况，这是非常危险的。另外，在交叉口附近，设置公共设施的地方，设施的配置空间及设施设置后的步行空间的保证也是非常重要的。在平面交叉口，分析地域特性和行人、非机动车交

通量等，确保必需的滞留空间；考虑到安全性和顺畅性都非常重要，必须设计相
应的切角。

2）切线长的计算

根据对于设计车辆右转的通行方法来确定切角（其行驶时必要的导流路的设
计可以参考前面所述的方法）。如图 7.34 所示，取导流路内侧的曲线 $ABB'A'$，
然后绘制相对于曲线 $ABB'A'$ 最小 50cm 左右间距的人行道路缘石的边缘线（曲
线 A_1A_1'）。设置方法有单圆和平行于导流路的三心圆两种。设置单圆时，为避免
小型车在宽的导流路上并行对行人造成影响，必须保证人行道和右转导流路之间
存在一些空间，这种方法因为比较容易在现场设置，所以采用得比较多。采用三
心圆法设置时，虽然在现场设置上比较花费人工，但是在构造上比较有利。在进
行人行道边缘线设计时，需要根据现场的情况，分别使用上述两种方法进行
判断。

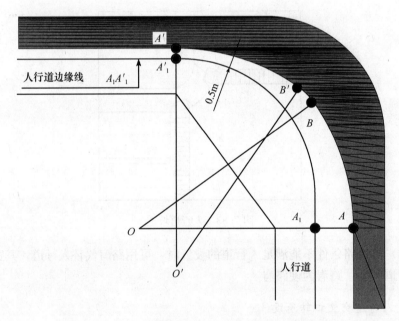

图 7.34　车辆占用宽度和人行道路缘石的边缘示意图

如图 7.35 所示，延长边缘线直线部分相交于点 O，根据人行道的宽度 W_1
和 W_2 分别作 OA_1 和 OA_1' 的平行线 $O'C$ 和 $O'C$（直线相交于 O'），连接切点 A_1
和人行道边缘线曲线段圆心 P，与 $O'C$ 相交于 C，在直线 $O'C'$ 上取 $\overline{O'C} = \overline{O'C'}$，
确定点 C'。在图 7.35 中，$\theta = \angle A_1OA_1' = \angle CO'C'$，假定 $W_1 \geqslant W_2$，人行道的路
缘石边缘半径（切角半径）为 $R(\overline{PA_1} = \overline{PA_1'} = R)$。

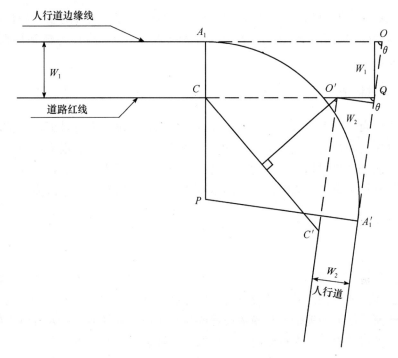

图 7.35　人行道路缘石的边缘和切角

$$\overline{OA_1} = \frac{R}{\tan\dfrac{\theta}{2}} \tag{7.4}$$

另外

$$\overline{OA_1} = \overline{O'C} + \frac{W_2}{\sin\theta} + \frac{W_1}{\tan\theta} \tag{7.5}$$

由此可得

$$\overline{O'C} = \frac{R}{\tan\dfrac{\theta}{2}} - \frac{W_1}{\tan\theta} - \frac{W_2}{\tan\theta} \tag{7.6}$$

由于 $\overline{O'C} = \overline{O'C'}$，切线长 $\overline{C'C}$ 可由式（7.7）求得

$$\overline{C'C} = 2\overline{O'C}\sin\frac{\theta}{2} = 2\sin\frac{\theta}{2}\left(\frac{R}{\tan\dfrac{\theta}{2}} - \frac{W_1}{\tan\theta} - \frac{W_2}{\sin\theta}\right) \tag{7.7}$$

　　切线和道路的交角会随着人行道等的宽度、设计车辆、通行方法发生的变化而变化。最好对每个交叉口都分析行人和非机动车的集中空间，预测道路绿化所需空间等后再做决定。设计车辆及通行方法可以使用信号控制的方法。但是，对于出口道为两车道，道路宽度狭窄的，出口道降低一个等级后研究切线长。这个

标准值是针对一般情况的标准值，那么特别是对于在左右转交通量的场合，必须考虑除雪空间的场合，道路的交角远远不是 90° 的场合，应该考虑到特别情况，做个别分析。

7.4.2 人行横道

在平面交叉口中行人交通上的重要设计要素之一就是人行横道，其设计是否优良可以左右到几何构造的整体设计，信号灯对交通运行也有很大影响，人行横道正是平面交叉口规划设计上的枢纽之一。交叉口设置人行横道，明确行人过街地点并为其提供保护，同时提示机动车避让行人，有效减少人车碰撞。

1. 基本原则

人行横道的设置要尽量减少行人的暴露时间，有效方法是减小其长度，可以通过在交叉口处将两侧缘石或者路肩向内延伸。另外人行横道要有足够的宽度，以保证行人能够最快地通过。设置应尽可能满足以下原则：必须尽可能地符合行人的自然流；尽可能地把人行横道设置成与行车道垂直的形式；人行横道尽可能地靠近交叉口的中心；人行横道设置在驾驶员容易识别的位置。

2. 人行横道设置条件

满足以下条件时，交叉口应当设置人行横道：所有信号交叉口建议设置人行横道；位于城镇、城郊，行人过街交通量较大的非信号交叉口，建议设置人行横道；交叉道路为集散功能的道路，行人过街交通量较大的非信号交叉口，建议设置人行横道；交叉口附近存在学校、工厂、居民区、集市等，行人过街交通量大并且出行时间较集中，建议设置人行横道。

3. 人行横道设计要求

1) 人行横道位置

人行横道位置应平行于路段人行道的延长线并适当后退（如图 3.36a 所示），在右转机动车容易与行人发生冲突的交叉口，后退距离宜取 3～4m（如图 3.36b 所示）。步行道的转角部分（如图 3.36e 所示），长度应不小于小车的车身长 6.0m，并应设置护栏等隔离设施。有中央分隔带的道路，人行横道应设在分隔带端部向后 1～2m 处（如图 3.36c 所示）。机动车停车线应距离人行横道退后 2m 左右（如图 3.36d 所示）。

2) 人行横道的长度

人行横道的长度最好在 15m 以下，在这个数值以上的时候，考虑在中间设

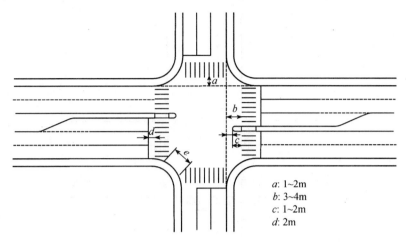

a: 1~2m
b: 3~4m
c: 1~2m
d: 2m

图 7.36　人行横道位置示意图

置安全岛，增加一次穿越的次数。进出口道机动车道达 6 条时，应在中间设置行人安全岛；新建交叉口岛宽应大于 2.0m，改建、治理交叉口应大于 1.0m。

　　3）人行横道的宽度

　　人行横道的宽度与通过人行横道过街的行人人数，分配给行人穿越的提示时间相关，应该根据该平面交叉口的实际情况设定。但是每个平面交叉口宽度随着交通量变化而变化也是不现实的，通常原则上顺延干路的人行横道宽度不宜小于 5m，顺延支路的人行横道宽度不宜小于 3m，以 1m 为单位增减，最小也不要小于 3m。

　　4）行人视距的要求

　　行人视距指行人在人行横道观察两侧的视野范围。行人视距能够确保行人在通过人行横道时看清两侧的车辆，做出及时地避让；也能使司机在进入交叉口时看清过街的行人，及时做出反应。行人视距的主要障碍有中央分隔带与侧分带的绿化植被、各种广告牌及交叉口附近违章停车等。这些造成行人视距不足的原因要禁止和避免。建议人行横道外侧 15m 范围内不得有阻碍行人视距的障碍物，特别是禁止该区域的违章停车（如图 7.37 所示）。

　　5）设置缘石延伸

　　减小人行横道长度，减少行人暴露时间（如图 7.38 所示）。该设计可以在交通量较小的支路实施，交通量较大的主路不宜实施，凸出缘石会对连续的机动车流产生不利影响。

　　6）行人过街速度

　　按行人过街速度计算行人绿灯相位，行人过街速度一般采用 1.2m/s，当行人中老人比例较大时采用 0.9m/s，残疾人采用 0.8m/s。

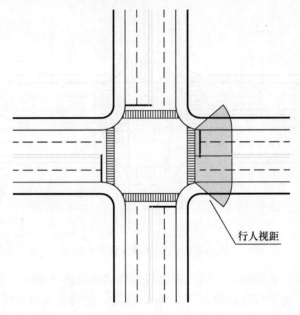

图 7.37　人行横道的行人视距

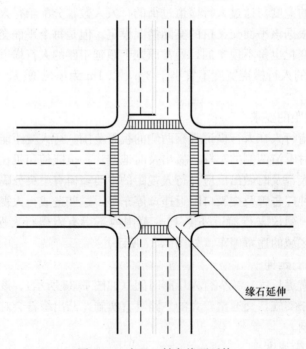

图 7.38　交叉口转角缘石延伸

7) 特殊交叉口的处理

在斜交的交叉口，为了确保排队车道长，以及受交叉口的紧凑化用地制约，行人的过街时间多少会增加一些，有时也会平行主干道。应优先考虑行人的安全，然后再考虑用地及右转排队长。如图 7.39 所示的 Y 形交叉口，有必要考虑如图 7.39（b）所示的人行横道的设置。另外，这种斜交叉口应尽量让车辆行驶轨迹与人行横道线垂直，避免错综复杂的人行横道设置。T 形交叉口通常可以考虑如图 7.40 所示的人行横道的设置，根据交通量、行人人数，可以考虑将人行横道 A 或者 B 省略掉一个。

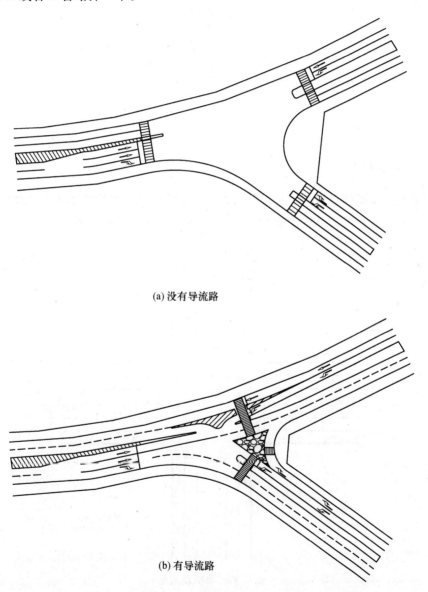

(a) 没有导流路

(b) 有导流路

图 7.39　Y 形交叉口上的人行横道（没有导流路与有导流路）

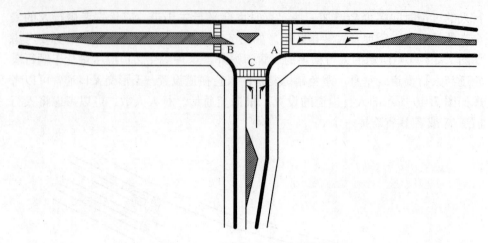

图 7.40 T 形交叉口的人行横道

7.4.3 非机动车道

非机动车道的设置与人行道类似，它限定了非机动车的活动范围，避免了机非混行，很大程度上减少了机动车-非机动车冲突（如图 7.41 所示）。

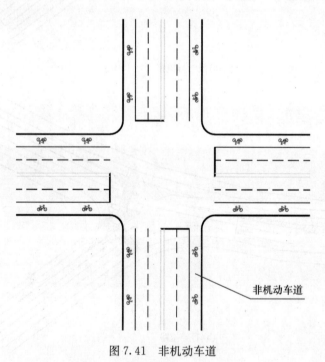

图 7.41 非机动车道

1. 非机动车道设置条件

满足以下条件时，交叉口应当设置非机动车道：交叉口位于城镇或城郊，路侧非机动车流对公路运行的影响较大；交叉道路为具集散功能的道路，路侧非机动车流对公路运行的影响较大；交叉口附近存在学校、工厂、居民区、集市等，非机动车交通量大且出行时间较集中。

2. 非机动车道设计要求

（1）建议非机动车道的最小宽度为 1.5m，不能满足要求的地点最小宽度不得小于 1.2m。

（2）非机动车道的长度一般延伸至下一个交叉口，如不能满足，则建议最小长度为交叉口功能区长度乘以安全系数 1.5。

（3）当道路条件不能够满足非机动车道的设置时，可用路肩代替非机动车道，其宽度满足非机动车道宽度，路肩为硬路肩。

3. 非机动车行横道

非机动车行横道是指根据道路标志、标线等表示用于自行穿越用的部分道路，如图 7.42 所示。在有非机动车行横道线的交叉口内，非机动车穿过马路时，

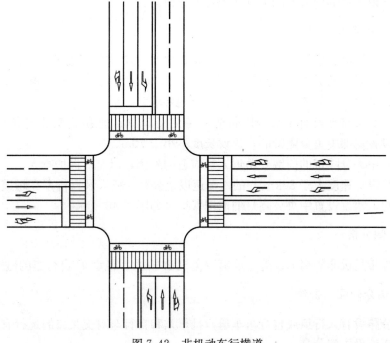

图 7.42　非机动车行横道

必须在非机动车穿越范围内穿越马路。非机动车行横道，对于非机动车交通拥有对于行人的人行横道相同的功能，设置位置也和人行横道一样，有以下基准：非机动车行横道，是非机动车通过机动车道时的截面方向，不使之不自然迂回；设置有人行横道的，设置在与人行横道平行靠近交叉口的一侧；没有设置人行横道的，根据人行横道的设置基准设定；非机动车行横道的宽度标准为1.5m；在交叉口内，明确标志非机动车的通行带，使老龄者和年幼者能够看懂；切角部尽可能设置物理分离设施，分离一般车道，必须避免非机动车卷入右转车道的事故。

7.4.4　中央分隔带

中央分隔带除了分隔对向车流，在交叉口还有保护行人过街的作用。车道较多、路幅较宽的交叉口进口道一般会设置中央分隔带。

1. 中央分隔带设置条件

（1）设有人行道或者自行车道的四车道公路，建议在交叉口功能区内设置局部中央分隔带以保护行人过街。

（2）设计速度达到80km/h的四车道公路，建议在交叉口功能区内设置局部中央分隔带以保护行人过街。

（3）大于等于六车道的公路，无论有无人行道或者自行车道，建议在交叉口功能区内设置局部中央分隔带以保护行人过街。

2. 设计要求

（1）为了能够容纳行人和自行车，建议中央分隔带的宽度不小于2.4m，在道路条件受限的情况下，最小宽度不得小于1.8m，已有的中央分隔带宽度不足时，在交叉口开口处进行加宽处理使其达到要求。

（2）交叉口已设有中央分隔带的，在交叉口70m范围内禁止有任何开口，交叉口设置局部中央分隔带的，建议长度不小于70m。

（3）中央分隔带的前端要贴近人行横道的外侧，以有效保护行人。

（4）设计速度大于80km/h的六车道以上公路，行人及自行车穿越道路存在较大风险，建议设置中央分隔带的前端保护（如图7.43所示）。

7.4.5　侧分带

侧分带是机非隔离的设施，能够避免机动车-人、机动车-自行车的碰撞。

1. 侧分带设置条件

当公路设有人行道或自行车车道，且行人和自行车对交叉口的运行有较大干扰时，建议设置侧分带。

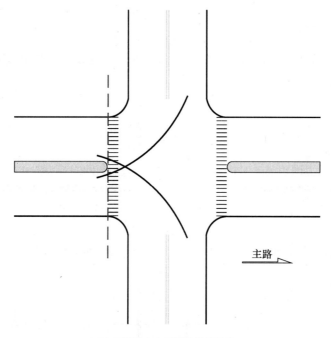

(a) 未设置中央分隔带前端保护

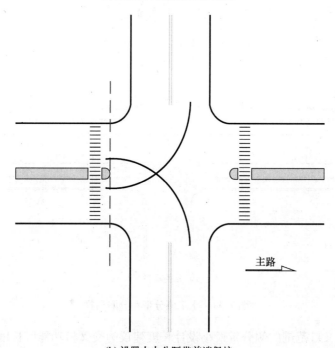

(b) 设置中央分隔带前端保护

图 7.43　中央分隔带的前端保护

2. 侧分带设计要求

（1）设计车速大、等级高的公路建议设置土工侧分带，设计车速小、等级低的公路可设置分隔栅栏（如图 7.44 所示）。

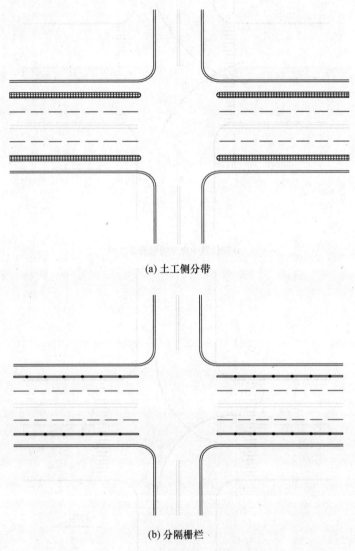

(a) 土工侧分带

(b) 分隔栅栏

图 7.44　土工侧分带和分隔栅栏

（2）交叉口范围的侧分带最小设计长度建议为交叉口功能区长度乘以安全系数 1.5。

（3）侧分带虽然能够减少机动车-人、机动车-自行车的碰撞，但是也增加了与车辆撞击的可能性。例如，停车线附近的右转驶出车辆在右转时容易与侧分带端部碰撞，左转驶入车辆在左转时也容易与侧分带端部碰撞（如图 7.45 所示）。碰撞的原因是侧分带端部过于靠近交叉口停车线，为避免类似碰撞的发生，建议交叉口侧分带的设置，从进口道停车线处远离交叉口后退两个车身，约 14m（如图 7.46 所示）。

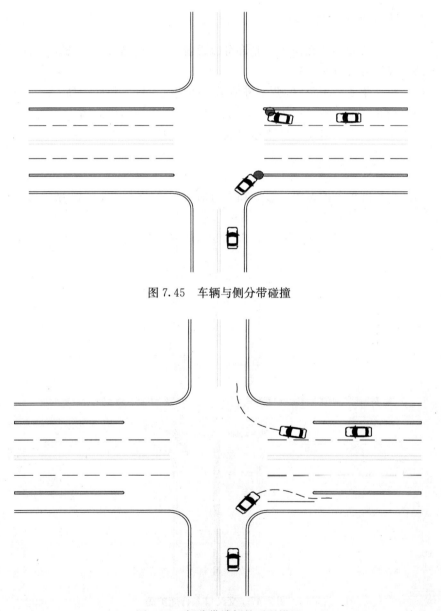

图 7.45　车辆与侧分带碰撞

图 7.46　侧分带端部的后退设置

7.4.6　人行庇护岛

人行庇护岛一般设置于大面积交叉口或形状不规则交叉口，在这些交叉口人行横道过长或者过于倾斜，导致行人不能轻易通过，因此在交叉口内部设置若干人行保护岛，行人过街时可以得到有效保护。

1. 人行庇护岛设置条件

（1）四车道公路若几何条件允许可以设置人行庇护岛，六车道或六车道以上的公路建议设置人行庇护岛。

（2）相交角度小于70°的两个进口道之间建议设置人行庇护岛。

（3）交叉口附近有开口允许行人过街，四车道公路可以考虑设置人行庇护岛，六车道或六车道以上的公路建议设置人行庇护岛。

2. 人行庇护岛设计要求

（1）人行庇护岛的设置一般会和人行横道相连接（如图7.47所示）。

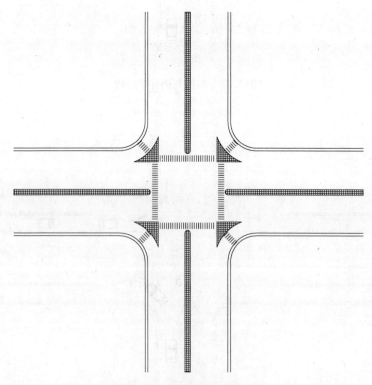

图 7.47　交叉口人行庇护岛

（2）四车道以上的交叉口，若功能区内的进口道上存在开口且有行人穿越，建议设置进口道内的人行庇护岛。设计最小长度 4m，最小宽度 1.5m，最小面积 6m²。但当进口道速度超过 60km/h 时，设置人行庇护岛需谨慎，必要时可增设警告标志或者设置成标线式庇护岛（如图 7.48 所示）。

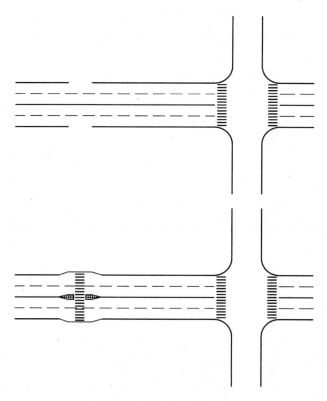

图 7.48　进口道内人行庇护岛

7.4.7　平面交叉口弱势群体保护设计建议

公路平面交叉口按照其所处区域的土地利用状况和自身尺寸大小，大致归纳为四类，分别设计弱势群体保护措施。

（1）位于乡村的四车道以下相交的平面交叉口。该类交叉口面积小，行人和非机动车交通量小，机动车与非机动车冲突少。建议设置人行横道，同时设置硬路肩供行人和非机动车行驶。

（2）位于乡村的四车道及以上相交的平面交叉口。该类交叉口面积大，行人和非机动车交通量小，机动车与非机动车冲突少。建议设置人行横道，设置硬路肩供行人和非机动车行驶，另外建议设置中央分隔带，中央分隔带采取前端保护。

（3）位于郊区的四车道以下相交的平面交叉口。该类交叉口面积小，行人和非机动车交通量大，机动车与非机动车冲突多。建议设置行人和非机动车的过街横道，设置侧分带，设置行人和非机动车共用的非机动车道。

(4) 位于郊区的四车道及以上相交的平面交叉口。该类交叉口面积大，行人和非机动车交通量大，机动车与非机动车冲突多。建议设置行人和非机动车的过街横道，设置侧分带和中央分隔带，设置行人道和非机动车道，设置渠化的庇护岛，并且庇护岛与人行横道相连接，中央分隔带采取前端保护。

7.5　实例分析

山西省省道 340 汾阳—柳林段地处山西省吕梁市境内，沿线经过汾阳市、孝义市、中阳县、离石区和柳林县，路线全长 111.44km，为吕梁市境内东西交通的主动脉，同时也是山西省西部出省的主要通道。该路自通车以来，对沿线地区的社会经济发展发挥了巨大的作用。但随着经济的发展，交通运输量急剧增加，交通安全形势十分险峻。应用本章的有关设计方法，对该公路路段的交叉口进行了改善设计，取得了理想的设计效果。下面以两个典型交叉口的改善设计为例进行说明。

7.5.1　K0+000 交叉口

1. 现状特征

该平面交叉口为省道 340 与国道 307 及汾军高速出口匝道的交汇点，省道 340 为东西走向的直线，汾军高速的出口匝道由东北方向接入，匝道为一长下坡，出匝道的车辆速度较快；国道 307 由西北方向接入。该交叉口面积巨大，其物理区东西向净距 120m，南北向净距 60m。省道 340 在此处的路幅设计宽度为 24.5m，汾军高速的出口匝道宽度为 8m，国道 307 路幅宽度为 15m。交叉口没有设置标志标线，无导流设施，交通流量大，机动车与非机动车及行人交通混行严重。交叉口范围内的道路两侧建筑物众多，建筑物的开口随意，西北侧大唐物流的正门正对交叉口，东北侧木材厂的出口开在汾军高速的出口匝道终点处，两处开口均紧邻路基，无安全距离。南侧有加油站一座，物流公司的营业楼两处，这些建筑物的广场与道路无隔离设施，车辆随意进出。

2. 设计原则

(1) 根据主线省道 340 和相交公路的功能、等级及交通量等确定交叉口按无信号控制和有信号控制分别设计。

(2) 保证交叉口各向道路的畅通。

（3）保持省道 340 进出交叉口直行车道数的平衡。

（4）该平面交叉口的主线设计速度（60km/h）采用路段设计速度（80km/h）的 75％，平面交叉口右转弯车道的设计速度采用 30km/h，左转弯车道的设计速度采用 15km/h。

（5）保护弱势群体。

（6）合理设置标志、标线。

3. 设计方法

（1）在交叉口范围内设置三角形安全岛，分割交叉口，解决交叉口面积太大的问题，缩小车辆在交叉口的通行距离，同时也强化了对行人和非机动车的保护。

（2）对沿线的厂区、物流和加油站等设施采用接入管理，封闭紧邻道路的建筑物（如大唐物流、木材厂等单位）正对交叉口的开口，消除其出入交通对交叉口交通流的干扰。

（3）增设人行横道。

4. 设计方案

1）方案一

设计方案采用了信号控制，设计方案的详细情况如图 7.49 所示，设计要点包括如下七个方面：

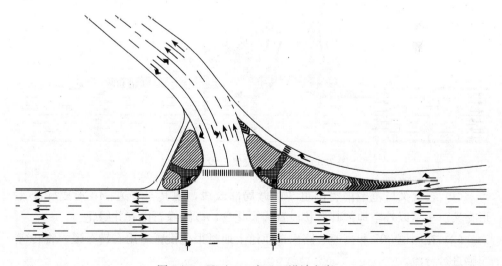

图 7.49　K0+000 交叉口设计方案一

（1）在交叉口范围内将国道 307 做局部改线，与省道 340 形成 T 字交叉，将车道外多余空地设计为渠化岛，以路缘石围起并绿化。

（2）利用省道 340 原有硬路肩将交叉口范围内拓宽为双向六车道。

（3）设置定向转弯车道，将高速出口匝道的交通流在进入交叉口前分流，其中通往国道 307 的车流直接右转，其他方向车流直行至交叉口，与国道 307、省道 340 的交通流统一接受信号控制。

（4）在省道 340 上设置专用左转车道及右转车道，分离转弯车流，并将右转车流汇入点后移，提高了省道 340 主线的运行效率。

（5）设置人行横道，穿越渠化岛部分铺设彩色地砖。

（6）分别设置机动车信号灯、行人信号灯，并设置指路标志、行人过街标志、双向通行标志等。

（7）初步设计为三相位信号控制，即各个进口的车流在一个相位内进行直行转弯等交通运行。

　　2）方案二

设计方案采用了次路停车让行控制，设计方案的详细情况如图 7.50 所示，设计要点包括如下七个方面：

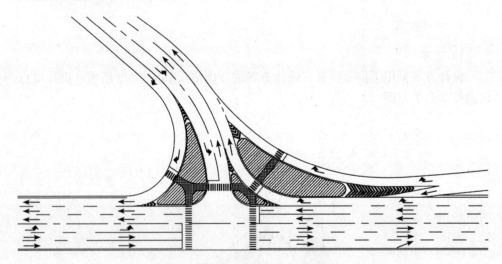

图 7.50　K0＋000 交叉口设计方案二

（1）在交叉口范围内将国道 307 做局部改线，使其与省道 340 形成标准 T 形交叉。车道以外空地依其形状设置为渠化岛，以路缘石围起并绿化。

（2）在国道 307 和高速公路出口匝道上通过渠化设置专用右转车道，将转弯车辆进行分流。

（3）利用省道 340 原有硬路肩将交叉口范围内拓宽为双向六车道。

（4）在主线上设置转弯专用车道，以供主线左转车流减速、停车待转和支线右转车流加速使用，保证主线直行交通的畅通性和进出支线交通的安全性。

（5）对支线交通设置"停"标志，使其先停后通过，提高主线的运行效率。

（6）设置人行横道，穿越渠化岛部分铺设彩色地砖。

（7）设置指路标志、行人过街标志、双向通行标志等。

3）方案三

该方案与方案二的控制方式和渠化设计相同，不同点在于本方案未对渠化岛进行绿化，而是以非物理隔离，即标线形式体现，如图 7.51 所示。由于交叉口内没有可以为行人提供庇护的绿化岛，因此将人行横道设置在国道 307 和省道 340 西的路段上。

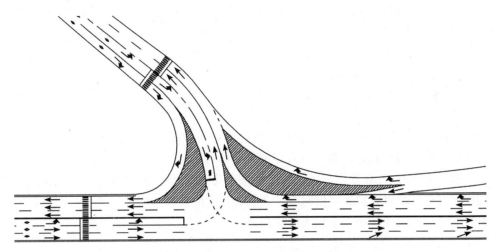

图 7.51　K0＋000 交叉口设计方案三

5. 方案评价

1）方案一

在交叉口范围内将国道 307 做局部改线，形成了 T 字交叉口，规范了各相交道路交通流的行驶轨迹。将国道 307 与出口匝道直行、右转车道之间的大片空地设置为绿化岛，减小交叉口面积，正确引导车流行驶轨迹。出口匝道交通流在进入交叉口前分流，通往国道 307 的车流直接右转，其他车辆直行至交叉口，与国道 307、省道 340 统一信号控制。加设的人行横道给予行人在交叉口的通行权，提高了行人穿越交叉口的安全性。在省道 340 上设置专用左转车道及右转加速车道，分流了左转车流，并将右转车流汇入点后移，提高了省道 340 上的运行效率。

表 7.27 中的计算数据显示，通过一系列几何设计改善及信号控制方式的采用，使得交叉口冲突点数量显著减少，交叉口的安全性得到了较大的提高。

表 7.27　K0＋000 交叉口设计方案一改善效果分析

冲突点种类	冲突点数量			
	改善前	改善后		
		相位 1	相位 2	相位 3
交叉冲突	11	0	0	0
合流冲突	6	0	0	0
分流冲突	5	0	0	0

2) 方案二

在交叉口范围内将国道 307 做局部改线,使其与省道 340 形成标准 T 形相交,避免了大角度冲突点,同时迫使国道 307 车流在进入交叉口范围时降低速度,提高了交叉口的安全性。将国道 307 与出口匝道直行、右转车道之间的大片空地设置为绿化岛,减小交叉口面积,正确引导车流行驶轨迹。通过将出口匝道交通的分流,使其驶往省道 340 的车流直接与省道 340 上东到西方向的车流合流。在省道 340 上拓宽车道,设置专用左转车道和加速车道,且对支线交通设置"停"标志,使其先停后通过,提高了主线的运行效率。加设的人行横道给予行人在交叉口的通行权,提高了行人穿越交叉口的安全性。

表 7.28 中的计算数据显示,通过一系列几何设计改善及管理控制方式改善,使得交叉口冲突点数量大幅度减少,尤其使危险度较高的交叉冲突点减少一半以上,交叉口的安全性得到了较大的提高。

表 7.28　K0＋000 交叉口设计方案二改善效果分析

冲突点种类	冲突点数量	
	改善前	改善后
交叉冲突	11	5
合流冲突	6	1
分流冲突	5	1

3) 方案三

与方案二形式相似,但非物理隔离的渠化岛对车流及行人的制约效果较绿化岛差,因此安全性不及方案二,但方案实施比较经济。

7.5.2　K10＋000 交叉口

1. 现状特征

此处支线与主线 T 形交叉,支线由正南方向交与主线,为工业园的园区道路,省道 340 在此处为东西走向的直线,路幅设计宽度为 24.5m,支线路幅宽度为 12m。支线在交叉口处设三角形导流岛一座,设南北两条双向转弯车道与主线相连，两条转弯车道在主线的开口之间距离约为75m，转弯车道长度分别为40m和55m。该交叉口无标志、标线，无交通安全设施。

2. 设计原则

（1）根据主线和支线的相交公路的功能、等级及交通量等确定该交叉口采用无信号控制。

（2）优先保证主线畅通，支线交通在交叉口前"停"，让主线交通先行。

（3）保持省道340主线在交叉口处直行车道数的平衡。

（4）该平面交叉口的主线设计速度（60km/h）采用路段设计速度（80km/h）的75%，平面交叉口右转弯车道的设计速度采用30km/h，左转弯车道的设计速度采用15km/h。

（5）合理的设置标志、标线。

3. 设计方案

1）方案一

设计方案的详细情况如图7.52所示，设计要点包括如下五个方面：

（1）保留现有的三角导流岛。

（2）在省道340上设置鱼肚皮式左转车道，分离转弯车流，保障主线车流的畅通。

（3）在通过两个路口之间的主线设中央隔离带，与鱼肚皮形成定向开口，明确了主线及支线左转车流行驶轨迹，避免了车辆随意左转。

（4）在支路进口道设置"停"标志，保障主线的优先通行权。

（5）在支路分岔处至与省道340衔接处路侧有落差部分路段的外侧设置护栏。

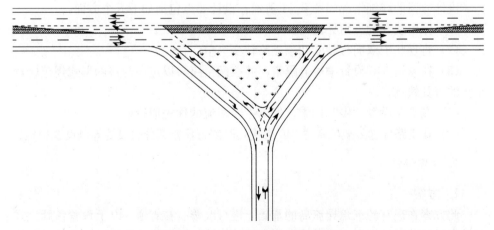

图 7.52　K10+000 交叉口设计方案一

2) 方案二

设计方案的详细情况如图 7.53 所示，设计要点包括如下五个方面：

(1) 将交叉口设计为标准的 T 型交叉口。

(2) 设置两个三角导流岛分离右转车流，并绿化。

(3) 在省道 340 主线上设置鱼肚皮式左转车道与加速车道，保障主线车流的畅通性。

(4) 在主线南侧设置加减速车道，减小低速车流汇入对主线车流的影响。

(5) 在支路设置"停"标志，保障主线车流的优先通行权。

(6) 在支路分岔处至与省道 340 衔接处路侧有落差部分路段的外侧设置护栏。

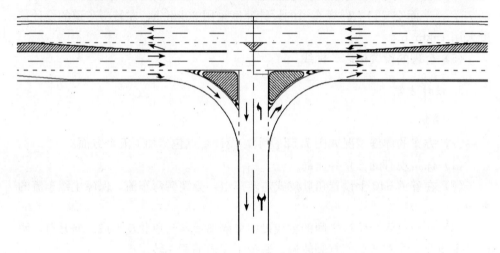

图 7.53　K10+000 交叉口设计方案二

3) 方案三

设计方案的详细情况如图 7.54 所示，设计要点包括如下五个方面：

(1) 保留现有的三角导流岛。

(2) 将现状中双向行驶的两条支路转变为单向行驶。

(3) 在省道 340 设置中央分隔带，并在两个路口以定向开口的形式规范转弯车流的行驶轨迹。

(4) 在支路设置"停"标志，保障主线车流的优先通行权。

(5) 在支路分岔处至与省道 340 衔接处路侧有落差部分路段的外侧设置护栏。

4. 方案评价

1) 方案一

此方案在现有的三角导流岛的基础上进行改善。在省道 340 上设置鱼肚皮式左转车道，分离转弯车流，保障主线车流的畅通；设置加速车道，减小低速车流

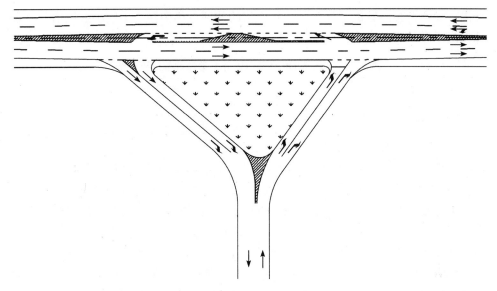

图 7.54　K10+000 交叉口设计方案三

汇入对主线车流的影响。同时，通过两个路口之间中央隔离带的设置，与鱼肚皮形成定向开口，明确了主线及支线左转车流行驶轨迹，避免了现状中两个路口均不限左转所造成的大量交叉冲突。对支路左转车流进行停控制，保证主线车流的安全畅通。在支路进口道设置"停"标志，保障主线的优先通行权。

　　表 7.29 中计算数据显示，经安全改善设计后，交叉口冲突点数量明显减少，尤其是较严重的交叉冲突点减少一半以上；且冲突区域较现状分散，交叉口安全性得到较大提高。

表 7.29　K10+000 交叉口设计方案一改善效果分析

冲突点种类	冲突点数量	
	改善前	改善后
交叉冲突	11	5
合流冲突	7	3
分流冲突	7	2

　　2) 方案二

　　本方案通过拆除大型三角岛将交叉口设计为标准的 T 形交叉口，车流行驶较为规范。通过设置两个三角导流岛分离了右转车流，鱼肚皮式左转车道与加速车道的设置保障了主线车流的畅通性。在支路设置"停"标志，保障主线车流的优先通行权。

　　表 7.30 中计算数据显示，经本方案的安全改善设计后，转弯车流得到充分

分离，导致冲突点数的明显减少，且少量的冲突点集中在一个较小区域内，显著地提高了交叉口的安全性。

表 7.30　K10＋000 交叉口设计方案二改善效果分析

冲突点种类	冲突点数量	
	改善前	改善后
交叉冲突	11	5
合流冲突	7	1
分流冲突	7	1

3）方案三

本方案同样在原有的大型三角导流岛的基础上进行安全改善。但是由于本方案将现状中双向行驶的两条支路转变为单向行驶，即一个作为出口，一个作为进口，使得主线与支路上交通的交换变得十分有序，并且极大地简化了该交叉口的交通组织。而且通过在省道 340 设置中央分隔带，并在两个路口以定向开口的形式进一步规范了转弯车流的行驶轨迹。在支路设置"停"标志，保障主线车流的优先通行权。

表 7.31 中计算数据显示，通过本方案的安全改善设计，交叉口各种类型的冲突点都显著减少，本方案相对于现状的安全性得到了大幅度提高。

表 7.31　K10＋000 交叉口设计方案三改善效果分析

冲突点种类	冲突点数量	
	改善前	改善后
交叉冲突	11	4
合流冲突	7	3
分流冲突	7	3

7.5.3　K65＋320 交叉口

1. 现状特征

此处支线与主线 Y 形交叉，省道 340 主线在此处为一平曲线，圆曲线的半径为 204.55m，设计宽度为 23m，支线连接中阳县城，路幅宽度为 8.5m，与主线连接的支线末端为约 6％的上坡，支线方向近似与曲线的小桩号方向相切。该交叉口无标志、标线，无交通安全设施。北侧有加油站一座，因为在主线的路基范围内，需拆迁。

2. 设计原则

（1）根据主线和支线的相交公路的功能、等级及交通量等确定交叉口采用无信号控制。

（2）优先保证主线畅通，支线交通在交叉口前"停"，让主线交通先行。

（3）保持省道 340 主线在交叉口直行车道数的平衡。

（4）该平面交叉口的主线设计速度（45km/h）采用路段设计速度（60km/h）的 75%，平面交叉口右转弯车道的设计速度采用 30km/h，左转弯车道的设计速度采用 15km/h。

（5）合理地设置标志、标线。

3. 设计方案

1）方案一

设计方案的详细情况如图 7.55 所示，设计要点包括如下三个方面：

（1）将交叉口改建成标准的 Y 形，在主线与交叉口连接处设导流岛一座。

（2）交叉口两侧的主线中央隔离带设成鱼肚皮形式，并加大两侧鱼肚皮之间的距离，以方便主线和支线左转车流转向。

（3）支线末端设与交通岛连接的中央隔离带，隔离逆向车流并防止支线左转车辆逆行上主线。

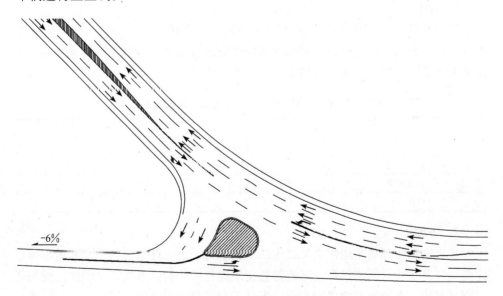

图 7.55　K65+320 交叉口设计方案一

2）方案二

将交叉口改建成环形交叉口，在主线设环岛一座，并在支线开口处设三角形导流岛一座，如图 7.56 所示。

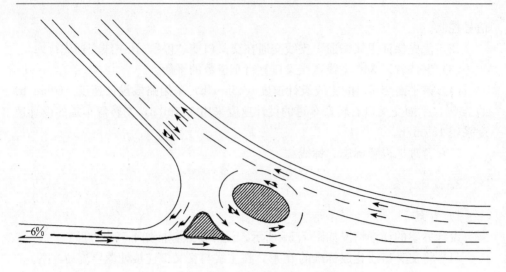

图 7.56　K65＋320 交叉口设计方案二

4. 方案评价

1) 方案一

该交叉口为 Y 形交叉口，经过中央隔离带、右转车道及鱼肚皮式的左转车道的设置，分离了转弯车辆。使得交叉口内交通流组织较为有序。并且减少了分流冲突点数量，提高了交叉口的安全性，见表 7.32。

表 7.32　K65＋320 交叉口设计方案一改善效果分析

冲突点种类	冲突点数量	
	改善前	改善后
交叉冲突	5	5
合流冲突	3	3
分流冲突	3	2

2) 方案二

该方案利用环岛来组织交叉口内的车辆运行，进入环道的各向交通量都可以定向绕环岛行驶，所有横穿交通流都被交织运行所代替，形成一个单向行驶的环行交通系统，有效地消除了冲突点，提高了交叉口的安全性。

7.5.4　K67＋700 交叉口

1. 现状特征

该平面交叉口现状为一环形交叉，省道 340 在此处为东西走向的直线，路幅设计宽度为 23m，相交道路为通往中阳县城的 G209，西方向道路与主线交角约为 30°，路幅宽度 11.7m，东南方向为中阳大桥，桥长 100m，桥宽为 9m＋2×1.5m，桥头引道不足 10m。该交叉口面积巨大，其物理区东西向净距约 130m，南北向净距约 50m，中心环岛直径 23m，环道宽度约 13m，交通流量较大，机动车与非机动车及行人交通混行严重。交叉口缺少设置标志、标线和交通安全设施。交叉口范围内的道路两侧建筑物众多，主要有宾馆、住宅楼、加油站，距路边缘距离为 4～20m 不等，建筑物的开口随意，与道路无隔离设施。南侧与桥之间建有中阳汽车站，因为在主线的路基范围内，需拆迁。

2. 设计原则

（1）根据主线和支线的相交公路的功能、等级及交通量等确定交叉口可采用无信号控制和信号控制分别设计方案。

（2）优先保证主线畅通。

（3）保持主线在交叉口进出直行车道数的平衡。

（4）该平面交叉口的主线设计速度（45km/h）采用路段设计速度（60km/h）的 75％，平面交叉口右转弯车道的设计速度采用 30km/h，左转弯车道的设计速度采用 15km/h。

（5）增设人行横道和非机动车道等弱势群体保护设施。

（6）合理地设置标志、标线。

3. 设计方案

1）方案一

设计方案的详细情况如图 7.57 所示，设计要点包括如下八个方面：

（1）将 G209 北方向延伸，与省道 340 及南侧桥梁形成 X 形交叉。

（2）在转弯角度较小的北进口及南进口设置右转车道，并将北方向支路与右转车道之间的大面积空地设置为绿化岛，减小交叉口面积，正确引导交通流运行，同时也强化了对行人和非机动车的保护。

（3）在主线上设置左转专用车道，以供主线左转车流减速、停车待转使用，保证主线直行交通的畅通性和安全性。

（4）对紧邻道路的建筑物（如金鼎宾馆、加油站等单位）采用接入管理，消除其出入交通对交叉口交通流的干扰。

（5）设置人行横道，人行横道穿越渠化岛部分铺设彩色地砖。

（6）设置非机动车道，并与机动车道以护栏形式隔离。

（7）分别设置机动车信号灯、非机动车及行人信号灯，并设置指路标志、行人过街标志、双向通行标志等。

（8）初步设计为三相位信号控制。

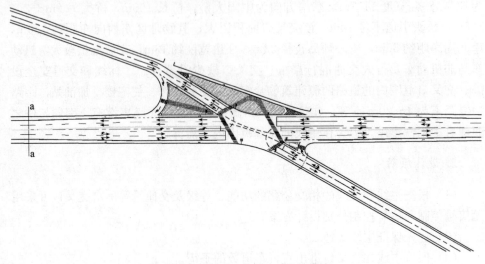

图 7.57 K67＋700 交叉口设计方案一

2）方案二

该方案与方案一渠化方法大体相同，由于采用无信号控制，设计方法有所改变。设计方案的详细情况如图 7.58 所示，设计要点包括如下两个方面：

（1）除在转弯角度较小的南、北进口设置右转专用车道外，在省道 340 东方向增设右转专用车道。

（2）将人行横道设置在各进口路段上，减少交叉口处交通复杂程度。

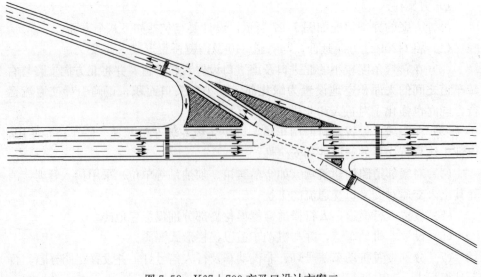

图 7.58 K67＋700 交叉口设计方案二

4. 方案评价

1) 方案一

将北方向支路直线延伸，与南方向桥梁、省道 340 形成 X 形交叉。在较为宽阔的北进口及东进口设置右转车道，并将北方向支路与两右转车道之间的大面积空地设置为绿化岛，减小交叉口面积，并正确引导交通流运行。在省道 340 上拓宽专用左转车道，分离转弯车辆。在交叉口范围内设置人行横道和隔离的非机动车道，保护弱势群体安全通过交叉口。采用信号控制方式，在时间上分离各种道路使用者及不同流向的车流，使交叉口内交通组织规范有序。

由表 7.33 中数据可知，经该方案的安全改善设计后，交叉口冲突点数量显著减少并充分分离，交叉口的安全性大幅度提高。

表 7.33　K67＋700 交叉口设计方案一改善效果分析

冲突点种类	冲突点数量			
	改善前	改善后		
		相位 1	相位 2	相位 3
交叉冲突	24	0	0	2
合流冲突	8	0	0	0
分流冲突	8	2	0	2

2) 方案二

将北方向支路直线延伸，与南方向桥梁、省道 340 形成 X 形交叉。在较为宽阔的北进口及东进口设置右转车道，并将北方向支路与两右转车道之间的大面积空地设置为绿化岛，减小交叉口面积，并正确引导交通流运行。在省道 340 上拓宽专用左转车道，分离转弯车辆。在交叉口范围内设置人行横道，保护弱势群体安全通过交叉口。在支路设置"停"标志，保障主线车流的优先通行权。

经该方案的设计后，冲突点数量有所减少，同时冲突区域较为分散，因此交叉口的安全也得到了改善，见表 7.34。

表 7.34　K67＋700 交叉口设计方案二改善效果分析

冲突点种类	冲突点数量	
	改善前	改善后
交叉冲突	24	22
合流冲突	8	8
分流冲突	8	4

7.5.5　K86+260 交叉口

1. 现状特征

该平面交叉口现状为 T 形交叉，省道 340 在此处为东西走向的直线，路幅设计宽度为 23m，支线为离石区的市政道路龙凤大街，与主线交角约为 70°，路幅宽度 23.5m，没有设置非机动车道和人行道，无绿化带。该交叉口无标志、标线，无交通安全设施。

2. 设计原则

(1) 根据主线和支线的相交公路的功能、等级及交通量等确定交叉口采用无信号控制。

(2) 优先保证主线畅通，支线交通在交叉口前"停"，让主线交通先行。

(3) 保持交叉口进出直行车道数的平衡。

(4) 该平面交叉口的主线设计速度（45km/h）采用路段设计速度（60km/h）的 75%，平面交叉右转弯车道的设计速度采用 30km/h，左转弯车道的设计速度采用 15km/h。

(5) 体现对弱势群体的保护。

(6) 合理地设置标志、标线。

3. 设计方案

设计方案的详细情况如图 7.59 所示，设计要点包括如下六个方面：

(1) 拓宽交叉口功能区的主线右侧路基，增加支线左转加速车道和主线右转减速车道，分别供支线左转和主线右转车流使用。

(2) 在主线上设置进出主线的鱼肚皮转向专用车道，以供主线左转车流减速、停车待转和支线右转车流加速使用，保证主线直行交通的畅通性和进出支线交通的安全性。

(3) 支线的左右转弯车道与直行车道左右分别建立 2 个弧形角的三角形导流岛来缩短交叉口的通过距离和分隔右转车流，缩短通过交叉口的直行距离和行人通过距离。

(4) 保证交叉口各向通视三角区内的停车视距，以便驾驶者能及时预知或避免潜在的冲突。

(5) 增设支路中央分隔带，分隔不同方向的交通流，以保证安全。

(6) 增设人行横道和非机动车过街横道等对弱势群体的保护设施。

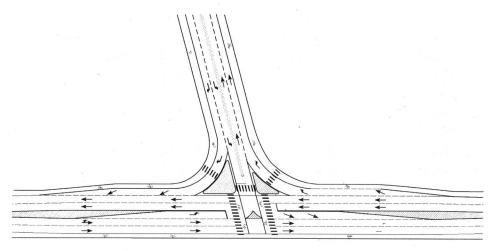

图 7.59　K86+260 交叉口设计方案

4. 方案评价

该交叉口为 T 形交叉口，经过中央隔离带、右转车道及鱼肚皮式的左转车道的设置，分离了转弯车辆。使得交叉口内交通流组织较为有序。并且减少了合流、分流冲突点数量，提高了交叉口的安全性，见表 7.35。

表 7.35　K86+260 交叉口设计方案改善效果分析

冲突点种类	冲突点数量	
	改善前	改善后
交叉冲突	5	5
合流冲突	3	0
分流冲突	3	0

参 考 文 献

[1] 陆键，张国强，项乔君等. 公路平面交叉口交通安全设计理论与方法. 北京：科学出版社，2008.

[2] 陆键，张国强，项乔君等. 公路平面交叉口交通安全设计指南. 北京：科学出版社，2008.

[3] Committee on Access Management. Access management manual. Transportation Research Board，Washington D C，2003.

[4] Florida Access Management Manual. Florida Department of Transportation，2004.

[5] 中华人民共和国交通部. JTG D20—2006　公路路线设计规范. 北京：人民交通出版社，

2006.

[6] American Ass of State Highway and Transportation Officials. A policy on geometric design of highways and streets. Transportation Research Board，Washington D C，2003.

[7] 中华人民共和国交通部. JTG B01—2003 公路工程技术标准. 北京：人民交通出版社，2004.

[8] 中华人民共和国交通部. JTG/TB05—2004 公路项目安全性评价指南. 北京：人民交通出版社，2004.

[9] 张殿业. 道路交通安全管理评价体系. 北京：人民交通出版社，2005.

[10] 日本道路协会. 道路构造令. 东京：日本道路协会，2004.

第 8 章　交通安全评价

8.1　概　　述

交通安全评价就是要系统地考察影响交通安全的各种因素，评价交通安全状况，诊断所存在的各种交通安全问题，为交通安全改善对策的制定提供技术支持。公路交通安全评价是对影响公路交通状况的有关人、车、路及环境在内的各种交通要素作系统综合的全面评价，是对公路交通事故数据开展全面系统的分析，是对公路各种交通冲突的分布规律和分布特征的全面研究，是对公路的各种交通管理控制设施、安全保障设施、照明设施及路面和路肩等与交通安全有重要联系的关键设施的全面评估。由此得到的分析结果可用于全面系统地指导公路系统的规划与设计、公路系统的交通管理与控制、公路交通安全改善措施的制定与实施及与交通安全有直接联系的相关设施的养护与维修，具有重要的工程应用价值。

目前，国内外对交通安全已经有较多认识和研究，存在各种各样的评价公路交通安全的方法和理论，其中具有代表性的有交通事故评价方法和交通冲突评价方法。交通事故评价方法是评价交通设施最常采用的方法，其中包括事故数、事故率、事故严重度等评价模型。可用它来评价公路设施的安全性能，即以事故及事故率为评价指标，用数理统计方法建立起公路设施的各种事故模型。交通冲突评价方法是一种间接的评价技术，它利用交通冲突所具备的大样本、短周期、小区域、高信度的统计学优势，通过定量测量相当于准事故的严重冲突来代替传统的事故统计方法，实现对交通安全的快速评价。

当能够获得长期、足够而可靠的交通事故数据，且在较长时期内交叉口的基本状况没有较大改变时，以事故统计为基础的直接评价法有较明显的优点。原因是交通事故为显性因素，以事故统计为基础的安全评价指标直观，具有较强的说服力。但是，在实际运作时很不方便。因为以事故统计为基础的安全评价指标需要较长时间（至少 $2\sim3a$）的交通事故记录，且还存在事故稀缺性的问题。如果样本值达不到一定要求时，评价的可靠性较差。更为重要的是交通事故统计在很多国家和地区是不完善的，即交通事故资料存在错误，或者未立案事故大量存在，造成了事故的落漏。这样即使得到了事故统计资料，也很难保证数据的精确和可靠。另外，经过几年的交通事故统计周期后，即使得到了精确可靠的事故统计数据，但是这时的道路交通基本状况往往已发生了变化，如果再用过去的交通事故数据评价现在的安全状况或者预测未来将会发生的交通事故显然是不合理的。所以，运用基于事故统计的方法来评价交通安全存在一些明显的缺陷。

由于不再依赖于交通事故数据的获取，基于交通冲突技术的间接评价方法与基于事故统计的直接评价方法相比具有明显的优点。然而，交通冲突评价方法也存在一些缺陷。这集中表现在冲突观测方法和数据精度上。目前冲突观测方法有人工观测和录像观测两种。人工观测需确定观测人数、各观测员的位置、各观测员的观测对象。人工观测要求观测人员具有较高的素质，且由于观测员的主观性很大，因而存在观测结果精度差、数据不可靠及费力等缺点。录像观测好于人工观测法，其最大的优点是观测精度高、观测方便，而且可以多次重复放映，仔细观测，具有较好的重现性等。但是在录像时需要找到能够把整个研究范围内的交通情况包含在内的录像制高点进行录制。如果找不到这样的制高点，就需要在多个地点同时录制交通状况。在后期的数据处理时，录像观测法也需要耗费大量的人力和时间。最后，交通冲突评价方法只能分析和研究一个十分有限的空间内的交通安全状况（如平面交叉口的交通安全），难以在更大的范围内开展应用。

与发达国家相比，我国目前尚没有建立一套完善的交通事故记录体系，使得交通事故的评价方法难以在我国公路交通安全的评价中得到广泛的应用。而交通冲突评价方法在具体的工程应用中需要采集大量的交通冲突数据，要耗费大量的人力和物力，只能对一些交通安全问题十分突出的地点开展分析和研究，难以大量地推广应用。而且这些传统的评价方法只能对通车运行的设施开展评价，无法分析规划中的道路交通设施。在我国，如何结合国情建立起新型实用的公路交通安全评价方法，对公路交通安全的状况做出客观、准确、快速的评价，将具有重要的实际意义。

笔者在理论研究和工程实践的基础上提出了安全服务水平评价方法和安全诊断与改善方法等一批新技术，进一步丰富和发展了公路交通安全评价的理论与方法。与传统的评价方法相比，这些新型的评价方法可以对规划、在建、新建和具有各种路龄的公路设施快速准确地开展交通安全评价，在应用中不需要采集大量的数据，人力和物力的耗费少，具有广泛的工程应用价值。

8.2　交通事故评价方法

交通事故是交通运行出现问题的最明显结果和表现形式，是交通不安全的直观体现，基于事故的安全评价方法是最直接、最根本的评价方法，以交通事故历史数据作为评价方法的基础具有其优越性，本节在介绍事故定义及其分类的基础上，重点从微观层面阐述基于事故的公路路段和交叉口的交通安全评价方法。

8.2.1　交通事故的定义

根据《中华人民共和国道路交通安全法》中规定，我国对交通事故的定义为：交通事故是指车辆在道路上因过错或者意外造成的人身伤亡或者财产损失的事件。从以上定义中可以看出，交通事故构成需要具备六要素。

1. 车辆

交通事故各方当事人中，必须至少有一方使用车辆。车辆是造成交通事故的重要条件，如果造成损害的各方当事人中任何一方都未驾驶车辆，如行人与行人相撞就不能叫做交通事故。这里所说的车辆是指《中华人民共和国道路交通安全法》规定的机动车和非机动车。

2. 在道路上

道路是构成交通和交通事故的空间条件，没有道路就谈不上交通事故，《中华人民共和国道路交通安全法》规定："道路，是指公路、城市街道和虽在单位管辖范围但允许社会机动车通行的地方，包括广场、公共停车场等用于公众通行的场所。"它必须具有三个特性，即形态性、客观性、公开性。形态性是指与道路毗连的供公众通行的地方；客观性是指道路尚未完工，但却是为公众通行所建；公开性是指交通管理部门认为是供公众通行的地方，都可视之为道路。只供本单位车辆和行人通行的，交通管理部门没有义务对其进行管理的，不能算作道路。因此，厂矿、企业、校园、机关、庭院内不具有公共使用性质的道路不在此列。

人员和车辆在上述道路和地方通行，必须受到《中华人民共和国道路交通安全法》的约束，接受公安交通管理部门的管理。此外，还应以事态发生时车辆所在的位置，而不是事故发生后车辆所在的位置来判断是否在道路上。

3. 在运动中

根据交通事故的定义，车辆必须是在运行过程中互撞或与行人、固体物发生碰撞，才能称为交通事故。如果行人碰撞处于停止状态的车辆，乘车人从静止的车上跳下造成伤害都不能称为交通事故。

4. 发生事态

即发生有碰撞、碾压、刮擦、翻车、坠车、爆炸、失火等其中的一种现象。

如果未发生上述事态，而是由于行人或旅客因其他原因（如心脏病发作）而造成的死亡，则不属于交通事故。

5. 有违章行为的人员

当事人有违反《中华人民共和国道路交通安全法》和其他道路交通管理法规、规章的行为，这是依法追究其肇事责任，以责论处，予以处罚的必要条件。即造成事态的原因是人为的，而不是因为人力无法抗拒的自然原因（如地震、台风、山崩、泥石流、雪崩等）属于人的主观意志之外的情况造成人员、车辆和财务的损害，就不能称为交通事故。

6. 有损害结果

即要有人、畜伤亡或车物损坏的后果，没有损害结果不能称为交通事故，但又不是所有的有损害结果的事件都是交通事故。故意用车撞人制造车祸的就不能作为交通事故处理，而属于故意犯罪行为。

以上六个要素和一定的违章行为可作为鉴别是否属于交通事故的依据。

8.2.2　交通事故的分类

对交通事故进行分类，目的在于对交通事故进行分析研究和处理，便于进行事故统计，找出交通事故的发生规律和原因，以便有效地进行交通安全评价，制订有针对性的预防措施。根据交通事故统计的要求，我国现行的交通事故分类方法如下。

1. 按事故后果分类

根据交通事故人员伤亡、财产损失的大小来分类的，现行交通管理的有关规定把交通事故按损伤量分为四类：轻微事故、一般事故、重大事故和特大事故。

(1) 轻微事故。指一次造成轻伤 1～2 人；或者财产损失机动车事故不足 1000 元，非机动车事故不足 200 元的事故。

(2) 一般事故。指一次造成重伤 1～2 人；或者轻伤 3 人以上；或者财产损失不足 3 万元的事故。

(3) 重大事故。指一次造成死亡 1～2 人；或者重伤 3 人以上 10 人以下；或者财产损失 3 万元以上不足 6 万元的事故。

(4) 特大事故。指一次死亡 3 人以上；或者重伤 10 人以上；或者死亡 1 人，同时重伤 8 人以上；或者死亡 2 人，同时重伤 5 人以上；或者财产损失 6 万元以上。

上述分类中的财产损失，是指交通事故造成的车辆、财产直接损失折款。直接损失不包含现场抢救、抢险及人身伤亡善后处理的费用，也不包括停工、停产、停业等所造成的财产间接损失。

2. 按事故形态分类

事故形态是指事故发生时所表现出来的外观事态。我国公安部在进行交通事故登记时，将事故形态分为碰撞、刮擦、碾压、翻车、坠车、失火、撞固定物及其他。

（1）碰撞，是指交通强者（相对而言）的正面部分与他方接触，或同类车的正面部分相互接触。碰撞主要发生在机动车之间、机动车与非机动车之间、机动车与行人之间、非机动车之间、非机动车与行人之间，以及车辆与其他物体之间。根据碰撞时的运动情况，机动车之间的碰撞可分为正面碰撞、侧面碰撞和追尾碰撞等。

（2）刮擦，是指交通强者的侧面部分与他方接触，造成自身或他方损坏，主要表现为车刮车、车刮物和车刮人。对汽车乘员而言，发生刮擦事故时的最大危险来自破碎的玻璃，但也有车门被刮开，将车内乘员摔出车外的现象。

（3）碾压，是指作为交通强者的机动车对较弱者（如骑自行车或行人等的推碾或压过）。

（4）翻车，是指部分或全部车轮悬空、车身着地的现象，通常指车辆没有发生其他事态而造成的翻车。翻车一般分为侧翻和滚翻两种，车辆的一侧轮胎离开地面称为侧翻，所有的车轮都离开地面称为滚翻。

（5）坠车，通常是指车辆跌落到与路面有一定高度的路外（如坠落桥下、坠入山涧等）。

（6）失火，指车辆在行使过程中未发生违章行为，而是由于某种人为或技术上的原因而引起的火灾。

（7）撞固定物，是指车辆在行使过程中与固定物相撞。

（8）其他，指以上七种事故形态所不涵盖的所有交通事故（如车辆碰撞突然出现的动物等）。

3. 按事故的对象分类

按事故的对象可将交通事故分为以下五类。

（1）车辆间的交通事故。即车辆之间发生刮擦、碰撞而引起的事故。

（2）车辆与行人的交通事故。即车辆对行人的碰撞、碾压和刮擦等事故。包括机动车闯入人行道，以及行人横穿道路时发生的交通事故。其中，碰撞和碾压常导致行人重伤、致残或死亡。刮擦相对前两者后果一般比较轻微，有时也会造成严重后果。

（3）机动车对非机动车的交通事故。由于我国的交通组成主要是混合交通，因而这类事故在我国主要表现为机动车碾压骑自行车人的事故。

（4）车辆自身事故。机动车没有发生碰撞、刮擦等的翻车和坠落事故。例如，车辆由于行驶速度太快，或车辆在转弯及掉头时所发生的翻车事故，以及在桥上因大雾天气或因机器失灵而产生的机动车坠落的事故等。

（5）车辆对固定物的事故。机动车与道路两侧的固定物相撞的事故，其中固定物包括道路上的作业结构物、护栏、路肩上的水泥杆等。

8.2.3　路段交通事故评价

传统的路段、交叉口交通安全评价的方法可归纳为：绝对值方法、矩阵法、预测法等几类，具体如事故绝对数法、事故率法、绝对数事故率法、事故率质量控制法、回归模型法等。以下结合国内外的研究成果，给出路段部分的几种典型的分析模型与方法，针对平面交叉口的安全评价方法将在 8.2.4 节中详细阐述。

1. 交通事故率法

路段交通事故率指标，以每亿车公里交通事故次数表示，即

$$AH = \frac{N}{QL} \times 10^8 \qquad (8.1)$$

式中，AH——事故率，次/亿车公里；

　　　Q——路段年交通量，$Q = 365 \times AADT$，AADT 为年平均日交通量；

　　　L——路段长度；

　　　N——路段内发生的交通事故次数。

交通事故率表征了某一路段发生交通事故的危险程度。它与交通参与者遵章行驶的状态有关，与交通流量紧密相连，是较为科学的路段安全评价指标。

2. 绝对数事故率法

绝对数事故率法是将绝对数法和事故率法结合起来评价交通安全度的方法。以事故绝对数为横坐标，以每公里事故率为纵坐标，按事故绝对数和事故率的一定值，将绝对数-事故率分析图画出不同的危险级别区，Ⅰ区、Ⅱ区、Ⅲ区分别代表不同的危险级别，Ⅰ区为最危险区，亦即是道路交通事故数和事故率为最高的事故多发道路类型。据此，可以直观地判断不同路段的安全度，如图 8.1 所示。

该方法只表示了路段的危险程度，而不能对低事故次数高事故率的路段与高事故次数低事故率的路段做出本质的区别，只是简单地将其作为非危险路段而对待，同时，也没有考虑临界值与事故严重程度的决定性作用。

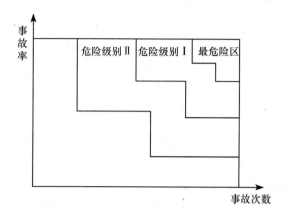

图 8.1　绝对数事故率法示意图

3. 质量控制法

质量控制法是按照质量控制理论评价某一路段上交通安全度的方法。

1956 年，Norden 等提出了质量控制法，该法以概率论为理论基础，假设各路段交通事故发生的概率都服从汽车每亿车公里平均事故次数的泊松分布，将路段的事故率与相似路段的平均事故率作比较，根据显著性水平确定事故多发点综合事故率的上、下限，如果所考察路段的事故率大于上限值则说明这一路段为危险路段。

$$R_c = A \pm K \sqrt{\frac{A}{M}} \pm \frac{1}{2M} \qquad (8.2)$$

式中，A——同类型路段的平均事故率；

　　　K——统计常数，取 1.96（95％置信度）；

　　　M——特定地点在调查其内的平均交通量。

该法是一种基于假设的理论方法，既考虑到事故数的大小，又考虑到流量对安全的影响。实际应用表明，该法比其他统计方法更为合理，但在我国的适用性还有待进一步研究。

8.2.4　平面交叉口交通事故评价

基于事故的一些安全评价方法不但适合于路段，同样也适合于交叉口的安全评价，如交通事故率法、质量控制法，其中质量控制法与路段部分基本相同，不再累述。但交叉口是道路系统中的一个冲突核心，不同方向交通流在此区域集结、交织和分流，是路网的关键部分，国内外学者对其安全评价研究较多，与路段相比，评价模型相对复杂，除线性、非线性回归模型外，还提出了危险度指数模型。

1. 交通事故率法

交叉口事故率是评价交叉口安全的综合指标，交叉口事故率用每百万车交通事故的次数表示，即

$$A_I = \frac{N}{M} \times 10^7 \tag{8.3}$$

式中，A_I——交叉口事故率，次/百万车；

　　　　N——交叉口范围内发生的事故次数；

　　　　M——通过交叉口的车辆数。

该模型考虑了事故数与交通量的相应关系，指标比较合理，但是由于交通事故的偶发性容易导致错误的评价。因为对于交通量较小的交叉口，只要发生事故就可能被认为是危险交叉口。

2. 回归模型法

美国 McDonald 和 Webb 调查了加利福尼亚州 150 个有分隔带道路的交叉口的事故情况，建议用下列模型计算交叉口的事故数[1]：

$$W = 0.000738N_d^{0.045}N_c^{0.633} \tag{8.4}$$

式中，W——一年内的交通事故次数；

　　　　N_d——主线的年平均日交通量；

　　　　N_c——交叉道路的年平均日交通量。

对不设信号灯的交叉口，提出如下模型：

对市区，车速接近 40km/h

$$W = 0.030X^{0.55}Y^{0.55} \tag{8.5}$$

对郊区，车速接近 40～72km/h

$$W = 0.17X^{0.045}Y^{0.38} \tag{8.6}$$

对乡村，车速接近 72km/h

$$W = 0.28X^{0.50}Y^{0.28} \tag{8.7}$$

式中，W——一年内的交通事故次数；

　　　　X——主线的年平均日交通量的 1/100；

　　　　Y——交叉道路的年平均日交通量的 1/100。

以上所提出的非线性回归模型解决了事故数据不足的问题，只要知道主线的年平均日交通量和交叉道路的年平均日交通量，根据回归模型即可预测交叉口事故数，并可对交叉口进行快速评价；该法不足之处在于缺乏逻辑上的合理性，因为事故数与年平均日交通量虽然有统计上的相关关系，但只有不同类型的事故与相关交通流（如追尾事故与同向交通流）才有逻辑上的因果关系，所以该方法使

用范围较小，有较多约束条件。

3. 危险度法[2]

评价平面交叉口道路交通事故危险性的方法，首先是由联邦德国的拉波波尔特于 1955 年提出的，用于平面交叉口方案和带有方向岛方案的比较。后来洛巴诺夫对模型进行了扩展，在分析交通事故统计资料的基础上，考虑到不同的车流方向、转弯半径及车流之间的交角，提出了确定交叉口上交错点处可能发生事故数的计算公式。交错点上通过 1 千万辆汽车时可能发生的交通事故数量为

$$g_i = K_i M_i N_i \frac{25}{K_m} \times 10^{-7} \tag{8.8}$$

式中，K_i——某交错点的相对事故率；

$\quad$ M_i——该交错点上交叉的次要道路上行驶车流的交通量，veh/昼夜；

$\quad$ N_i——该交错点上交叉的主要道路上行驶车流的交通量，veh/昼夜；

$\quad$ K_m——年交通量月不均匀系数。

每一方案的危险度用表征 1 千万辆汽车通过交叉口所发生的道路交通事故数量的交通安全指标 K_a 来评价，提出了评价交叉口的危险指数模型

$$K_a = \frac{\sum_1^n 10^7 g_i K_m}{25(M_t + N_t)} = \frac{\sum_1^n K_i M_i N_i}{M_t + N_t} \tag{8.9}$$

式中，K_a——交叉口危险度；

$\quad$ M_i——次要道路上的车流量，veh/昼夜；

$\quad$ N_i——主要道路上的车流量，veh/昼夜。

根据 K_a 值将交叉口按照危险指数分等级：$K_a < 3$ 为不危险；$3.1 < K_a < 8$ 为稍有危险；$8.1 < K_a < 12$ 为危险；$K_a > 12$ 为很危险。

8.3　交通冲突评价方法

交通冲突技术（traffic conflict technique，TCT）是国际交通安全领域开发的非事故统计评价理论，该技术以大样本生成，快速、定量研究交通安全现状与改善效果的特点而异于传统的事故统计评价理论。目前，交通冲突技术已在世界上许多国家得到广泛应用，成为国际上用于定量研究交通安全问题，尤其是交叉口安全问题的重要方法。

8.3.1　交通冲突的概念

冲突概念的研究与应用始于第二次世界大战后的航空安全领域，航空驾驶失

误或非安全的紧急事件均作为冲突事件对待，即冲突事件被作为航空评价标准之一，而冲突概念被引入交通领域是从 20 世纪 50 年代开始，美国率先开展了交通冲突技术的应用研究，开始观测机动车之间的冲突事件。

1968 年，Perkins 和 Harris 为了调查通用汽车公司的车辆在安全性方面是否与其他车辆相同，首次提出了交通冲突的概念。随后，1977 年在挪威召开的第一次交通冲突国际学术会议上，Hyden 给出了交通冲突的基本定义，即交通冲突是在可观测的条件下，两个或两个以上道路使用者在空间和时间上相互接近，以至于如果任何一方不改变其行驶轨迹，将会发生碰撞[3,4]。

为了在具体应用中方便地对交通冲突进行判别和认定，应对交通冲突的表现方式作进一步的解释。目前，各个国家和组织由于应用冲突技术解决的问题不同，对冲突的解释有较大的差别，但大多冲突的定义是对于驾驶员反应与驾驶行为特性的描述。交通冲突的具体定义有如下两种[1]：

一种以美国为代表，其定义为：交通冲突是驾驶员的躲避行动或交通违章。躲避行动是由制动灯显示表明的车辆制动和由车道改变表明的原定行驶方向的改变。

一种以欧洲国家为代表，其定义为：交通冲突是交通行为者发生相会、超越、追尾等交通遭遇时，有可能导致发生交通损害的危险交通现象。

相似于交通事故，交通冲突也可表述为两个交通行为参与者在空间运动相互作用的结果，两者之间的唯一区别在于是否存在损害后果，换言之，凡造成人员伤亡或车物损害的交通事件称为交通事故，否则称为交通冲突。

8.3.2　交通冲突分类

交通冲突作为"准事故"，是典型的不安全表现形式之一，冲突的类型往往揭示了交通安全隐患的性质及可能导致的交通事故类型，对其进行科学合理的分类将有利于全面系统地分析不同形式交通冲突的特性及其产生的内在原因，对于交通安全评价具有十分重要的意义。

按照不同的划分依据，交通冲突有多种划分方法。目前交通冲突的分类方法很多，如按照冲突的严重程度、冲突角度、冲突实体的类型、车辆行驶轨迹等均可以对交通冲突进行分类。

1）按冲突角度分类

所谓"冲突角"是指发生冲突的两交通实体行驶方向之间的夹角 θ，该分类方法主要适用于机动车与机动车之间的冲突类型，可分为以下三类。

（1）正向冲突。冲突角 $\theta \in [135°, 180°]$ 时的交通冲突称为正向冲突。主要表现为冲突车辆以相反的方向相互逼近，可能造成的后果是车头与车头之间的碰撞。

（2）横穿冲突。冲突角 $\theta \in [45°，135°]$ 时的交通冲突称为横穿冲突。主要表现为冲突车辆以交错的方式相互逼近，可能造成的后果是车头与车辆侧向部位之间的碰撞。

（3）追尾冲突。冲突角 $\theta \in [0°，45°]$ 时的交通冲突称为追尾冲突。主要表现为冲突车辆以相近的方向相互逼近，可能造成的后果是车头与车尾之间的碰撞。

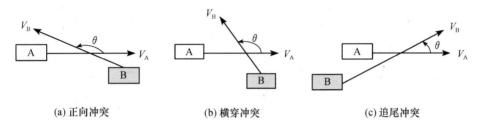

　　　(a) 正向冲突　　　　　　　　(b) 横穿冲突　　　　　　　(c) 追尾冲突

图 8.2　按照冲突角度进行冲突类别划分的结果

2）按严重程度分类

按照冲突可能造成的危害结果，分为非严重冲突和严重冲突两类，或分为一般冲突、中等严重冲突和严重冲突三类。

3）按冲突实体类型分类

分为机动车与机动车、机动车与非机动车、机动车与行人的冲突。

4）按行驶轨迹分类

按照车辆的行驶轨迹可以将十字形平面交叉口的交通冲突分为：直行与同向车流、左转与同向车流、右转与同向车流、同向变换车道、直行与左侧直行、直行与右侧直行、直行与右侧左转、直行与左侧左转、左转与右侧直行、直行与右侧右转、左转与右侧左转、左转与左侧左转、右转与对向左转、直行与对向左转、左转与左侧直行、右转与左侧直行、左转与对向直行、左转与对向右转，共18类。

在实际中，冲突类型的划分可依据不同的研究目的，为使冲突分类更好的得到应用，对以上行驶轨迹重新进行归类与划分。考虑其他各个方向的交通流与当前车辆冲突的可能性，以冲突角度相近或造成的危害结果相似为原则，将机动车与机动车之间的冲突分为四大类，如图 8.3 所示，划分依据基础见表 8.1[5]。

表 8.1　冲突划分相关指标比较

类　别	第一类	第二类	第三类	第四类
冲突角度	<45°	<45°	>90°	90°左右
冲突后果	追尾、侧撞	追尾、侧撞	车头、车身中部碰撞	车头、车身中部碰撞
发生位置	同进口道	同出口道	交叉口内	交叉口内

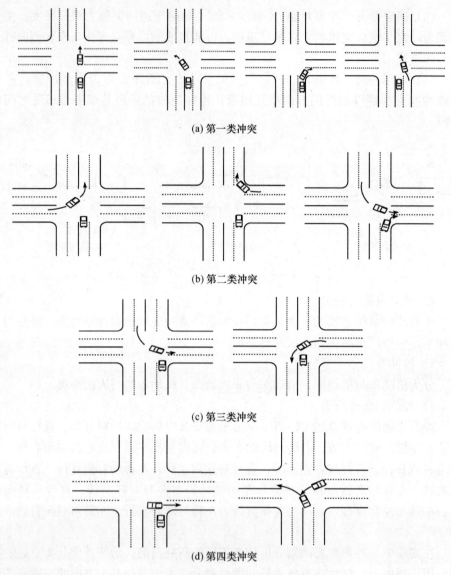

(a) 第一类冲突

(b) 第二类冲突

(c) 第三类冲突

(d) 第四类冲突

图 8.3　交通冲突的分类

8.3.3　交通冲突判别标准

　　交通冲突事件是道路使用者之间相互作用的结果，这些事件的发生存在着不同的概率和不同的严重性程度。当道路使用者以危险的方式相互逼近，双方在相互作用的过程中就有可能导致某种损害结果，换言之，可能造成交通事故。通常认为冲突越严重、冲突频率越高，导致事故发生的可能性就越高，因此，对于交通冲突判别的主要任务就是对冲突的严重程度进行划分。

1. 严重冲突与交通事故的关系

不同形态的交通冲突所导致的交通事故的严重程度是不同的，根据交通危险事件的严重性可具体分为无干扰通过、非严重冲突、严重冲突和事故，其数量关系呈塔形分布，事故与冲突的关系可以用冲突的严重性进行描述，如图 8.4 所示。

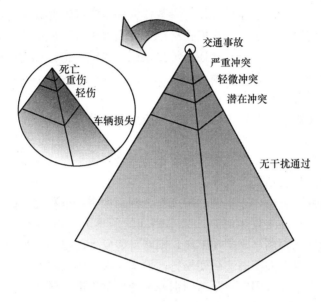

图 8.4　交通冲突与交通事故的分类关系

图 8.4 中的关系可以分为以下四类描述：

（1）无干扰通过。一个道路使用者在通行于某交叉口时，未遭受到其他道路使用者的干扰影响。

（2）可能冲突。两个道路使用者以危险的方式相互逼近，除非其中一方采取避险行为，否则冲突即将发生，但在采取避险行为之前存在充分的反应时间。

（3）轻微冲突。两个道路使用者以一种明显将要导致严重冲突危险的方式相互逼近，而且仅有极短的时间供其引起警惕并采取准确无误的避险行为来避免事故的发生。

（4）严重冲突。两个道路使用者在这种情况下只能通过快速判断和紧急避险行为方能避免事故的发生。

由于可供反应判断和避险行为的时间极为短暂，因此有一小部分严重冲突最后演变为事故，所以，严重冲突的结果即可能是一起"近似事故"，也可能是一起不同严重程度的事故。

2. 冲突严重性划分

通常严重冲突的划分主要依据借助时间、距离、速度、减速度等参数的客观判定方法和通过人为观测对冲突发生时刻危险状况判断的主观判定方法。由于主观的方法对于数据结果的判定具有较大的随意性，而且不能进行量化分析，因此，通常作为客观评判的一种辅助手段。

采用时间、距离、减速度等任一参数作为评价指标都存在一定的局限性，理论上说，综合时间、距离、减速度指标可对冲突严重程度界定得更确切。但由于进入交叉口的车辆、驾驶员、交通流等复杂性，使综合指标标定比较困难。目前较多采用冲突时间作为判定指标。

1) 冲突距离判定方法

选择空间距离作为判别参数，在实际应用中十分直观且合乎逻辑，冲突双方之间的距离越小，则相撞的可能性就越大，当冲突双方的距离为 0 时，事故发生。如果事先测定交叉口内的各种距离作为参考距离，在这种参考距离下，可对车辆间的距离进行较精确的判断。

冲突距离判定方法以车辆制动距离作为判别冲突严重程度的标准，制动距离即为临界距离。当冲突发生时，如果车辆间的距离大于制动距离，则冲突不严重；如果车辆间的距离小于制动距离，则有可能发生碰撞并认为发生冲突，甚至冲突很严重。尽管空间距离法简便易行，但也存在一些局限性，当在车辆以低速运行的状态下，单纯应用空间距离判别冲突的严重程度会导致较大的判别偏差。

2) 冲突时间判定方法

冲突时间考虑了速度和距离两个参数，在一定程度上也综合反映了道路使用者避让事故所需要的空间距离、速度、加速度及转向能力。目前利用冲突时间指标进行冲突严重性划分应用比较广泛，最为常用的是 TA（time to accident）和 TTC（time to collision）指标判定方法。

（1）TA 指标判定方法。

以瑞典为首的西方国家在 20 世纪 80 年代就已经开始进行冲突定义和冲突严重性的研究，其中瑞典最早提出用冲突时间 TA 作为冲突判别指标，采用冲突时间 TA 和冲突速度 CS（conflicting speed）为参数进行冲突严重性划分。

冲突时间 TA 值指当避让行为发生时，如果道路使用者继续维持当前的速度和行驶方向直到潜在事故发生的时间。

冲突速度 CS 为冲突当事者采取避险行为，即避险行为生效前那一时刻的瞬间速度。

瑞典交通冲突人员根据实际获取的数据将冲突严重等级分为 30 个等级，如图 8.5 所示，最高严重等级为 30，最低为 1。图 8.6 为提出的严重冲突与非严重冲突的划分标准。在某一车速下，冲突时间参数小于某一临界值判定为严重冲突，否则判定为非严重冲突。图中冲突严重性的等级随严重性区域方向变化而变化，即一起冲突事件在图中的位置越靠左，速度越大，则冲突的严重性程度就越高[6]。

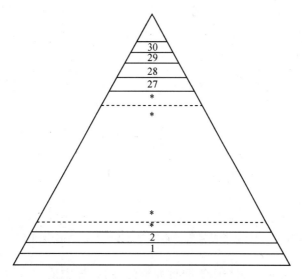

图 8.5 基于严重水平的严重等级划分

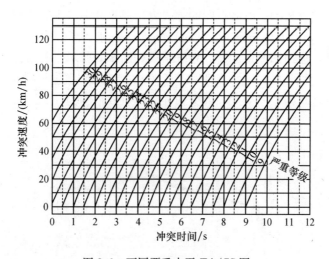

图 8.6 不同严重水平 TA/CS 图

（2）TTC 指标判定方法。

采用距碰撞前的时间作为冲突严重性判定指标，怎样界定"非严重冲突"和"严重冲突"的范围，最关键的是要选择合适的判断标准。国外大多数采用主观判断的方法，国内有研究学者借鉴交通流理论中的可接受间隙理论，分析相邻 2 类冲突的 TTC 曲线，将其交点对应的 TTC 作为界定值。

　　研究根据观测人员对冲突严重性的初始判断，结合对冲突样本的 TTC 分析，可以得到严重冲突、中等严重冲突、一般冲突在 TTC 上的分布状况，利用曲线的交点可以得到不同严重程度冲突的分界值，原理如图 8.7 所示。

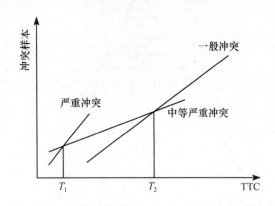

图 8.7　可接受间隙理论在冲突严重性判定中的应用原理

　　图中，T_1 为严重冲突与中等严重冲突的 TTC 界定值，T_2 为中等严重冲突与一般冲突的 TTC 界定值。

　　根据实际调查数据，以散点图的方式表达严重冲突、中等严重冲突、一般冲突在 TTC 坐标轴上的分布情况，并对数据进行处理，将中等严重冲突和一般冲突合并为一类，称为非严重冲突，划分结果如图 8.8 所示。严重冲突与非严重冲突的 TTC 分界值约为 1.0s，当 TTC>2.0s 时，采集到的冲突样本量很少，因此可以初步判定我国平面交叉口处交通冲突的有效范围为 TTC≤2.0s。

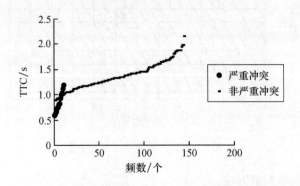

图 8.8　严重冲突和非严重冲突的 TTC 分布情况

3）加减速度判定方法

冲突严重程度可以从冲突对象外观状态变化和冲突参与人心理变化特征两个方面来体现。在对交通冲突及严重性划分时，通常依据驾驶员是否采取了避险行为这一外观特征，通过分析采取避险行为的时间是否充裕来判断是否为严重冲突，而未能从驾驶员在冲突发生时刻心理的变化进行考虑。

冲突发生时驾驶员心理是否感受到了威胁，该威胁带来的心理压力有多大，也同样反映了驾驶员心理上的安全程度。一般驾驶员心理变化幅度越大、冲突外观状态变化越明显则冲突严重程度越高，反之越低。尤其在冲突发生紧急情况下，由于时间紧迫，驾驶员心理上承受巨大的心理压力，最终出现严重冲突甚至交通事故。

冲突参与人心理变化特征是一个较难采集和分析的现象，而且不同人对同一现象感知程度也有差别。一般而言，心跳和血压是反映一个人心理紧张程度的重要表现。凭借现有的技术手段，驾驶员的心理生理特征（如心率、血压等）无法在冲突观测的过程中立即获得，有学者提出通过另一个指标在较大程度上能将此因素反映出来，即是冲突车辆的加（减）速度。

通过相关交通心理学的细致研究发现，不同减速度情形下驾驶员的血压、心率、脉搏等生理反应也会呈现不同的特征，具体描述见表 8.2。从表中分析可知，当制动减速度大于 3m/s 时，驾驶员的视觉就开始模糊，严重影响车辆的安全驾驶。随着制动减速度的进一步减小，驾驶员的不良反应急剧增大，忍受时间也越来越短，发生危险的可能性也越来越大。

表 8.2　驾驶员在不同加（减）速度下的反应

加（减）速度/(m/s^2)	驾驶员的生理心理反应的描述	忍受时间/s
2~3	腹部受压	>25
3~6	胸部逐渐绷紧，且发生疼痛，呼吸及说话困难，视觉逐渐模糊	10~25
8	脚和手不能抬起	1
9	头无法抬起	0.8
11~12	呼吸严重困难，周边视觉模糊，中央视敏度降低，流泪	0.3~0.4
15	说话严重困难，严重疼痛，面部感觉消失，发生视觉完全消失现象	<0.1

相关研究资料表明，在通常的驾驶行为中，制动减速度的值一般在 0~2.6m/s^2。在行驶过程中当减速度小于 2m/s^2 时，驾驶员或乘员一般没有任何不适的感觉。在干燥路面上，车辆紧急制动的减速度一般在 4~8m/s^2。结合表 8.2 的结论，将制动加（减）速度作为交通冲突判断指标之一，并对减速度 a 的取值标准做如下划分[7]：

$a<3$m/s^2，可能是交通遭遇或轻微交通冲突所致；

$3m/s^2 \leqslant a \leqslant 5m/s^2$，可能是中等交通冲突所致；

$a > 5m/s^2$，可能是严重交通冲突所致。

加（减）速度直接反映了驾驶员心理上的安全程度，而制动减速也是冲突发生时驾驶员普遍采取的避险措施，用加（减）速度指标进行交通冲突的严重性划分，符合交通冲突的定义和本质。但冲突发生时，驾驶员不但采取制动减速、加速避险措施，同时还会采取转向及其他的方式以避免事故的发生，同时由于目前加（减）速度指标数据的获取也有一定难度，因此，该方法在实际应用方面还有一定局限性。

8.3.4 交通冲突调查

交通冲突调查是应用交通冲突技术进行交通安全评价分析、安全诊断管理时最重要、最基础的工作之一。为确保调查数据的准确性，合理规范的调查方法、明确的调查步骤是必需的。

交通冲突调查是一种对车流运行时，收集车流冲突发生的类型及交通冲突量，用以判断交叉口事故危险程度大小的依据，可弥补以往用事故资料评价交叉口危险性的缺失。

1. 调查时间

调查时间的安排非常重要，它对保证冲突数据的均一性、统计上的可靠性及分析结果的精度都有十分重要的影响。调查日期、时间应根据具体研究目的分别设定。交通冲突的调查通常是在好天气和正常交通条件下进行的。目前，交通冲突调查时间的安排不同国家和组织有很大的差别，依据已往的实践经验，从成本、精度和研究目的等综合考虑，冲突观测连续 4~6d 是较好的选择。

2. 调查地点

交通冲突观测地点的选择很重要，直接影响着道路交通安全改善的有效性和经济性，工程人员一般需要根据研究内容对调查地点进行选择。通常冲突观测地点的选择需要考虑以下几个方面：①进行调查地点安全分析，一般选取事故多发点，或者公众和驾驶员反映安全感低的交叉口，实地观测时应从观测费用和交通管理的需要两个方面进行综合考虑；②可根据实际交通管理和安全分析的需要选择地点；③所选择的调查地点应满足样本数据的要求，符合实地调查的条件。

3. 调查内容

交叉口交通冲突调查内容包括交通冲突量及其他必要的信息，如道路几何特性、交通管制设施等。通常需要获取的内容由基础信息、交通流量和冲突相关数据三个部分组成。

调查基础信息包括交叉口类型、控制方式、交叉口几何信息及标志、信号灯、标线等物理信息。由于这些信息的获取较为简单，通常在冲突调查过程中，工程人员在现场同时进行基础数据的调查。

交通流量、冲突相关数据的调查内容一般包含在设计的调查表格里。交通流量的调查通过人工的方法及视频检测的方法进行，这两种方法在以往的研究中都有详细的阐述，这里对于交通流量的调查内容及方法不再具体介绍。

交通冲突调查记录包括参与冲突车辆种类、冲突类型、冲突速度和冲突距离等信息，根据研究的需要，记录的内容还可以进行增加或减少，例如，当需要对冲突发生的成因进行详细分析时，还可以对冲突过程进行简述。表 8.3 为交叉口交通冲突调查记录表。

表 8.3　交叉口交通冲突调查记录表

____交叉口　____进口　　　　时段_____

时间	冲突车种		冲突类型	区间时间	区间距离	冲突速度	冲突距离	示意图
	前车	后车						

4. 调查方法

目前交通冲突常用的观测方法包括录像观测和人工观测两种。

1) 人工观测方法

人工观测为人工现场观测进行记录的方法。交通冲突的人工观测是指在交叉口现场记录每次交通冲突，其主要内容包括发生冲突的道路使用者、行驶方向、避险动作、冲突速度及距离可能发生碰撞的地点的距离；并且根据各种机动车的类型、路面类型、天气情况、不同车速条件下车辆间的冲突距离与临界距离相比较，来判断冲突是否为严重冲突。

人工观测在收集一般交叉口资料的同时，还要在短短几秒钟内判断车流冲突的状况，比以往传统的交通调查更为复杂，是一项技术性的调查工作。在实施调查前，参与人员必须经过训练，以使调查收集的资料标准一致，具有可靠性和完整性。

（1）调查训练。

观测员训练应分为室内训练与现场训练两个阶段，前者指组织观看录有各类训练内容及现场冲突的录像，增强观测员对训练目的和内容的感性认识；后者指通过现场具体训练及校正，提高观测员的判断能力和目测精度。交通冲突调查训练的时间长短不一，视受训人员能力而定，若为一般未具交通专业知识者，其训练时间可能要比具交通经验者长。建议训练时间每天 8h，需 3～4d。

（2）现场调查。

在进行现场调查前，首先要做好调查准备工作。制定调查程序及排定调查地点，使调查员能很快找到自己调查的地点和观察位置，而且在确定本身的调查地点后，仍需就观察位置考虑其观察路口车流视线是否良好，否则应立即调整，并在调查表上记录，以便日后做研究时可顺利找到观察位置。

另外为了将路口的道路几何状况及交通管制设施等资料收集得更详细，还可借助相机对路口的交通状况及几何设施情形拍照，以利于对该路口现状资料进行收集。

交通冲突调查时，当观测人员到达现场，首先要熟悉交叉口的状况，其次，选好自己的观测位置，保证观测者有一个良好的视野范围，能够清楚地看到交叉口内车流运动，这是人工调查的关键。位置的选定还要考虑车辆进入交叉口的速度。一般而言，观测位置在距交叉口 30～90m 车道右侧路边。

人工观测技术方法简单，具有较大的机动灵活性，费用低，可靠性高，但人工观测要求有较高的现场记录的可靠性，要求观测时有一定的隐蔽性，恶劣的天气或环境对观测不利，当所需获得冲突的参数增多、数据量较大时，人工调查方法会有更大的局限性。

2）录像调查方法

录像观测为现场摄像，室内放映进行记录的方法。除做好调查准备外，现场摄像机位置的设定和所拍摄的范围是进行现场录像调查的关键。为判断交叉口内是否发生冲突，通常要求摄像机拍摄范围应覆盖交叉口内冲突发生的过程。利用周围建筑物高空拍摄能够拍摄到整个交叉口的冲突发生情况，是一种理想的拍摄方法，但在实际中很难找到这样的拍摄地点，因此在实际中需要用多台摄像机进行拍摄。

在实际调查时，由于很难找到一个理想的高空拍摄点，因此，通常选择地面拍摄的方式。在进行拍摄前首先确定每个摄像机的拍摄范围，对于十字形交叉口和 T 形交叉口一般每个进口布设一台摄像机，拍摄进口道分流冲突、出口道合流冲突及该路口的左转、直行与其他路口车流的冲突。同时为保证摄像机有更大的拍摄范围，通常要离交叉口有一定距离，还可利用三脚架和架高设备将摄像机升高到一定位置。

为保证录像画面的效果，现场拍摄还需要注意以下几个问题：

（1）架设摄像机时，在保证拍摄范围的情况下，尽量避免树木、建筑物及车辆的遮挡。

（2）保证摄像机的平稳。

（3）为了避免由于录像带时间和电池时间限制而导致数据损失过多，每一组拍摄方案中各摄像机采集的数据需要相互配合，要求各摄像机拍摄时尽量统一停止、统一开始。

（4）为保证录像所得到的数据的准确性，减小冲突观测时的视觉差，在摄像机范围内应对道路路面进行一定的标记，或选择平面交叉口范围内明显的固定物作为参考。

录像调查可以反复观看交叉口车流的运行情况，并可随时定格，对冲突发生的瞬间进行记录，进而获取全部数据；可以供多人同时在同一条件下观测同一事件，并进行讨论分析，以确定冲突事件的发生、成因、严重程度及类型等，观测精度高；此外，室内工作条件好，录像带还可以作为调查资料保存并用于安全分析。但录像法要清楚地拍摄整个冲突现场全貌有一定的困难；观测的机动性和灵活性受到限制；摄像机只能反映冲突现场的部分情况，而且从摄像机观测的情况与肉眼观测到的情况存在一定的差异。

3）基于视频的冲突检测方法

与传统基于事故统计的道路安全评价方法相比，基于交通冲突的安全评价方法具有明显的优势，但在实际应用中发现，正是交通冲突的数据采集构成了交通冲突技术发展的瓶颈，在一定程度上阻碍了交通冲突技术的应用。

最近国外 Saunier 等开发了基于视频的完整的自动道路安全分析系统。该系统引进了一个新的运动模型学习算法，克服了出于视频录像不清晰或视频追踪错误而带来的检测问题，可以计算车辆的碰撞概率，从而可以判断车辆是否发生冲突，且可以在线使用。

国内张方方等利用相关的图像处理技术尝试开发一个基于视频的交通冲突检测系统，系统综合了减速度、角速度、速度和距离等多个参数建立起了相对客观的交通冲突判断方法，根据车辆的速度和加速度曲线对车辆的运行特征做出了分析，基本上实现了简单交通条件下机动车之间的交通冲突检测。该系统设计由以下 4 个功能模块组成[7]：

（1）运动目标的检测与跟踪模块，或称图像处理模块，其基本任务在于对交通视频图像进行处理，采用相关的目标检测算法和目标跟踪算法完成运动目标的检测与跟踪。

（2）数据信息实时保存模块，该模块的功能为将运动目标检测与跟踪的结果——轨迹坐标和时间信息按特定的格式实时保存至文件中，跟踪结果既要体现运动目标的空间信息，也要体现与空间坐标一一对应的时间信息，这样后续的交通过程重现才有可能实现。

（3）微观交通数据提取模块，该模块的功能包括图像坐标到地面坐标的转换、速度与加速度等微观交通参数的提取，以及同一运动目标某一时刻运动轨迹、速度、加速度数据的有效融合。

（4）车辆运行状态分析与重现模块，或称车辆行为解释模块，其功能为根据已有的微观交通参数对车辆的行为或运行特征做出理解和分析，并依据相关准则判断是否有交通冲突的发生，同时将车辆的运行轨迹按原有的时间先后顺序在画面中加以重现。

交通冲突观测方式的好坏直接关系到交通冲突技术应用的成败。简单、可行、准确、高效的观测方式能极大地推动交通冲突技术的发展与应用，随着计算机视觉、图像处理等相关技术的飞速发展和ITS研究的不断深入，人们开始利用计算机视觉和图像处理技术尝试解决这一难题，虽然目前已取得了很大的进展，但能像其他交通流视频信息采集系统一样在实际中得到广泛的应用还需要一定的时间。

8.3.5　平面交叉口交通冲突评价

交通冲突技术TCT是依据一定的测量方法与判别标准，对冲突发生过程及严重性程度进行定量测量与判别，并应用于交通评价的技术方法。目前利用冲突技术进行交叉口安全评价方法大致有以下三类：①基于冲突概率的评价方法。②基于事故预测的评价方法；③基于冲突率的评价方法。基于冲突率的评价方法通常根据实际调查数据，得到交叉口冲突发生的比率及相关指标，采用一定的数学方法进行数据处理，进而对交叉口安全进行评价。基于已有数学方法的优缺点，鉴于交叉口冲突数据获取的特点，提出基于灰色理论的交通冲突安全评价方法。

1. 基于冲突概率的评价方法

基于冲突概率的评价方法是通过描述发生在冲突点的不同方向车流的相互作用，建立不同方向车辆在冲突点发生冲突的概率模型，进而对交叉口安全进行评价。将冲突类型划分为：直行直行冲突、直行左转冲突、左转左转冲突、合流冲突和分流冲突几种类型。假设冲突点i是由车流u_1和车流u_2相互作用产生的，并且这两个车流是相互独立服从泊松分布，车流 u_1 和车流 u_2 的小时流量分别为 $V_{i,1}$ 和 $V_{i,2}$，交叉口的安全评价模型为[8,9]

$$P = \sum_i \left(1 - \exp\frac{-V_{i,1}t_i}{3600}\right)\left(1 - \exp\frac{-V_{i,2}t_i}{3600}\right) \tag{8.10}$$

模型是基于交通冲突发生的概率估计，模型数学表达简单，不需要实地采集冲突数据。但以上模型主要针对机动车之间的冲突，对于机非冲突并未涉及。

2. 基于事故预测的评价方法

交通安全评价与事故预测是研究交通冲突群的量的关系，即通过使用交通冲突技术方法，对单位时间内所发生的交通冲突群进行分类调查统计和数据量化处理，从中找出冲突指标与交通事故分布之间的关系。国内张苏等通过冲突指标进行交通城市安全分级，通过研究严重冲突与事故的相关关系，建立了安全评价与预测模型。国外比较典型的有美国等在 1982 年对大堪萨斯城地区 46 个信号与非信号交叉口的事故与冲突进行调查，将事故与冲突分为 12 种类型，建立了如下模型[1]：

$$A_0 = C_0 R \tag{8.11}$$

$$\mathrm{Var}(A_0) = \mathrm{Var}(C)\mathrm{Var}(R) + C_0^2\mathrm{Var}(R) + R^2\mathrm{Var}(C) \tag{8.12}$$

式中，A_0——期望事故率；

C_0——期望冲突率；

R——某类型交叉口事故/冲突率估计。

各类型冲突与同类型事故有较好的关系，使用模型预测的事故值与实际的事故值相差很小，证明交通冲突技术是有效的。当事故数据不足或不尽可靠时，可以用冲突对交叉口的安全度进行快速评价。

3. 基于灰色理论的评价方法

在评价道路交叉口安全水平时，有时不可能也没有必要在获得全部指标的统计信息后进行评价。灰色理论针对交通安全信息不完全的特点，通过对少量已知信息的筛选、加工、延伸和扩展，来认识系统的某些特性，这种"非唯一性原理"对安全评价有着良好的适应性，可以达到评价道路交通安全水平的目的。

1) 指标选择

以往利用交通冲突技术进行交通安全评价大多采用冲突率单一指标，冲突率（TC/MPCU）是由观测的时均严重冲突数与时均混合当量交通量之比得到，在一定程度上反映了交叉口的安全水平。但由于实际中所获取的严重冲突很少，而道路交叉口交通量具有时变特性，小时交通量存在较大差异，为了综合考虑交叉口的安全水平，这里提出将交通冲突分为非严重冲突（TC1）和严重冲突（TC2）

两类,并通过调查交叉口的流量得到高峰、平峰、低峰时段的 TC1/MPCU 及 TC2/MPCU。这样针对某一特定平面交叉口采用以上提到的 6 个指标,对于交叉口的安全评价更为全面。

2)模型建立[5]

根据观测得到的交通冲突及当量交通量数据,经过简单的数学处理得到安全评价的初始矩阵 $\boldsymbol{D}$,其中 d_{ij} 为样本矩阵中的元素,评价对象 $i \in \{1, 2, \cdots, n\}$,$n$ 为评价样本的个数,评价指标 $j \in \{1, 2, \cdots, m\}$,$m = 6$。

$$\boldsymbol{D} = \begin{bmatrix} d_{11} & d_{12} & d_{13} & d_{14} & d_{15} & d_{16} \\ d_{21} & d_{22} & d_{23} & d_{24} & d_{25} & d_{26} \\ \vdots & \vdots & \vdots & \vdots & \vdots & \vdots \\ d_{n1} & d_{n2} & d_{n3} & d_{n4} & d_{n5} & d_{n6} \end{bmatrix}$$

矩阵 $\boldsymbol{D}$ 中的 6 列元素依次表示:高峰、平峰、低峰时段的 TC1/MPCU、TC2/MPCU。将平面交叉口的安全状况聚为安全、一般安全、不安全 3 个灰类,在累积频率曲线上选择 80%、60%、20%对应的数值 λ_1、λ_2、λ_3 作为不同灰类的白化值。

在获取上述参数后,还需要建立不同灰类的白化权函数。白化权函数建立的目的是为了确定针对某一个给定的 j 项指标的数值,其归属与安全、一般安全及不安全的可能性,这种可能性可以通过一系列的分段函数来确定,对 j 项指标而言,其归属于安全、一般安全及不安全的白化权函数如图 8.9 所示。

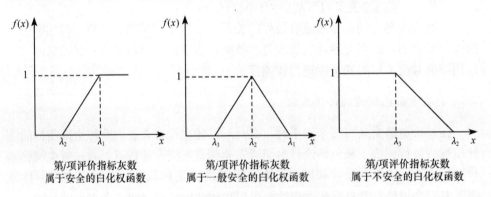

图 8.9 灰色聚类分析中白化权函数的表示方法

在评价矩阵、白化权函数、灰类白化值确定的基础上,就可以进行聚类分析,公式如下:

$$\sigma_i^k = \sum_{j=1}^m f_j^k(d_{ij}) \eta_j^k, \quad \eta_j^k = \frac{\lambda_j^k}{\sum\limits_{j=1}^m \lambda_j^k} \tag{8.13}$$

式中，η_j^k——第 j 项指标归入 k 种灰类的聚类权；

　　　　λ_j^k——第 j 项指标属于第 k 种灰类的白化值。

令 $\sigma_{it}^* = \max\limits_{1 \leqslant t \leqslant k}(\sigma_i^t)$，评价对象 $i \in \{1, 2, \cdots, n\}$，灰类 $t \in \{1, 2, \cdots, k\}$，$\sigma_{it}^*$ 表示评价对象 i 属于第 t 灰类，是 σ_i^t 中的最大者。

运用灰色理论的相关计算方法对评价指标进行聚类处理，最终计算出平面交叉口的安全程度，该方法对准确评价平面交叉口的交通安全状况、确定区域范围内交叉口的交通安全改善顺序有着重要意义。

8.4　交通安全诊断及改善方法

交通安全诊断与改善技术是一个全新的技术创新。交通安全诊断与改善不同于传统的交通安全性能评价：它以发现和解决交通安全问题为首要目标，而不是仅仅就交通安全性能做出评价；它直接根据道路和交通的主要特征进行分析和判断，不依赖于交通安全事故数据和交通冲突数据。交通安全诊断与改善技术是应用系统工程的原理和方法，对道路交通事故发生的内在机理及改善对策进行系统全面的定性和定量分析，明确主要和关键性的交通安全问题，并给出经济有效的解决方案[10]。

交通安全诊断与改善技术直接以各类交通安全影响因素为分析对象，分析的结果将直接导致各类交通安全隐患的有效解决[11]。应用该技术，只需要对公路进行简单的现场调查就可以迅速完成交通安全的诊断与改善分析，具有很好的工程应用价值。由于不需要采集和记录大量的或长期的数据，它具有使用成本低、应用范围广的优势，适合在我国及其他发展中国家大力推广。交通安全诊断与改善技术将交通安全的诊断技术和改善技术有机地融合在一起，极大地提高了技术的实用价值。本节主要探讨公路平面交叉口的交通安全诊断及改善方法，可以类似地建立其他公路设施的交通安全诊断及改善方法。

8.4.1　公路平面交叉口交通安全诊断技术

1. 诊断流程

公路平面交叉口交通安全问题诊断主要是由使用者借助于交通安全诊断调查表、显著性评判标准和可能造成事故恶性程度的评判标准，通过对各种可能的影响交叉口交通安全问题的现场主观分析，形成对交通安全问题的初步认识；然后，运用交通安全问题排序模型，进一步分析影响交叉口交通安全的关键问题，形成对交叉口交通安全问题的准确定位，诊断过程如图 8.10 所示。

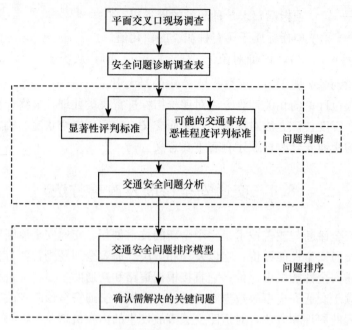

图 8.10　公路平面交叉口安全问题诊断流程

公路平面交叉口交通安全诊断包括三个方面的内容：交叉口几何设计、交通控制和交通环境。针对这三部分内容有三套诊断调查表与之相对应，对于信号灯控制的平面交叉口，交通安全诊断内容包括几何条件、交通控制和交通环境三大方面；对于无信号交叉口（停/让控制交叉口），交通安全诊断主要包括几何条件、标志与标线及交通环境。公路平面交叉口交通安全问题诊断调查表详见文献[12]和文献[13]。

2. 显著性和可能造成事故恶性程度的评判标准

诊断调查表中的两个重要指标是显著性和可能造成事故的恶性程度。"显著性"主要反映的是安全问题对交通事故发生可能性的影响程度。例如，当交通岛的设置严重影响了车辆的行驶安全时，车辆与交通岛之间的碰撞可能性将大大增加，该交通安全问题的"显著性"应诊断为"很明显"，应该在4~5的区间内进行打分。"可能造成事故恶性程度"反映的是交通安全问题所引发的交通事故的恶性程度。例如，在高速行驶的一级公路的平面交叉口，停让标志的位置不合理将会导致人员伤亡的恶性交通事故，据此可诊断该交通安全问题在"可能造成事故恶性程度"方面表现得比较严重，应该在3~3.9的区间内进行打分。显著性和可能造成事故恶性程度的评判标准详见文献[12]和文献[13]。

3. 安全问题排序模型

对交叉口进行交通安全问题诊断后，根据调查结果进行分析，可以得到该交叉口存在的所有交通安全问题，但是并不是所有的安全问题都要一一得到解决。根据当地公路部门的财力和精力，以及问题解决的迫切性，对所调查交叉口的交通安全问题进行排序分析，通过排序得到交叉口需要解决的问题的重点和优先顺序，确定需要采取措施的关键性的交通安全问题。

将交叉口诊断调查表中各个交通安全问题的显著性和可能造成事故的恶性程度的打分值作为排序模型的两个评价指标，按照式（8.14）所示的模型计算排序指数，然后按照排序指数的大小对安全问题进行排序。

$$Y = 0.39C_i + 0.61S_i, \quad i = 1,2,\cdots,n \tag{8.14}$$

式中，Y——交叉口交通安全问题的排序指数，Y 值大的问题是应优先考虑解决的问题；

C_i——显著性指标的调查得分值；

S_i——可能造成事故恶性程度指标的调查得分值；

i——所调查交叉口存在的第 i 个交通安全问题；

n——所调查交叉口存在的交通安全问题数。

8.4.2　公路平面交叉口交通安全改善技术

对交叉口进行改善的主要目标是建立一个安全、高效率的交叉口。改善对策的制定参考了国内外大量的交通安全方面的文献资料，具有很好的应用效果。为了方便使用者制定科学合理的平面交叉口交通安全改善方案，结合我国国情针对诊断调查表的每一个交通安全问题制定了与之相对应的改善对策，形成一个完整的改善对策体系。

1. 交通安全改善的主要内容

针对我国公路平面交叉口交通安全存在的主要问题，对改善对策进行相应的分类。主要分为几何设计、交通工程设施、交通管理和交通环境四类，并对每类进行具体划分。安全改善对策的内容可以概括为以下几点：

（1）改善交叉口的几何设计，主要包括交叉口的改建，线形的重新设置，合理设置车道和路肩的宽度，正确设置缘石半径和中央分隔带，合理分配车道数量，保证交叉口有充足的视距，以及可接入管理技术的应用。

（2）正确的选择、设计、安装、运行、维护及改善交通安全控制设施。包括对信号灯进行升级，合理配时，调整交叉口清场时间，尽量使车流比较平稳地到达交叉口，以及在必要的位置合理设置标志标线，改善存在问题的标志标线并对标志标线进行定期的检查和维护。

（3）对作为交通弱者的行人和非机动车提供必要的保护措施，如提供行人过街的人行横道线和非机动车道、安全岛等。

（4）完善交通法规，结合接入管理技术对出入口进行控制等。

（5）提供良好的交叉口交通环境，设置良好的排水设施，做好防滑处理，及时维修，并增加或改进交叉口的夜间照明设施。

2. 交通安全改善对策体系

1) 交叉口几何设计

（1）交叉口改建。交叉口改建的主要原则是要减少冲突点的数量和冲突区域面积的大小，保证视距等。具体的交叉口改建方面的措施如下：改十字形交叉口为两个错位的 T 形交叉口；改小角度斜交交叉口为大角度或正交；把两个近距离 T 形交叉口合建为一个十字形交叉口；设置环交；改平面交叉为立体交叉。

（2）线形设置。改善对策有：增大交叉口所在路段的平曲线半径；减小交叉口纵坡的坡度。

（3）车道、缘石及其他。改善对策有 15 个，它们分别是：增大转弯半径；修改交叉口处道路的超高横坡度；增加机动车车道宽度；增加路肩宽度；向道路进出口方向延伸缘石；在主要进口设置突起的中央分隔带；在中央分隔带提供安全岛；设置专用左转车道；设置专用右转车道；设置加长的左转车道；设置加长的右转车道；在交叉口出口道设置左转加速车道；在交叉口出口道设置右转加速车道；增加左转专用车道的数目；增加直行车道的数目。

（4）渠化和视距。改善对策有 4 个，它们分别是：在交叉口设置渠化交通岛；在交叉口设置车辆的导流线；改进现有的渠化措施进行；清除通视三角形内的视距障碍。

（5）可接入管理技术。改善对策有 5 个，它们分别是：关闭交叉口的次要支路；将交叉口的支路改线；关闭交叉口功能区域内支路或改变支路接入的方式；封闭主要道路在交叉口处的中央分隔带或改变中央分隔带的形式；禁止支路车辆在交叉口处直接左转，使车辆利用中央分隔带或在下一个交叉口右转来完成左转。

2) 交通控制措施

交通控制分为交通信号、交通标志和交通标线三大类，这三种交通控制设施对交通安全都有十分重要的影响。

（1）交通信号。主要改善措施为：①在无信号交叉口设置信号控制。②将信号控制交叉口改为无信号控制。③调整信号周期时长和绿信比。④调整交叉口清场时间。⑤取消交叉口夜间的信号显示，采用闪烁灯的模式。⑥设置左转相位。⑦为了提高交通信号的可视性和显著性，可以实施以下几个改善对策：在每个车道均设置交通信号灯头，提高信号的可视性；将立柱式信号灯改为悬臂式或悬挂式；在距离停车线较近的地方安装一个附加的交通信号灯；增加信号镜头的尺寸；在每个信号装置中使用两个红灯信号灯头；对现有信号装置安装遮光罩和后挡板。⑧对行人和非机动车的交通信号改善措施：延长行人过街信号时间；设置行人和非机动车专用信号；使用行人倒计时信号。

（2）交通标志。主要改善措施为：设置悬臂式或悬挂式交通标志；增大标志的尺寸；在交叉口前方设置前置的指路标志和交叉口警告标志；在同一入口的两侧，重复安装相同的标志；标志采用反光性材料，交通标志的夜间可见性可以通过使用高质量的反光材料得到很大的改善；设置交叉口限速标志和道路减速装置；对标志进行定期维护、检查和及时更新；设置交叉口车道导向标志；安装动态交通信息标志；减少不必要的交通标志；调整标志版面与地面中线的角度；修正标志中的错误信息和内容；去除遮挡标志的树木等障碍物；设置行人先行的标志等。

（3）交通标线。主要改善措施为：①设置道路中线、车道导向标线和车道分界线；②使用大尺寸的路面标线；③人行横道和非机动车道的设置；④使用突起反光的路面标线；⑤对路面标线进行定期的维护、检查和更新；⑥设置连续的减速标线；⑦设置停车线等。

3）交通组织管理

交通组织管理的改善对策主要有：①禁止车辆在红灯时右转；②实行单向交通；③在交叉口禁止停车。

4）交通环境

交通环境的改善对策主要有：①设置良好的排水设施；②对不平整的路面进行整修；③对损坏严重的路肩进行整修；④做好路面防滑处理，增大路面磨阻系数；⑤增加或改进照明设施。

8.5 交通安全服务水平评价方法

交通安全服务水平分析技术是评价公路交通安全状况的一种崭新的方法。该方法从导致公路不安全的原因出发评价公路的安全性能，而不是基于公路在交通事故和交通冲突方面的外在表现。该方法不需要采集交通事故数据或者交通冲突数据，只需要采集与公路交通安全密切相关的基本数据就可以完成安全服务水平的分析和评价。所需数据容易获取，评价模型使用方便，因而评价周期短、效率高，为公路提供了一种便捷、高效、客观的交通安全评价方法[14]。

　　公路交通安全服务水平是指公路使用者从公路的几何线形、道路状况、交通环境、交通控制等方面可能得到的交通安全服务质量，也就是公路本身所能提供的交通安全服务程度。例如，公路设施能够提供良好的视距、坚实的路面、系统完善的标志标线、合理完善的路权分配和交通渠化等。本节主要探讨公路平面交叉口的安全服务水平评价方法，可以类似地建立其他公路设施的安全服务水平评价方法。

　　公路平面交叉口安全服务水平评价适用于以下公路平面交叉口：①无信号控制平面交叉口（包括无控制、停车标志控制、让路标志控制的十字形或 X 字形平面交叉口和 T 形或 Y 形平面交叉口）；②信号控制平面交叉口（包括十字形或 X 字形平面交叉口和 T 形或 Y 形平面交叉口）。在地理位置上，这些平面交叉口应该处于郊外地区或者城乡结合部。平面交叉口安全服务水平等级是为描述平面交叉口以其本身所具有的基本条件所能向驾驶员、乘客、行人提供交通安全服务程度的一种质量标准。

8.5.1　无信号控制平面交叉口安全服务水平分析技术

　　1. 无信号控制平面交叉口安全服务水平模型

　　无信号控制平面交叉口安全服务水平模型包括两部分：①从主要影响因素与交通流量建立的主模型；②从次要影响因素建立的修正模型。

　　1）主模型

　　主模型由平面交叉口机动车与机动车冲突点潜在危险度、机动车与非机动车冲突点潜在危险度、机动车与行人冲突点潜在危险度组成。

　　（1）机动车与机动车冲突点潜在危险度模型。

　　从平面交叉口机动车与机动车冲突点、机动车流量建立机动车与机动车冲突点潜在危险度模型。

$$\mathrm{RI_{um}} = K_{m-m} \sum \mathrm{MCP}_i \times \mathrm{SMCP}_i \qquad (8.15)$$

式中，$\mathrm{RI_{um}}$——机动车与机动车冲突点造成的无信号控制平面交叉口潜在危险度；

　　　　i——机动车与机动车冲突点中冲突点的种类，即分流、合流、交叉冲突点；

　　　　MCP_i——i 种冲突点的个数；

　　　　SMCP_i——i 种冲突点的恶性程度，取值见表 8.5；

　　　　K_{m-m}——机动车交通流量影响系数，由式（8.16）决定。

$$K_{m-m} = 1 + \frac{V}{C} \qquad (8.16)$$

式中，V——平面交叉口入口机动车交通量，pcu/h；

C——平面交叉口机动车理论通行能力，pcu/h。

（2）机动车与非机动车冲突点潜在危险度模型。

从平面交叉口机动车与非机动车冲突点、机动车与非机动车车流运行状况建立机动车与非机动车冲突点潜在危险度模型。

$$\mathrm{RI_{un}} = K_{m-n} \sum_{j} \mathrm{NCP}_j \times \mathrm{SNCP}_j \qquad (8.17)$$

式中，$\mathrm{RI_{un}}$——机动车与非机动车冲突点造成的无信号控制平面交叉口潜在危险度；

　　　　j——机动车与非机动车冲突点中冲突点的种类，即直行机动车与非机动车冲突点、左转机动车与非机动车冲突点、右转机动车与非机动车冲突点；

　　　　NCP_j——j种冲突点的个数；

　　　　SNCP_j——j种冲突点的恶性程度，取值见表8.5；

　　　　K_{m-n}——机动车与非机动车交通流量影响系数，其值由交通工程师对平面交叉口机动车与非机动车车流运行状况打分计算得到。

$$K_{m-n} = 1 + \frac{100 - \mathrm{SCOR}_{m-n}}{100} \qquad (8.18)$$

式中，SCOR_{m-n}——机动车与非机动车流运行状况的打分值。

（3）机动车与行人冲突点潜在危险度模型。

从平面交叉口机动车与非机动车冲突点、机动车与行人流运行状况建立机动车与行人冲突点潜在危险度模型。

$$\mathrm{RI_{up}} = K_{m-p} \sum_{l} \mathrm{PCP}_l \times \mathrm{SPCP}_l \qquad (8.19)$$

式中，$\mathrm{RI_{up}}$——机动车与行人冲突点造成的无信号控制平面交叉口潜在危险度；

　　　　l——机动车与行人冲突点中冲突点的种类，即直行机动车与行人冲突点，左转机动车与行人冲突点，右转机动车与行人冲突点；

　　　　PCP_l——l种冲突点的个数；

　　　　SPCP_l——l种冲突点的恶性程度，取值见表8.5。

　　　　K_{m-p}——机动车与行人交通流量影响系数，其值由交通工程师对平面交叉口机动车与行人流运行状况打分计算得到。

$$K_{m-p} = 1 + \frac{100 - \mathrm{SCOR}_{m-p}}{100} \qquad (8.20)$$

式中，SCOR_{m-p}——机动车与行人流运行状况打分值。

无信号控制平面交叉口安全服务水平主模型由以上三部分组成。

$$\mathrm{RI_u} = \sum W_i \times \mathrm{RI}_i \qquad (8.21)$$

式中，$\mathrm{RI_u}$——无信号控制平面交叉口潜在危险度；

RI_i——RI_{um}、RI_{un}、RI_{up}，含义同前；

W_i——RI_i 的权重，以反映机动车、非机动车、行人之间的冲突点对平面交叉口安全服务水平的不同影响程度，取值见表 8.4。

2）修正模型

修正模型根据次要影响因素，即平面交叉口的几何特征、交通标志、交通标线、路面、照明对平面交叉口安全服务水平的影响建立。

$$AF = \sum_i \alpha_i AF_i \tag{8.22}$$

式中，AF——无信号控制平面交叉口次要影响因素修正系数；

i——次要影响因素，分别为几何特征、标志、标线、路面、照明；

AF_i——各个次要影响因素的权重，以反映不同次要影响因素对平面交叉口安全服务水平的不同影响程度，取值见表 8.6，其中 AF_i 由式（8.23）决定。

$$AF_i = 1 + \frac{100 - \sum_k w_{ik}R_{ik}}{100} \tag{8.23}$$

式中，w_{ik}——i 次要影响因素中 k 子影响因素的权重，取值见表 8.6；

R_{ik}——i 次要因素中 k 子影响因素的打分值。

由主模型和修正模型得到无信号控制平面交叉口安全服务水平的总模型。

$$EI_u = RI_u \times AF \tag{8.24}$$

式中，EI_u——无信号控制平面交叉口危险度，是无信号控制平面交叉口安全服务水平评价指标；

RI_u——无信号控制平面交叉口潜在危险度；

AF——无信号控制平面交叉口次要影响因素修正系数。

2. 无信号控制平面交叉口安全服务水平模型参数

在无信号控制平面交叉口安全服务水平主模型中需要确定的参数是不同冲突点潜在危险度的权重 W_i，即不同类型冲突点的权重，取值见表 8.4，以及同一类型冲突点中不同种类冲突点的恶性程度，其取值见表 8.5。在修正模型中需要确定的参数是各个次要影响因素的权重，以及每个次要影响因素中各个子影响因素的权重，其取值见表 8.6。

表 8.4　机动车、非机动车、行人冲突点权重

冲突点类型	权重 W_i
机动车与机动车冲突点	0.25
机动车与非机动车冲突点	0.33
机动车与行人冲突点	0.42

表 8.5　不同种类冲突点的恶性程度

冲突点类型	冲突点类型	恶性程度
机动车与机动车冲突点	交叉冲突点	3
	合流冲突点	1.5
	分流冲突点	1
机动车与非机动车冲突点	直行机动车与非机动车冲突点	3
	左转机动车与非机动车冲突点	1.5
	右转机动车与非机动车冲突点	1
机动车与行人冲突点	直行机动车与行人冲突点	1.25
	左转机动车与行人冲突点	1.25
	右转机动车与行人冲突点	3

表 8.6　无信号控制平面交叉口次要影响因素及其子影响因素的权重

次要影响因素	次要影响因素权重	子影响因素	子影响因素权重
几何特征	0.25	纵坡度	0.12
		交叉角度	0.20
		视距	0.30
		车道设置	0.20
		物理渠化	0.18
标志	0.22	标志可视性	0.45
		标志设置	0.33
		标志信息量	0.22
标线	0.24	标线可视性	0.58
		标线设置	0.42
路面	0.15	路面平整性	0.43
		路面抗滑性	0.57
照明	0.14	路灯设置	0.60
		路灯完整性	0.40

8.5.2　信号控制平面交叉口安全服务水平分析技术

1. 信号控制平面交叉口安全服务水平模型

信号控制平面交叉口安全服务水平模型包括两部分：①从主要影响因素与交通流量建立的主模型；②从次要影响因素建立的修正模型。

1) 主模型

主模型由平面交叉口机动车与机动车冲突点潜在危险度、机动车与非机动车冲突点潜在危险度、机动车与行人冲突点潜在危险度组成。

（1）机动车与机动车冲突点潜在危险度模型。

从平面交叉口机动车与机动车冲突点、机动车流量建立机动车与机动车冲突点潜在危险度模型。

$$RI_{sm} = K_{m-m} \sum_i MCP_i \times SMCP_i \tag{8.25}$$

式中，RI_{sm}——机动车与机动车冲突点造成的信号控制平面交叉口潜在危险度；

　　　　i——机动车与机动车冲突点中冲突点种类，即分流、合流、交叉冲突点；

　　　　MCP_i——i 种冲突点的个数；

　　　　$SMCP_i$——i 种冲突点的恶性程度，取值见表 8.5；

　　　　K_{m-m}——机动车交通流量影响系数，由式（8.26）决定。

$$K_{m-m} = 1 + \frac{V}{C} \tag{8.26}$$

式中，V——平面交叉口入口机动车交通量，pcu/h；

　　　　C——平面交叉口机动车理论通行能力，pcu/h。

（2）机动车与非机动车冲突点潜在危险度模型。

从平面交叉口机动车与非机动车冲突点、机动车与非机动车流运行状况建立机动车与非机动车冲突点潜在危险度模型。

$$RI_{sn} = K_{m-n} \sum_j NCP_j \times SNCP_j \tag{8.27}$$

式中，RI_{sn}——机动车与非机动车冲突点造成的无信号控制平面交叉口潜在危险度；

　　　　j——机动车与非机动车冲突点中冲突点的种类，即直行机动车与非机动车冲突点、左转机动车与非机动车冲突点、右转机动车与非机动车冲突点；

　　　　NCP_j——j 种冲突点的个数；

　　　　$SNCP_j$——j 种冲突点的恶性程度，取值见表 8.5；

　　　　K_{m-n}——机动车与非机动车交通流量影响系数，其值由交通工程师对平面交叉口机动车与非机动车流运行状况打分计算得到。

$$K_{m-n} = 1 + \frac{100 - SCOR_{m-n}}{100} \tag{8.28}$$

式中，$SCOR_{m-n}$——机动车与非机动车流运行状况的打分值。

（3）机动车与行人冲突点潜在危险度模型。

从平面交叉口机动车与非机动车冲突点、机动车与行人流运行状况建立机动车与行人冲突点潜在危险度模型。

$$RI_{sp} = K_{m-p} \sum_l PCP_l \times SPCP_l \tag{8.29}$$

式中，RI_{sp}——机动车与行人冲突点造成的无信号控制平面交叉口潜在危险度；

　　　　l——机动车与行人冲突点中冲突点的种类，即直行机动车与行人冲突点、左转机动车与行人冲突点、右转机动车与行人冲突点；

PCP_l——l 种冲突点的个数；

$SPCP_l$——l 种冲突点的恶性程度，取值见表 8.5。

K_{m-p}——机动车与行人交通流量影响系数，其值由交通工程师对平面交
叉口机动车与行人流运行状况打分计算得到。

$$K_{m-p} = 1 + \frac{100 - SCOR_{m-p}}{100} \qquad (8.30)$$

式中，$SCOR_{m-p}$——机动车与行人流运行状况打分值。

信号控制平面交叉口安全服务水平主模型由以上三部分组成。

$$RI_s = \sum W_i \times RI_i \qquad (8.31)$$

式中，RI_s——无信号控制平面交叉口潜在危险度；

RI_i——RI_{um}、RI_{un}、RI_{up}，含义同前；

W_i——RI_i 的权重，以反映机动车、非机动车、行人之间的冲突点对平面
交叉口安全服务水平的不同影响程度，取值见表 8.4。

2）修正模型

修正模型根据次要影响因素，即平面交叉口的几何特征、交通标志、交通标
线、路面、照明对平面交叉口安全服务水平的影响建立。

$$MF = \sum_i \beta_i MF_i \qquad (8.32)$$

式中，MF——无信号控制平面交叉口次要影响因素修正系数；

i——次要影响因素，分别为几何特征、标志、标线、路面、照明；

MF_i——次要影响因素中信号灯、几何特征、标志、标线、路面、照明的
修正系数，由式（8.33）决定；

β_i——各个次要影响因素的权重，以反映不同次要影响因素对平面交叉口
安全服务水平的不同影响程度，取值见表 8.7。

$$MF_i = 1 + \frac{100 - \sum_k w_{ik} R_{ik}}{100} \qquad (8.33)$$

式中，w_{ik}——i 次要影响因素中 k 子影响因素的权重，取值见表 8.7；

R_{ik}——i 次要因素中 k 子影响因素的打分值。

由主模型和修正模型得到信号控制平面交叉口安全服务水平的总模型。

$$EI_s = RI_s \times MF \qquad (8.34)$$

式中，EI_s——信号控制平面交叉口危险度，是信号控制平面交叉口安全服务水平
评价指标；

RI_s——信号控制平面交叉口潜在危险度；

MF——信号控制平面交叉口次要影响因素修正系数。

2. 信号控制平面交叉口安全服务水平模型参数

在信号控制平面交叉口安全服务水平主模型中，需要确定的参数是不同冲突点潜在危险度的权重 W_i，即不同类型冲突点的权重，以及同一类型冲突点中不同种类冲突点的恶性程度。不同交通行为实体之间冲突点对安全服务水平影响的原理是一致的，其取值可参考无信号控制平面交叉口安全服务水平模型参数（见表 8.4、表 8.5）。在修正模型中需要确定的参数是各个次要影响因素的权重，以及每个次要影响因素中各个子影响因素的权重，其取值见表 8.7。

表 8.7　信号控制平面交叉口次要影响因素及其子影响因素的权重

次要影响因素	次要影响因素权重	子影响因素	子影响因素权重
信号灯	0.29	信号相位	0.38
		黄灯时间	0.27
		信号灯可视性	0.35
几何特征	0.17	纵坡度	0.12
		交叉角度	0.20
		视距	0.30
		车道设置	0.20
		物理渠化	0.18
标志	0.15	标志的可视性	0.45
		标志的设置	0.33
		标志的信息量	0.22
标线	0.16	标线的可视性	0.58
		标线的设置	0.42
路面	0.12	路面平整性	0.43
		路面抗滑性	0.57
照明	0.11	路灯的设置	0.60
		路灯完整性	0.40

8.5.3　公路平面交叉口安全服务水平等级划分

平面交叉口安全服务水平等级划分的依据是平面交叉口危险度。根据平面交叉口危险度的含义，危险度越小的平面交叉口，其安全服务水平越高，危险度越大的平面交叉口，其安全服务水平越低。为了使平面交叉口安全服务水平具有区分性，把平面交叉口安全服务水平分为 6 级（A~F 级），分别对应平面交叉口很安全、安全、较安全、不安全、较危险、危险。

1. 无信号控制平面交叉口安全服务水平等级划分

1）无信号控制平面交叉口安全服务水平等级标准

无信号控制平面交叉口安全服务水平等级及其对应的指标标准，见表 8.8。

表8.8 无信号控制平面交叉口安全服务水平等级标准

安全服务水平	平面交叉口危险度	安全服务水平	平面交叉口危险度
A	≤60	D	≤240
B	≤120	E	≤300
C	≤180	F	>300

2）无信号控制平面交叉口安全服务水平等级定性描述

无信号控制平面交叉口安全服务水平的六个不同等级反映了无信号控制平面交叉口不同的安全服务水平状况，每个等级的具体定性描述，如下所示。

A级：在无信号控制平面交叉口，机动车与机动车、机动车与非机动车、机动车与行人的冲突点很少，各交叉口使用者各行其道，交通运行秩序很好。交叉口具有有助于交通安全的几何特征，如很好的视距、很好的平纵线形、合理完善的物理渠化等；交叉口设置了合理完善的交通标志，所设置的交通标志白天和夜间可视性好，且交通标志提供的信息量恰到好处；交叉口设置了合理完善的交通标线，所设置的交通标线白天和夜间可视性好；交叉口路面平整度好，路面摩擦系数大，抗滑性好；交叉口设置了照明设施，且照明设施状况好，或没有设置照明设施，但是现状不需要照明；交叉口入口交通量不大，驾驶员驾驶很轻松，非机动车与行人很容易通过交叉口，不同交叉口使用者都没有交通安全心理压力，感觉非常安全。

B级：在无信号控制平面交叉口，机动车与机动车、机动车与非机动车、机动车与行人的冲突点少，各交叉口使用者基本各行其道，交通运行秩序较好。交叉口具有有助于交通安全的几何特征，如较好的视距、较好的平纵线形、合理的物理渠化等；交叉口设置了合理的交通标志，所设置的交通标志白天和夜间可视性较好，且交通标志提供的信息量较合适；交叉口设置了合理的交通标线，所设置的交通标线白天和夜间可视性较好；交叉口路面平整度较好，路面摩擦系数较大，抗滑性较好；交叉口设置了照明设施，且照明设施状况较好，或没有设置照明设施，但是现状基本不需要照明；交叉口入口交通量不大，驾驶员驾驶比较轻松，非机动车与行人能够较容易地通过交叉口，不同交叉口使用者交通安全心理压力较小，感觉安全。

C级：在无信号控制平面交叉口，机动车与机动车、机动车与非机动车、机动车与行人的冲突点较少，各交叉口使用者大部分遵守交通规则，交通运行秩序尚可；交叉口本身的几何特征尚可，如不错的视距、不错的平纵线形、较合理的物理渠化等；交叉口设置了交通标志，所设置的交通标志白天和夜间可视性尚可，交通标志提供的信息量也基本符合需要；交叉口设置了交通标线，所设置的交通标线白天和夜间可视性尚可；交叉口路面平整度尚可，抗滑性尚可；交叉口设置了照明设施，照明设施状况还可以，或没有设置照明设施，但是由此对夜间行车安全性影响较小；交叉口入口交通量可能较大，不过驾驶员驾驶还算轻松，非机动车与行人也能够较容易地通过交叉口，不同交叉口使用者交通安全心理压力不大，感觉比较安全。

D 级：在无信号控制平面交叉口，机动车与机动车、机动车与非机动车、机动车与行人的冲突点可能较多，各交叉口使用者可能不是很遵守交通规则，交通运行秩序可能不好；交叉口本身的几何特征可能不够理想，如视距不够好、物理渠化不甚合理等；交叉口设置了交通标志，所设置的交通标志白天或夜间可视性可能不好，交通标志提供的信息量可能不符合需要；交叉口设置了交通标线，所设置的交通标线白天或夜间可视性可能不好；交叉口路面平整度可能不好，抗滑性一般；交叉口设置了照明设施，照明设施状况不好，或没有设置照明设施，但是由此对夜间行车安全性影响不大；交叉口入口交通量可能较大，驾驶员驾驶需要留意，非机动车与行人通过交叉口也需留意，不同交叉口使用者交通心理压力变大，感觉不如 C 级安全服务水平时安全。

E 级：在无信号控制平面交叉口，机动车与机动车、机动车与非机动车、机动车与行人的冲突点可能多，各交叉口使用者可能不是很遵守交通规则，交通运行秩序可能较差；交叉口本身的几何特征可能不够理想，如视距不良、没有物理渠化或物理渠化不合理等；交叉口没有设置交通标志，或设置了交通标志，但是交通标志白天和夜间可视性差，交通标志提供的信息量要么少，要么多；交叉口没有设置交通标线，或设置了交通标线，但是交通标线白天和夜间可视性差；交叉口路面平整度不好，抗滑性较差；交叉口设置了照明设施，照明设施状况较差，或没有设置照明设施，但是由此对夜间行车安全性影响较大；交叉口入口交通量可能较大，驾驶员驾驶需要多加留意，非机动车与行人通过交叉口也需多加留意，不同交叉口使用者交通心理压力较大，感觉不安全。

F 级：在无信号控制平面交叉口，机动车与机动车、机动车与非机动车、机动车与行人冲突点可能很多，各交叉口使用者可能很多不遵守交通规则，交通运行秩序可能混乱；交叉口本身的几何特征可能不够理想，如视距很差、没有物理渠化或物理渠化不合理等；交叉口没有设置交通标志，或设置了交通标志，但是交通标志白天和夜间可视性差，交通标志提供的信息量要么太少，要么太多；交叉口没有设置交通标线，或设置了交通标线，但是交通标线白天和夜间可视性差；交叉口路面平整度差，抗滑性差；交叉口设置了照明设施，照明设施状况差，或没有设置照明设施，但是由此对夜间行车安全性影响大；交叉口入口交通量可能很大，驾驶员驾驶需要多加留意和谨慎，非机动车与行人通过交叉口也需谨慎，不同交叉口使用者交通心理压力大，感觉危险。

2. 信号控制平面交叉口安全服务水平的等级划分

1) 信号控制平面交叉口安全服务水平的等级标准

信号控制平面交叉口安全服务水平等级及其对应的指标标准，见表 8.9。

表 8.9　信号控制平面交叉口安全服务水平等级标准

安全服务水平	平面交叉口危险度	安全服务水平	平面交叉口危险度
A	≤15	D	≤60
B	≤30	E	≤75
C	≤45	F	＞75

2）信号控制平面交叉口安全服务水平等级定性描述

信号控制平面交叉口安全服务水平的六个不同等级反映了信号控制平面交叉口不同的安全服务水平状况，每个等级的具体定性描述，如下所示。

A级：在信号控制平面交叉口，机动车与机动车、机动车与非机动车、机动车与行人的冲突点很少，各交叉口使用者各行其道，交通运行秩序很好。交叉口相位设计合理，且与交通流量匹配，具有合理的黄灯时间，信号灯设置合理，且可视性很好；交叉口具有有助于交通安全的几何特征，如很好的视距、很好的平纵线形、合理完善的物理渠化等。交叉口设置了合理完善的交通标志，所设置的交通标志白天和夜间可视性好，且交通标志提供的信息量恰到好处。交叉口设置了合理完善的交通标线，所设置的交通标线白天和夜间可视性好；交叉口路面平整度好，路面摩擦系数大，抗滑性好；交叉口设置了照明设施，且照明设施状况好，或没有设置照明设施，但是现状不需要照明；交叉口入口交通量不大，驾驶员驾驶很轻松，非机动车与行人很容易通过交叉口，不同交叉口使用者都没有交通安全心理压力，感觉非常安全。

B级：在信号控制交叉口，机动车与机动车、机动车与非机动车、机动车与行人的冲突点少，各交叉口使用者基本各行其道，交通运行秩序较好。交叉口相位设计比较合理，且与交通流量比较匹配，具有较合理的黄灯时间，信号灯设置较合理，且可视性较好；交叉口具有有助于交通安全的几何特征，如较好的视距、较好的平纵线形、合理的物理渠化等。交叉口设置了合理的交通标志，所设置的交通标志白天和夜间可视性较好，且交通标志提供的信息量较合适。交叉口设置了合理的交通标线，所设置的交通标线白天和夜间可视性较好；交叉口路面平整度较好，路面摩擦系数较大，抗滑性较好；交叉口设置了照明设施，且照明设施状况较好，或没有设置照明设施，但是现状基本不需要照明；交叉口入口交通量不大，驾驶员驾驶比较轻松，非机动车与行人能够较容易地通过交叉口，不同交叉口使用者交通安全心理压力较小，感觉安全。

C级：在信号控制交叉口，机动车与机动车、机动车与非机动车、机动车与行人的冲突点较少，各交叉口使用者大部分遵守交通规则，交通运行秩序尚可；交叉口相位设计基本合理，且与交通流量较匹配，黄灯时间尚可，信号灯设置基本合理，且可视性尚可；交叉口本身的几何特征尚可，如不错的视距、不错的平纵线形、较合理的物理渠化等；交叉口设置了交通标志，所设置的交通标志白天和夜间可视性尚可,交通标志提供的信息量也基本符合需要;交叉口设置了交通标线,所设置的交通标线白天和夜间可视性尚可;交叉口路面平整度尚可,抗滑性尚可;交叉口设置了照明设施,照明设施状况还可以,或没有设置照明设施,但是由此对夜间行车安全性影响较小;交叉口入口交通量可能较大,不过驾驶员驾驶还算轻松,非机动车与行人也能够较容易地通过交叉口,不同交叉口使用者交通安全心理压力不大,感觉比较安全。

D级:在信号控制交叉口,机动车与机动车、机动车与非机动车、机动车与行人的冲突点可能较多,各交叉口使用者可能不是很遵守交通规则,交通运行秩序可能不好;交叉口相位设计不是很合理,与交通流量匹配欠佳,黄灯时间稍短或略长,信号灯设置不是很合理,且可视性一般;交叉口本身的几何特征可能不够理想,如视距不够好、物理渠化不甚合理等;交叉口设置了交通标志,所设置的交通标志白天或夜间可视性可能不好,交通标志提供的信息量可能不符合需要;交叉口设置了交通标线,所设置的交通标线白天或夜间可视性可能不好;交叉口路面平整度可能不好,抗滑性一般;交叉口设置了照明设施,照明设施状况不好,或没有设置照明设施,但是由此对夜间行车安全性影响不大;交叉口入口交通量可能较大,驾驶员驾驶需要留意,非机动车与行人通过交叉口也需留意,不同交叉口使用者交通心理压力变大,感觉不如C级安全服务水平时安全。

E级:在信号控制交叉口,机动车与机动车、机动车与非机动车、机动车与行人的冲突点可能多,各交叉口使用者可能不是很遵守交通规则,交通运行秩序可能较差;交叉口相位设计不合理,与交通流量匹配较差,黄灯时间可能短或长,信号灯设置可能不合理,且可视性不好;交叉口本身的几何特征可能不够理想,如视距不良、没有物理渠化或物理渠化不合理等;交叉口没有设置交通标志,或设置了交通标志,但是交通标志白天和夜间可视性差,交通标志提供的信息量要么少,要么多;交叉口没有设置交通标线,或设置了交通标线,但是交通标线白天和夜间可视性差;交叉口路面平整度不好,抗滑性较差;交叉口设置了照明设施,照明设施状况较差,或没有设置照明设施,但是由此对夜间行车安全性影响较大;交叉口入口交通量可能较大,驾驶员驾驶需要多加留意,非机动车与行人通过交叉口也需多加留意,不同交叉口使用者交通心理压力较大,感觉不安全。

F级:在信号控制交叉口,机动车与机动车、机动车与非机动车、机动车与行人的冲突点可能很多,各交叉口使用者可能很多不遵守交通规则,交通运行秩序可能混乱;交叉口相位设计很不合理,与交通流量匹配差,黄灯时间可能过短或过长,信号灯设置可能很不合理,可视性可能很差;交叉口本身的几何特征可能不够理想,如视距很差、没有物理渠化或物理渠化不合理等;交叉口没有设置交通标志,或设置了交通标志,但是交通标志白天和夜间可视性差,交通标志提供的信息量要么太少，要么太多；交叉口没有设置交通标线，或设置了交通标线，但是交通标线白天和夜间可视性差；交叉口路面平整度差，抗滑性差；交叉口设置了照明设施，照明设施状况差，或没有设置照明设施，但是由此对夜间行车安全性影响大；交叉口入口交通量可能很大，驾驶员驾驶需要多加留意和谨慎，非机动车与行人通过交叉口也需谨慎，不同交叉口使用者交通心理压力大，感觉危险。

参 考 文 献

[1] 刘志强，葛如海，龚标. 道路交通安全工程. 北京：化学工业出版社，2005.

[2] 巴布诺夫. 道路条件和交通安全. 景天然译. 上海：同济大学出版社，1990.

[3] 张苏. 中国交通冲突技术. 成都：西南交通大学出版社，1998.

[4] Hoong-Chor Chin, Ser-Tong Quek. Measurement of traffic conflicts. Safety Science, 1997，26 (3)：169—185.

[5] 项乔君，陆键，卢川等. 道路交通冲突分析技术及其应用. 北京：科学出版社，2008.

[6] Ase Svensson and Christer Hyden. Estimating the severity of safety related behaviour. Accident Analysis and Prevention，2006，38：379—385.

[7] 张方方. 基于视频的平面交叉口机动车交通冲突检测技术研究［硕士学位论文］. 上海：同济大学，2008.

[8] Zhang G Q, Lu J, Wang W, et al. Analysis of a yield controlled highway intersection using microscopic traffic simulation. 2008 Asia Simulation Conference—7th Intl. Conf. on Sys. Simulation and Scientific Computing，2008：1704—1709.

[9] 成卫. 城市交通冲突技术理论与应用. 北京：科学出版社，2006.

[10] 邵祖峰. 用鱼骨图和层次分析法结合进行道路交通安全诊断. 中国人民公安大学学报，2003，(06)：44—47.

[11] Lu J，Yuan L，Zhang G Q，et al. Diagnostic approach for safety performance evaluation and improvements of highway intersection. Transportation Research Board，Washington D C，2007.

[12] 陆键，张国强，项乔君等. 公路平面交叉口交通安全设计理论与方法. 北京：科学出版社，2008.

[13] 陆键，张国强，项乔君等. 公路平面交叉口交通安全设计指南. 北京：科学出版社，2008.

[14] Lu J，Pan F Q，Xiang Q J. Level of safety service for safety performance evaluation of highway intersection. Transportation Research Record，Washington D C，2008.